辽宁大学法学文丛

本书系国家社科基金资助年度重点项目成果

明清事例与律例法体系

刘笃才　著

MINGQING SHILI YU
LÜLIFA TIXI

法律出版社
LAW PRESS·CHINA
北京

图书在版编目（CIP）数据

明清事例与律例法体系 / 刘笃才著. -- 北京 : 法律出版社, 2021
（辽宁大学法学文丛）
ISBN 978-7-5197-5899-8

Ⅰ. ①明… Ⅱ. ①刘… Ⅲ. ①明律-研究②清律-研究 Ⅳ. ①D929.4

中国版本图书馆 CIP 数据核字（2021）第 180534 号

明清事例与律例法体系
MINGQING SHILI YU LÜLIFA TIXI

刘笃才 著

责任编辑 屈 瑶
装帧设计 李 瞻

出版发行 法律出版社
编辑统筹 学术·对外出版分社
责任校对 王 丰 李景美
责任印制 陶 松
经 销 新华书店

开本 710 毫米×1000 毫米 1/16
印张 15.75 字数 228 千
版本 2021 年 10 月第 1 版
印次 2021 年 10 月第 1 次印刷
印刷 三河市龙大印装有限公司

地址：北京市丰台区莲花池西里 7 号（100073）
网址：www.lawpress.com.cn
投稿邮箱：info@lawpress.com.cn
举报盗版邮箱：jbwq@lawpress.com.cn

销售电话：010-83938349
客服电话：010-83938350
咨询电话：010-63939796

书号：ISBN 978-7-5197-5899-8
定价：75.00 元

凡购买本社图书，如有印装错误，我社负责退换。电话：010-83938349

序

杨一凡[*]

笃才兄大作《明清事例与律例法体系》即将出版，邀我作序，我极为欣喜，对该书出版表示祝贺。

例是明清法律的核心内容，其立法数量之多，文献之浩瀚，内容之庞杂，恐无数年之功力，难以穷尽现存例的基本资料。鉴于长期以来，学界对明清时期的例及其相关的许多问题，如事例、则例、条例的内涵和功能，典例关系，律例关系，例案关系，以及律、例在法律体系中地位的变迁等问题，尚缺乏清晰的论述，该书的出版及作者阐发的新见，无疑具有重要的学术价值，对于推动明清时期的例和法律体系的探讨当大有裨益。

我与笃才是研究生同班同学。1978 年至 1981 年，俩人在攻读中国法律史专业硕士学位期间，同住一室，经常同去图书馆查阅资料，饭后到附近的公园散步，切磋学问，畅述己见，朝夕相处，相互关照。研究生毕业后，我俩虽身处两地，学术交流和合作却从未间断，合著有《中国的法律与道德》（黑龙江人民出版社 1987 年版），合编有《古代乡约与乡治法律文献十种》（3 册，黑

* 中国社会科学院荣誉学部委员，法学研究所研究员。

龙江人民出版社2005年版)、《中国古代地方法律文献》甲、乙、丙编(40册,2006年至2012年先后由世界图书出版公司北京公司、社会科学文献出版社出版),《中国古代民间规约》(社会科学文献出版社2017年版)。2009年,我俩合著的《历代例考》(社会科学文献出版社出版)问世,这是我们共同关注法律史上例的研究的开始。八年前,笃才领衔以"明清事例研究"为选题,申报国家社科基金项目,可以说是我们合作研究例的继续。

当时,我承诺承担明代事例的写作。初稿写成后,我们在统稿时发现,虽然俩人对明清事例的形成、内容构成等认识大体一致,但对于如何表述明清法律体系及与典、律、例关系相关的一些问题,论述不尽相同,内容不好整合。考虑到同一著作中,作者的观点不应前后不一,又考虑到这一项目为笃才所主持,大部分成果由他撰写,经俩人商议,明代部分由他补写。在学术研究中,学术见解不同是很正常的。既应当珍重友情,又不应因友情影响对真知的追求,这就是我们对于学术与友情的态度。

学术是在不断探讨中发展的,真理越辩越明。明清"律例关系"说已流传多年。2012年至2016年,我先后独立承担了中国社会科学院项目《明代则例辑考》《明代典例法律体系考论》,参加了徐立志教授主持的国家社科基金项目《明清则例研究》的撰写。2016年,国家古籍整理项目《大清会典》(康熙朝)由凤凰出版社出版,又为该书撰写前言。因研究工作需要,这几年中,我用较多精力研读了明清会典、律、例和其他法律文献,就明清法律体系、《会典》的性质、律的地位的变迁、各种法律形式的关系等形成了一些新的见解,认为明清"律例法体系"说等传统观点存在较大缺陷,应当修正。这几年中的研究成果,都是按照新的见解写成的。有些已经发表,有些将在今后几年内发表。

重新认识和正确阐述中国法律史,推动法律史学走向科学,是当代法史学者肩负的历史重任,也是我和笃才平生追求的学术目标。我们正是为了实现这个目标走在了一起,并认为,学术研究应树立良好的学风,要有敢于探索的勇气,坚持真理、修正错误的精神;主张对于有争议的问题,通过开展学术争鸣和交流,达到求真、求实。因此,笃才和我发表的成果,无论以后证明哪些观点能够成立,哪些不能成立,就个人来说无须看重,只要这种探讨能够为推动学术发展发挥应有的作用,当为幸事。

此为序。

前　言

读过法律史的人都知道，明代的法律形式有律与例，清代的法律形式也有律与例。所以本书将明清法制归纳名为“律例法体系”。明代的例与清代的例都不是单纯一种，而是区别为条例、则例、事例等。其中的“事例”，就是本书的研究对象。

这就是说，本书的所谓“事例”不是我们日常生活中经常谈论的那个普通名词，而是一个专门的法律史概念。它是明清“律例法体系”的组成要素。

当然，明清的法律形式不单有律与例，还有会典。所以也被人称作“典例法体系”①。其实称为“典例法体系”亦无不可，我之所以坚持将之称为“律例法体系”，原因在于“律”与“例”是其主要的结构要素，而且它显示了与此前的“律令法体系”存在前后接续的关系。在我看来，“律例法体系”与“律令法体系”构成了古代法制演变过程中的两大阶段。以往法律史教科书按照朝代分割成一个又一个单元，这种写法被戏称为“串糖葫芦”。笔者认为，如果改变以朝代为单元的叙事模式，不妨尝试将古代法律史分为三大段，即律令法体系从产生

① 杨一凡：《明代典例法律体系的确立与令的变迁》，载《华东政法大学学报》2017 年第 1 期。

到成熟的阶段，律例法体系形成到完备的阶段，以及两个法体系转换的过渡阶段。

综上，本书的研究由三个层次构成：第一个层次是明清时期法律体系中的事例，这是本书的主体内容。第二个层次是明清法制中的例制。第三个层次是明清律例法体系，以及它在中国古代法律史中的地位。

长期以来，对于明清事例的专门研究不多。只是在明清法制著作中一笔带过，被简略地提及。论述明清例制的论著倒是不少，如苏亦工的《明清律典与条例研究》、杨一凡与笔者合著的《历代例考》，还有日本学者织田万的《清国行政法》。在中国法律史断代研究中，例更是不可或缺的内容。不仅明代与清代的例受到重视，宋元两代的例也有专著问世。单篇论文那就更多，不胜枚举。本书在前人工作的基础上，进一步对于明清事例做了全面系统的梳理，将事例的演变作为研究的重点，将事例置于它与其他定例（条例与则例等）的关系中，置于它与其他法律形式包括律、会典的联系中，通过从不同的侧面研究其复杂的演化过程，把握事例的性质与特征。更重要的是将明清事例放在中国古代法制演变的宏观背景下，置于律令法体系向律例法体系的转换过程中，以此显现中国古代法体系演化过程及这一过程中法体系建构与重构之规律。

本书的结构如下：开篇引论，论述事制的演进与律令法向律例法体系的转换。下设两编：上编是对明代事例的研究；下编是对清代事例的研究。最后结语是对明清律例法体系的地位与作用进行总结，同时对明清两代特别是清代的例与事例给出评价。

本书是国家社科基金 2012 年重点项目（编号：12AFX003）的最终研究成果。这里，我要衷心感谢社科基金办公室的大力支持，感谢项目评审组评委与验收组匿名专家的厚意。还要感谢《法学研究》梁慧星教授与张少瑜编审，感谢《北方法学》的魏建国教授，感谢他们在其主持的刊物发表了本课题的前期成果。回首当年选题立项的情景，不禁感慨系之。当时，基于明清事例的研究是一个亟待填补的学术空白，我邀请了同窗好友、中国社会科学院法学研究所杨一凡教授作为合作者，共同申请了这一课题。原来两人的分工是：他负责上编明代事例研究，我负责下编清代事例研究。我们的最初想法是将资料的搜集整理作为重点。但是，课题进行中我们感到，数字检索技术的发展,资料的收集整理不再困难,研究的目标也变成了探寻隐藏于现象背后的事例演化过程,发展趋势与内在逻辑。两人初稿完成后才发现,上编与下编对接起来难以形成逻辑自洽的有机整体。这在学术研究中虽然是正常现象,但也带来了一大难题:由于它们是我们各自认真研究分别取得的结果,难以轻言放弃;放在一起又存在无法弥缝的矛盾。最后,经杨一凡教授允准,其研究成果另行发表①,明代部分由我按照自己的观点重新补写。对杨一凡教授慨然应允参加项目,不吝付出辛勤劳动之后又宽容大度的退出,在此我由衷地表示感谢。

① 杨一凡:《质疑成说,重述法史——四种法史成说修正及法史理论创新之我见》,载《西北大学学报(哲学社会科学版)》2019 年第 6 期;杨一凡:《论事例在完善明代典例法律体系中的功能》,载《暨南学报》2019 年第 2 期;杨一凡:《明代典例法律体系的确立与令的变迁》,载《华东政法大学学报》2017 年第 1 期;杨一凡:《明代立法研究》,中国社会科学出版社 2013 年版。

目录

引论　事制的演进与律令法向律例法体系的转换 /1

（一）重释“议事以制，不为刑辟” /2
（二）“制事典，正法罪”与成文法的产生 /9
（三）“事律”：萧何九章律中的一个插曲 /20
（四）“令以存事制，律以正罪名” /23
（五）两个法体系之间的转换 /28
（六）唐代中期之后律令法体系的嬗变 /32

上编　明代事例

一、明代法制的演变与两个法体系的转换 /49

（一）明初律令法体系的重建 /49
（二）例的定位：从“一时权宜”到“百世可守” /52
（三）行政领域中例与令的运势消长 /55
（四）明初事例的尴尬地位及其变化机遇 /58

二、榜例：一种特殊的事例 /64

（一）明初的榜文禁例 /64
（二）官僚体制与榜例的变化 /72

（三）榜例的特色及其式微 /76

三、事例与条例的修订 /82

（一）事例与《问刑条例》的修订 /82
（二）事例与《军政条例》的修订 /92
（三）事例与《宗藩条例》的修订 /94

四、明代的会典编纂与事例的华丽转身 /98

（一）《正德会典》的编纂与事例的整合 /98
（二）《万历会典》与律例法体系的确立 /102
（三）《明会典》的特点与会典事例的性质 /106
（四）会典编纂与例替代令 /109

五、事例汇编文献 /111

（一）事例汇编文献举例 /111
（二）《节行事例》名义考 /115
（三）《嘉靖事例》作者考 /117
（四）《皇明条法事类纂》之谜 /120

下编　清代事例

一、清代例制的形成与演变 /135

（一）清初重例的历史社会原因 /135
（二）顺治时期对明制的沿用 /142
（三）康熙至乾隆时期例制的演变 /144
（四）清代后期例制的流变 /149
（五）清代例制中的事例与成案 /150

二、督捕事例与社仓事例 /154

（一）督捕（逃人）事例 /155
（二）社仓事例 /163

三、形形色色的捐例 /175

(一)捐纳事例 /177

(二)捐监事例 /181

(三) 捐输事例 /183

(四)捐赎事例 /186

(五)筹饷事例 /189

四、部院则例中的事例 /194

(一)清代部院则例的修订 /194

(二)户部则例中的事例 /198

(三)礼部则例中的事例 /203

(四)理藩院则例中的事例 /205

五、五朝会典与会典事例 /211

(一)《康熙会典》与《雍正会典》/211

(二)《乾隆会典》的推陈出新 /215

(三)《嘉庆会典》与《光绪会典》/221

(四)会典的特点与会典事例的性质 /225

结　语 /230

(一)综论明清事例的特色 /230

(二)明清律例关系理论的演变 /232

(三)两个法体系转换的意义 /235

(四)明清事例研究对法律史学的启示 /239

引论　事制的演进与律令法向律例法体系的转换

在历史上，“事例”与“事制”两者皆含“事”字。“事”在这里是“事例”与“事制”调整的对象。这个“事”字，从哲学的角度看，在中西比较研究中，具有特别重要的意义。[①] 因此，事制的演进及由事制到事例的转化值得我们重视。

事制的源头可以上溯到“议事以制”。从“议事以制”，到“制事典”，到“益事律”，再到“存事制”，它一路走来，逐步成熟，并与刑制一起构成了中国古代的律令法体系，在其中占据了“半壁江山”。

在中国法律史研究中，长期以来，用“刑起于兵”说明法的起源，以“铸刑书于鼎”作为成文法产生与公布的标志，将“以刑为主”看作古代法制的重要特征。以上

---

① 哲学家赵汀阳认为，在中国与西方，人们思维方式的区别，就在于西方思想的出发点是“物”，而在中国不然，“事是导致一切思想问题的出发点”。以物为出发点，关注物的本质，西方的科学发达盖源于此。以“事”为出发点，记事的史学才发达。“事不是实体，而是实体之间的动态关系。事发于行，故因行求道。有规可循之道是礼教法度。大致相当于西方所谓 nomos（规范），而万事动态变化之道，乃是形而上之道。这才使得道、德、礼、法等规则发达。”（参见赵汀阳：《惠此中国》，中信出版社 2016 年版，第 146 ~ 147 页。）

观点三位一体，形成了牢固的铁三角结构，而其背后支撑的是一个强大的观念：法是国家暴力统治的工具。正是由于这个原因，现实社会的法长期以来被看作是刑法，是镇压工具，而在历史上的法也被塑造成为以刑为主。历史与现实遥相呼应，互为证明，循环往复，成为解不开的死结。

近年来，法的观念在更新，法的核心是规则这一观点正在被法学界同仁广泛接受，逐渐成为社会的共识。在现实生活中，法摆脱了镇压工具的可憎面目，成为规整人们行为，调解人们纠纷的规则与程序。而在历史上，事制在律令法体系中占有半壁江山的事实也为法是规则的观点提供了佐证。

事制对应于规则，说明事是法调整的对象。事制与刑制一起构成了中华法系的一体两面，我们下面勾画的从“议事以制”到“令以存事制”的历史，就是中国古代法律变迁史的另一面。

（一）重释“议事以制，不为刑辟”

昔先王“议事以制，不为刑辟”是叔向反对郑子产铸刑书信中的一句话，它可以说是法律史上的斯芬克司之谜。关于这句话的意义，其中的事是什么，制为何意，不同时期的人们做出了形形色色的解释，可谓治丝益棼。曾经有人对于这些解释进行了系统全面的梳理①，读者可以参考，此处不赘。笔者认为，这句话，特别是其中的“议事以制”一语，长期以来是被人误读了。原因在于叔向的这段话是因“铸刑鼎”这一事件而起，人们注意的焦点自然就放在了“不为刑辟”之上，而“议事以制”便成为了为什么“不为刑辟”的补充说明。即没有刑法，犯罪案件将如何处理？人们将“事”解释为犯法之事，将“制”理解为临事制刑。于是，“议事以制”的意义便成了对于犯法之事临时做出如何处罚的决定。

为了正确理解“议事以制”，有必要先将其从反对“铸刑鼎”这一具体事件的语境中解脱出来，将“议事以制”与“不为刑辟”分开。实际上，在古代文献中，“议事以制”并不总是与“不为刑辟”一起出现。古文《尚书》《周官》中有“学古入官，议事以制，政乃不迷”②的话，就与刑辟的有无不存在瓜葛。《周官》是古文尚书中的一篇。古文尚书一直被看作是魏晋人的伪作。

---

① 参见宁全红：《春秋法制史研究》，四川大学出版社2009年版，第62～71页。

② 《尚书正义》卷十八《周官》。

但在郭店楚简出土后,这种看法已有改变。① 对于本书来说,这里的"议事以制"是否真是周代的某个王说的话并不重要,重要的是这句话出自先秦之人对某一特定历史现象的概括。同为先秦时期的同一句话,其释义应该是一样的。"议事以制,政乃不迷",表明"议事以制"完全能够独立于"不为刑辟"自有其意义。而且,此处的"议事以制",无论如何也没有临时制刑的含义。可见,临时制刑只是在"议事以制"与"不为形辟"聚合一处时强作解人的结果。

笔者认为,"议事以制"意味着人类超越习惯秩序以后"人定规则"之生成。

人类早期的社会秩序靠习俗维持。恩格斯指出,在社会发展某个很早的阶段,习俗作为社会的一般性规则起着调整作用:"在大多数情况下,历来的习俗就把一切调整好了。"②习俗是人类自发的"非人定规则"。习俗中的禁止性规范,即禁忌,包括在何时、何地、何人、何种场合不能做什么,产生于对大自然的恐惧,对事物的性质与规律的无知。而习俗中的指导性规范,即何时、何地、何人在何种场合可以做什么、应该做什么以及怎么做,来自前人的成功实践,为后人所效仿。西方一些制度经济学者对于习俗的生发机制进行的理论探索表明,习俗作为一种"自发社会秩序",形成于人们的社会活动和交往中的"演进博弈均衡"。③ 习俗形成后,前有车后有辙,人们踩着前人的足迹走,无须去问为什么。人们不假思索地按照习惯行事,没有自觉不自觉的区别,不存在道德不道德的考虑,也不存在理性的功利的计算;既不感到外在的约束,也不存在精神的负担。

但习俗不能解决人类社会生活中的所有问题,即使是在稳定得近乎停滞的早期农业社会,人们的生活仍然不可避免地面临变化,会在实践中遇到

---

① 对于《尚书》一书素有研究的学者王世舜指出:"如果将郭店楚简的年代定为战国中期,那么,简本既然引用了《诗经》《今文尚书》《古文尚书》中一些篇章的文字,可证《古文尚书》和《诗经》及《今文尚书》一样,于战国中期已在流行。由此,也就有理由认为两汉及魏晋时代的《古文尚书》很可能就是战国时代古文尚书的传本。"参见王世舜:《略论尚书的整理与研究》,载《聊城师范学院学报(哲学社会科学版)》2000 年第 1 期。

② [德]恩格斯:《家庭私有制和国家的起源》,载《马克思恩格斯选集》第四卷,人民出版社 2012 年版,第 93 页。

③ 韦森:《习俗的本质与生发机制探源》,载《中国社会科学》2000 年第 5 期。

新问题。这种问题,或者是大自然带来的难题,例如前所未有的洪水造成的灾害;或者是社会发展引起的社会矛盾冲突,社会分工分层带来的利益差异与意见分歧,纠纷争端,乃至人们之间的相互伤害、攻伐。原有习俗的调整机制在这些问题面前失去了作用。人类社会的发展变化导致了人定规则的产生。面对新的问题,社会共同体成员需要通过某种方式形成新的共识。这些新问题,就是“议事以制”的“事”。这里的事泛指各种各样事情、事件、事务、事项。“事”可能是一个刑事案件,也可能是一场需要人去排解的纠纷。总之,“事”的一般意义应该是人类社会共同体所面对的问题。当社会群体面对一个难解的问题,每个人对之都有着一定看法,却不易找到共同答案。这就需要“议”。

“议”是讨论,是在不同主体之间通过话语进行协商,是相互之间交换看法克服分歧形成共识的过程。“议”意味着众人的参与。据文献记载,在我国少数民族中,苗族有“议榔”活动,以威信高的老人为榔头,在“议榔坡”上讨论“榔规”,经过大家同意成为规约。侗族制定“款约”也大体如此,充当款首的头人寨老议事拟定款规,经过款众通过。[①] 羌人则有“议话坪”,村寨的大事在这里民主协商,规则在这里制定,各种纠纷在这里摆事讲理,调和化解;犯罪者在这里接受公众的惩戒、悔过自新。[②] “议榔”也好,“款约”也罢,“议话”也好,它们都可以被看作人类早期社会“议事以制”的遗存。

“议事以制”当然未必就会轻易达成共识,故而叔向接着“议事以制,不为刑辟”说道:“惧民之有争心也,犹不可禁御,是故闲之以义,纠之以政,行之以礼,守之以信,奉之以仁,制为禄位以劝其从,严断刑罚以威其淫。”[③]这就是说,由于利益的分化,对于矛盾与冲突,“议事以制”只是提供了一种解决方式,并不意味着矛盾冲突立刻得以解决。在人们争心依旧的情况下,“议事以制”的过程中,矛盾冲突的表现可能更加严重,不可消除。所以先

---

① 张冠梓:《论法的成长》,社会科学文献出版社 2002 年版,第 359 页。

② 李鸣:《碉楼与议话坪》,中国法制出版社 2008 年版,第 1 页。

③ 理解这段话的关键是断句问题。就是把“惧民之有争心也”是与上句“议事以制,不为刑辟”连在一起,用以解释为什么“不为刑辟”;还是与“犹不可以禁御”连在一起,作为后面整段话的起句。其实,从文气上看,“惧民之有争心也,犹不可禁御”与后面的“惧其未也”是层层递进的关系,所以,将之作为下面一段话的起始才文义贯通。

王要调动各种手段，以义、政、礼、信、仁等道理与道德进行说服，还要以物质利益鼓励其服从，以严厉的刑罚抑制其过分的要求。这也未必就达到目的，所以后面接着说："惧其未也，故诲之以忠，耸之以行，教之以务，使之以和，临之以敬，莅之以强，断之以刚。犹求圣哲之上，明察之官，忠信之长，慈惠之师，民于是乎可任使也，而不生祸乱。"这段话实际是暗示了"议事以制"的最后趋向，即从民主评议走向首领裁断：为了平息争议，达到和解，达成一致"议事以制"不解决问题的话，就只有通过强化部族首领的权威，直至蜕变为国家，由官长主持其事，做出裁断。当然，这样一来，民主议事的方式将会成为往昔的回忆。

后来，《文心雕龙》的作者刘勰将"议"解释成为咨询谋划："周爰咨谋，是谓为议。议之言宜，审事宜也。"在他看来，"议事以制"之"议"不纯是民主评议，而是主持有人，听取参与者进言献策。他所列举的古代若干"议事以制"的事例，包括了"洪水之难，尧咨四岳；宅揆之举，舜畴五人；三代所兴，询及刍荛。春秋释宋，鲁僖预议。及赵灵胡服，而季父争论；商鞅变法，而甘龙交辩"。[①] 对此，人们并不陌生。当洪水泛滥给人类带来灾难，联盟首领尧曾经咨询四方诸侯寻求治理的方法；为了推举那些优秀的政事官员上位，舜曾经与身边的五位贤人进行计议；而在夏商周三代兴起之时，砍柴割草的普通百姓都被统治者当作征求意见的对象；春秋时期的楚国，在商议是否释放宋襄公的问题时，请第三者鲁僖公参与讨论；赵武灵王学习胡服骑射，他的叔父与其进行了激烈的争论；秦在商鞅提出变法的时候，遇到甘龙的激烈反对。可以看出，"议事以制"不仅有部族联盟首领在严重自然灾害（洪水）面前或者重大政治决策关头在下属共同参与下的咨询与谋议，也有诸侯问政引起的事关变法改制的讨论与争论，以至相当激烈的辩论。

虽然前后性质不同，却表明国家产生前后"议事以制"的方式普遍存在。那么，"议事以制"形成的"制"又是什么？从《文心雕龙》所举实例中我们可以看出，有的是就事论事做出具体决定；有的则在具体处理事情时同时形成了一个规则；有的所讨论的是确定或者改变既定的规则。所以，"议事以制"可以说是议事"以为"制，即从事实出发，做出一个决定，形成一个

① （梁）刘勰：《文心雕龙》议对第二十四。

规则。但说是以“制”议事,即将规则运用于具体的事,进行权衡,做出一个决定[①],也通。其实,也许把这两个不同的解释综合起来更能全面地说明其意义。就是说,规则既可能是“议事以制”的结果,也可能是“议事以制”的出发点。完全可以说,规则贯彻于“议事以制”的全过程。“议事以制”本身就是一个规则,是生成规则的元规则,是人类群体面对新问题如何确定规则的程序规则。它的意思是,规则的形成必须经过议论(讨论)的程序。这个关于规则生成的规则不是讨论的结果,它先于一切规则,我们称为元规则的含义如此。

进一步说,这个元规则突出了公共理性的作用。而这是由于在人类早期,个体的智力不足,历史经验教训的积累不够,人们不得不承认个人理性的有限性,不仅是一般统治者,就是为众人崇拜的圣贤,也难以完全摆脱众人参与的公共决策过程。

在历史上,与“议事以制”类似的还有“因事立制”一语,见《通典》。《通典》的作者杜佑在使用“因事立制”对《左传》载叔向说的“议事以制”进行评论,说:“夫有血气,必有争心。群居胜物之始,三皇无为之代,既有君长焉,则有刑罚焉。其俗至淳,其事至简,人犯者至少,何必先定刑名,所以因事立制。”[②]在他看来,之所以因事立制是因为生活朴素规则简单的社会没有必要制定刑法,其俗至淳,其事至简,人犯者至少,何必先定刑名?这可能有助于我们正确理解叔向“议事以制,不为刑辟”的含义。我们知道,叔向写这封信针对的是子产“铸刑鼎”这一事件,他对“铸刑鼎”表示反对。理由之一就是与昔先王的“议事以制”不相符合。而前引杜佑的话表明,先王采取的这种方针与其所处的社会条件是相适应的。这里的昔先王,或许可以具体定位于尧舜禹时期,也可以向前延伸推到三皇五帝时代,当时俗淳事简,无须刑罚强制。有事大家商量,共同制定规则,或者依据已经制定的规则处理问题。集体的同心协力则保证了规则被遵守与

① 宁全红认为,“议事以制”乃是统治者在面临需要解决的问题,以古之“制”以及通过种种方式流传下来的“义理”“议论”为依据商议(解决问题)。参见《春秋法制史研究》,四川大学出版社2009年版,第89页。

② 《通典》卷一百六十六《刑法四》。

履行的效力。①

人们也许会问,叔向所处的时代是春秋末期,已经是“季世”,此时搬出昔先王云云,岂非文不对题?确实如此。所以子产可以用“救世”做理由,对之置之不理。我们也不妨说叔向不识时务,思想保守。但叔向这一思想方法却不是孤立的,完全可以理解。因为同时期还有很多人将效法先王作为立论的基点,举不胜举。他们岂不知道时过境迁先王已矣的道理。盖当时的思想风气如此。

进而言之,在“议事以制,不为刑辟”一语中,“议事以制”与“不为刑辟”恰恰是相互映照,形成鲜明的对比。“议事以制”是面对问题的积极有为,通过群体对话的方式,集中集体智慧,制定规则,形成决定;而“不为刑辟”则反映了在刑法方面的消极不作为态度,也说明了在人定法产生之后还有过不需要刑罚强制的时代。在这个意义上说,不为刑辟是“议事以制”的补充说明。如前所述,在人类早期的社会秩序中,人们在习惯秩序支配下生活,“其俗至淳,其事至简,人犯者至少”,所以社会不需要强制。即使在出现了超越习俗调整范围的问题之后,由于是靠“议事以制”的方式制定规则,而“议事以制”的一个含义是众人参与,规则是建立在众人同意的基础上制定出来的②,不是个人专断独行,故也不需要特别的强制手段。所以,“议事以制,不为刑辟”的状态不仅具有合理性,而且明确地告诉我们,规则在其刚刚产生时并不需要与强制同行,事制完全可以先于刑制即刑法规范存在。

我们对“议事以制”重新解说,是因为在一定意义上说,“议事以制”是可以解释古代法制生成的逻辑原点。它表述的是人定规则的最初生成机制,即在超越了习俗秩序之后,人定规则是怎样形成的。“议事以制”孕育

---

① 关于这个问题,不妨联系哈贝马斯的商谈理论加以理解。他说:“只有当有可能受影响的个人能以合理商谈的参与者身份赞同某些行为规范时,这些行为规范才是有效的。”[德]哈贝马斯:《在事实与规范之间》,三联书店2003年版,第107页。

② 当然对于这种“同意”不能绝对化理解。马克斯·韦伯指出:“所谓自愿同意的秩序,或强制规定所形成的秩序之间的区分,只有相对的意义。因为,即使是自愿同意形成的秩序,其效力也非立足于完全一致的同意,在过去这被认为是真正的正当性所必备的条件,事实上这只是一种特定群体的秩序,所依赖的多是那些持有异议者的默认。”[德]马克斯·韦伯:《社会学的基本概念》,广西师范大学出版社2008年版,第49~50页。

了法的胚胎。人类需要法律,并不完全是因为出现了犯罪需要法律惩治。“议事以制,不为刑辟”恰好说明了这一点。“议事以制”所“议”的事或许是一场具体的纠纷,如土地边界纠纷;或许是公共事务的治理,如洪水造成了灾害。也或许是某一行政事务,甚至是政治事务:从管理人员的任命,到王位接班人的确定。“制”的含义也相当广泛,其中有具体的规则,也有抽象的原则,其中就包括了法的内容。当然还不能断定“制”就是法。因为这时法律规范还没有完全从“制度”中分化出来。

这里,关于“议事以制”的产物“制”,有必要明确三点:

一是“议事以制”在国家产生之前与产生之后的性质不同。尧舜禹时期,“议事以制”反映的是国家形成之前处理公共事务的规则及其方式。而在国家产生之后,国家部分地担负起了管理公共事务的社会职能,有些公共事务管理具有了国家行政的性质。在公共事务之外,国家还增加了很多自身的行政事务,其管理规则可能已经不再需要大家同意,变成了统治者的独断专行。

二是“制”作为人定规则,并不完全都属于法的范畴,古人云:“观时而制法,因事而制礼。”①或曰:“当时而立法,因事而制礼。”②这里,上下两个半句中的礼与法皆为互文,实际是说礼法皆因事随时而立的意思,表明“制”至少包括了礼制与法制两个方面。究竟是礼制,还是法制,则要具体分析。

上古资料缺乏。以春秋为例,我们知道,周代的礼制发达,法制相对来说尚不发达。分析《左传》与《国语》记载的古制,可以看出,其大部分是等级森严的一些规定,应该属于礼制的范畴。例如,“先王之制:大都,不过参国之一;中,五之一;小,九之一”③“先王之制:诸侯之丧,士吊,大夫送葬;唯嘉好、聘享、三军之事,于是乎使卿”④“卿违,从大夫之位,罪人以其罪降,古

① 《战国策》卷一九“赵(二)”。

② 《商君书更法》,又见《史记赵世家》。

③ 《左传》隐公元年三月。

④ 《左传》昭公三十年六月。

之制也"①"昔天子班贡，轻重以列，列尊贡重，周之制也"。②

属于法的范畴的则有"国有饥馑，卿出告籴，古之制也"③"社稷不动，祝不出竟，官之制也"④"周制有之曰：列树以表道，立鄙食以守路，国有郊牧，疆有寓望，薮有圃草，囿有林池，所以御灾也"。⑤

而还有的古制不好归类，可能兼有礼制与法制的双重性质。譬如下面两条："夫先王之制，邦内甸服，邦外侯服，侯、卫宾服，蛮、夷要服，戎、狄荒服。"⑥以及"先王之命曰：'王后无适，则择立长。年钧以德，德钧以卜。'王不立爱，公卿无私，古之制也"。⑦ 说是礼制并无不妥，说是法制也有理由。

三是"议事以制"的"制"在形态上未必是成文的。其确立的途径包括言、行、作、为等各种方式。众所周知，人类历史上形形色色的社会制度，有的成文，有的不成文。有的国家例如英国，连其宪制都是不成文的。古代中国大概也是如此。譬如"周公制礼"，就未必形诸文字，即使起到立"制"作用的"先王之命"，也可能只是一种口头训示，而且这种口头约束并非制度确立的主要方式，重要的是行动，由此而形成的先例。周公就是通过摄政数年后将政权归还于成王的行动，为后世树立了先例，确立了立嫡之制，改变了殷商的兄终弟及的王位继承制度。

（二）"制事典，正法罪"与成文法的产生

成文法是形诸文字的法。法不成文，以口头言辞为约束，不仅在空间传播方面受限，而且从时间维度上看也不能形成稳定的约束机制。所以成文法反映了法的成长与发展。

将法形诸文字，前提是要有文字存在。文字是文明发展的条件。没有文字的民族，只能"以言语为约束"。一些处于中国周边的部族在历史上就是如此。例如，汉代北方的匈奴，《汉书》云："匈奴，其先夏后氏之苗裔，曰淳维。唐、虞以上有山戎、猃允、熏粥，居于北边，随草畜牧而转移。……无

① 《左传》昭公七年四月。
② 《左传》昭公十三年七月。
③ 《国语》卷四《鲁语上》。
④ 《左传》定公四年三月。
⑤ 《国语》卷二《周语中》。
⑥ 《国语》卷一《周语上》。
⑦ 《左传》昭公二十六年十月。

文书,以言语为约束。"[①]东北的乌桓,《后汉书》云:"乌桓者,本东胡也。……大人有所召呼,时刻木为信,虽无文字,而部众不敢违犯。"[②]南北朝时期东面的新罗,《梁书》曰:"新罗者,其先本辰韩种也。……无文字,刻木为信。"[③]西面的滑国,《梁书》曰:"滑国者,车师之别种也。……无文字,以木为契。"[④]以及羌人,《周书》曰:"宕昌羌者,其先盖三苗之胤。……俗无文字,但候草木荣落,以记岁时。"[⑤]在唐宋以后的史书中,仍然有某些部族以"刻木结绳为约"的记载。《旧唐书》记载西边的吐蕃,曰:"吐蕃,在长安之西八千里,本汉西羌之地也……其国人号其王为赞普,相为大论、小论,以统理国事。无文字,刻木结绳为约。"[⑥]记载西南的东谢蛮,则云:"俗无文字,刻木为契。散在山洞间,依树为层巢而居,汲流以饮。"[⑦]

这些部族由于没有文字,在制度性层面不能产生成文法,只能"以言语为约束"。汉族早期,也曾经结绳记事,刻木为契,"以言语为约束",终于因文字的发明而超越了此阶段,形成了成文法。汉字的发明是汉族为主体的华夏民族形成过程中的幸事,对于后来中华文明的延续也关系甚大[⑧]。

汉族的文字形成在五千年之前。不过,早期的文字由图画而演进为符号,由甲骨文到钟鼎文,都不是一套适合表达规则的书写系统。所以,古代的成文法何时产生,不能不是一个需要慎重探讨的问题。人们往往以《周礼》为证,引其中"悬法象魏"的记载,说明其时不仅存在成文法,而且定时公布。但是,《周礼》一书毕竟不是周公的制作。虽然依据王国维提出的两

---

① 《汉书》卷九十四上《匈奴传上》。
② 《后汉书》卷九十《乌桓鲜卑列传》。
③ 《梁书》卷五十四《诸夷列传》。
④ 《梁书》卷五十四《诸夷列传》。
⑤ 《周书》卷四十九《异域列传》。
⑥ 《旧唐书》卷一百九十六上《吐蕃列传上》。
⑦ 《旧唐书》卷一百九十七《南蛮西南蛮列传》。
⑧ 我国著名哲学家赵汀阳曾经指出:历史上中国疆域的不断扩展是由于形成了一个逐鹿中原的漩涡模式。是什么吸引了周围的部族参与这个逐鹿中原的游戏?首先是文字。"中原最早发明了书写文字并且率先发展了以汉字为载体的精神世界——从而形成了精神世界的路径依赖:分享这个世界就等于分享了历史的起点和路径,分享这个为越来越多的人所分享的精神世界就能够获得更大的政治伸延幅度和能力,也就分享了对自身存在和发展最为有力的更大可能世界。正是在这个意义上说,中原最具特殊性而无可替代的优势资源就是以汉字为载体的精神世界或知识生产体系。"(赵汀阳:《惠此中国》,中信出版社 2016 年版,第 102 ~ 104 页。)

重证据法，人们已经通过金文与《周礼》的互证，说明《周礼》反映的职官与周代大体相符；但是，也仅限于官制而已。由于《周礼》有关制度的记载浸透着其作者的理想成分，所以，在多大程度上能够反映周代实际尚成问题。我们对此仍然需要保持谨慎的态度。[①] 否则的话，我们就会拿着《周礼》一书关于"小宰之职，掌建邦之宫刑，以治王宫之政令""医师掌医之政令""酒正掌酒之政令""盐人掌盐之政令""州长各掌其州之教治政令之法""党正各掌其党之政令教治""胥师各掌其次之政令""肆长各掌其肆之政令""遂师各掌其遂之政令戒禁"的记录，轻易地证明周代成文法的广泛存在了。在古老的政治历史文献《尚书》也不乏反映周代及其以前存在诰、誓、命、令等，但从其字的型构包含了"言"与"口"，也不难明白它们都属于口头言辞的约束。我们知道，周代的钟鼎文，所用的文字是笔画繁杂识别书写繁难的大籀，它之不宜表达法律的内容也是一望而知的。

应该指出，成文法并不是文字与法的简单叠加。成文法的形成是中国古代法发展过程中迈出的重要一步，同时也是一个漫长的复杂的过程。在中国古代，法令被文字记录下来有各种不同的途径。大致而言，有"铸器""作册""载书"等三种途径。

首先是"铸器"。通过存世的金文，我们知道周代之"王命"已经形诸文字，青铜器上的铭文中就不乏"王令"的只言片语。但是殷周金文存在明显的局限。这些青铜器的主人将"王命"节录于青铜器上，是为了家族子孙世代相传以作为权利的证明，尊荣的炫耀。由于青铜器铭文的主要功能如此，所以在内容上也多半是"王命"中关于赏赐、任命与授权的部分。这样所形成的文字，虽然采取了成文的形式，但其中很少规范性的内容。像下列"兮甲盘"那样的十分明确的命令规范可谓绝无仅有。[②]

淮夷旧我帛贿人，毋敢不出其帛（积）、其进人。其贯毋敢不即次，即市。敢不用命，则即刑，扑伐；

---

① 陈顾远先生早就提出"推测之辞不可为信，设法之辞不可为据，传说之辞不可为确"作为古代法制研究方法必须坚持的原则。（陈顾远：《中国法制史》，商务印书馆1935年版，第4页。）

② 转引自胡留元：《西周法制史》，陕西人民出版社1998年版，第50页。

其唯我诸侯、百姓，厥贯毋敢不即市，毋敢或有入蛮宄贯，则亦刑。

就是“兮甲盘”也不能断定“这是周王室给诸侯方国公开发布的单项法令”。因为“兮甲盘”是作为“私器”在家族成员中世代相传，并没有公布于世。

在周代，除了青铜器铭文，“王命”主要通过“作册”的途径得以保存。王国维指出，金文中的“作册”为官名，“作册”亦称“作册内史”，亦单称“内史”。[①] 前人曰：“古之王者世有史官，君举必书，所以慎言行，昭法式也。左史记言，右史记事，事为《春秋》，言为《尚书》，帝王靡不同之。”[②]“作册”之官的职责是对于王的言行作成记录，由此形成的记录后来成为《尚书》与《左传》等史籍的素材，这也就是我们今天还能看到诰、誓、命、令之由来。

《尚书》与《左传》等书记载的“王命”有周成王的“齐鲁之命”：“女股肱周室，以夹辅先王。赐女土地，质之以牺牲，世世子孙，无相害也。”[③]有周平王命晋文侯：“与郑夹辅周室，毋废王命。”[④]有周襄王策命晋文公：“王谓叔父：敬服王命，以绥四国，纠逖王慝。”[⑤]有周灵王赐齐灵公命：“昔伯舅太公，右我先王，股肱周室，师保万民，世胙太师，以表东海。王室之不坏，繄伯舅是赖。今予命汝环，兹率舅氏之典，纂乃祖考，无忝乃旧。敬之哉！无废朕命。”[⑥]还有燕召公命齐太公：“五侯九伯，女实征之，以夹辅周室。”[⑦]这些“王命”的片段显示了其比金文具有较高的规范性。

这些“王命”在一定的场合具有法律的效力。能够用以证明某些行为得到了周王的正式授权因此具有合法性。如《左传》载，僖公四年春，齐侯以诸侯之师伐楚。楚子使与师言曰：“君处北海，寡人处南海，唯是风马牛不相及也。不虞君之涉吾地也，何故？”管仲对曰：“昔召康公命我先君大公

① 王国维说：《书·洛诰》：“王命作册逸祝册，惟告周公其后。”又：“王命周公后作册逸诰。”“作册”字，孙氏诒让《周礼正义》云：尹逸盖为内史，以其所掌职事言之，则曰“作册”。始以作册为内史之异名，其说是也。（王国维：《观堂别集》卷一书“作册诗尹氏说”。）

② （汉）刘歆《六艺略》又见《汉书艺文志》。

③ 《国语·鲁语上》：展禽使乙喜犒师曰：“昔者成王命我先君周公及齐先君太公。”

④ 《左传》宣十二年。

⑤ 《左传》僖二十八年。

⑥ 《左传》襄十四年。

⑦ 《左传》僖四年。

曰：‘五侯九伯，女实征之，以夹辅周室。’赐我先君履，东至于海，西至于河，南至于穆陵，北至于无棣。尔贡包茅不入，王祭不共，无以缩酒，寡人是征。昭王南征而不复，寡人是问。”①这里，管仲面对楚国使者的何以伐楚的诘问，以“燕召公命”中的“五侯九伯，女实征之”证明自己有专征之权。

再如《国语》载齐国伐鲁之事。齐侯见使者曰：“鲁国恐乎？”对曰：“小人恐矣，君子则否。”公曰：“室如悬罄，野无青草，何恃而不恐？”对曰：“恃二先君之所职业。昔者成王命我先君周公及齐先君太公曰：‘女股肱周室，以夹辅先王。赐女土地，质之以牺牲，世世子孙无相害也。’君今来讨弊邑之罪，其亦使听从而释之，必不泯其社稷；岂其贪壤地，而弃先王之命？其何以镇抚诸侯？恃此以不恐。”齐侯乃许为平而还。② 这里，鲁国使者以周成王曾经同时对鲁国先君周公及齐国先君太公有“世世子孙无相害也”之命，解释鲁国面对强大的齐国有恃无恐的原因。

但是，内史“作册”形成的记录内容庞杂，言行故事无所不包。这些档册作成后便藏于禁中，成为档案史料。据说，周代有“诸侯五年再相朝，以修王命”的制度。③ 大概只有这时候，他们会通过某种方式得知“王命”的内容。那些为数不多的规范性文字夹杂其中，虽然可供后世史家寻章摘句，找到当时的有关法律的片段文字，但从根本上说并不具备法的形式。

春秋时期，推动成文法成长的还有诸侯之间的会盟活动。我们知道，春秋时代，周天子的权威已经不足以维持天下的秩序。拥有强大军事实力的诸侯遂充当盟主，称霸一时。他们打出“尊王攘夷”的旗帜，建立政治联盟，同时还通过盟誓的形式创立规则以约束诸侯。

盟是会盟活动的产物，是通过协商达成的协议，其中有很多是言简意赅的社会规范。盟采取了协商的形式，并且制成“载书”，还有副本长期保存。春秋时期的会盟有三种模式。

第一种模式的典型是葵丘之会。其特点是完全由霸主唱独角戏，其他诸侯则唯听命而已。葵丘之会在僖公三年（公元前 657 年），主持者为齐桓

---

① 《左传》僖公四年。
② 《国语》卷四《鲁语上》。
③ 《左传》文公十五年三月。

公,“时桓公功德隆盛,诸侯咸曰:‘无言不从,曷为用盟哉!’故告誓而已”。关于其具体情形,《孟子》记载称:“五霸,桓公为盛。葵丘之会诸侯,束牲载书而不歃血。初命曰:‘诛不孝,无易树子,无以妾为妻。’再命曰:‘尊贤育才,以彰有德。’三命曰:‘敬老慈幼,无忘宾旅。’四命曰:‘士无世官,官事无摄,取士必得,无专杀大夫。’五命曰:‘无曲防,无遏籴,无有封而不告。’曰:‘凡我同盟之人,既盟之后,言归于好。’”①有文字副本即“载书”存在。以桓公当时具备的权威,诸侯皆唯命是从的态度,可以推知这五条规则具有一定的约束力。

第二种模式的典型是弭兵之会。即“宋华元合晋、楚之成”。这是通过第三者的斡旋导致争执双方达成和解的会盟。时间在成公十二年(公元前579年),斡旋者是宋国大夫华元。他使晋楚两国停战议和,“盟于宋西门之外”,盟辞曰:“凡晋、楚无相加戎,好恶同之,同恤菑危,备救凶患。若有害楚,则晋伐之。在晋,楚亦如之。交贽往来,道路无壅,谋其不协,而讨不庭。有渝此盟,明神殛之,俾队其师,无克胙国。”②虽然盟的主要内容是结束战争恢复和平,但是两国约定“同恤菑危,备救凶患”,以及“交贽往来,道路无壅,谋其不协,而讨不庭”,也是建立诸侯国家之间共处规则的尝试。可惜不久就发生鄢陵之战,弭兵会盟的成果随之付诸流水。

第三种模式是通过多边协商的形式建立联盟,并将盟词记入载书,宣布誓守。时在春秋襄公十一年(公元前562年),盟主是晋国,周旋其间的主盟者是晋国的大夫范宣子。史载:秋七月,同盟于亳。范宣子曰:“不慎,必失诸侯。诸侯道敝而无成,能无贰乎?”乃盟,载书曰:“凡我同盟,毋蕴年,毋壅利,毋保奸,毋留慝,救灾患,恤祸乱,同好恶,奖王室。或间兹命,司慎司盟,名山名川,群神群祀,先王先公,七姓十二国之祖,明神殛之,俾失其民,队命亡氏,踣其国家。”其中,确定了“毋蕴年,毋壅利,毋保奸,毋留慝”③

---

① 《孟子》卷十二《告子下》。春秋《谷梁传》述葵丘会有云,“无遏籴,无易立子,无以妾为妻,无使妇人与国事,无壅泉而不及,诛不孝,尊贤育材,士无世官,官事无摄,取士必得、无专杀大夫,无有封而不告”。案《公羊》述桓公阳谷之会,则云“无障谷,无贮众,无易立子,无以妾为妻”,而不及无使妇人与国事。其详略与此不同,盖所以相终始而已。

② 《春秋左传》成公十二年。

③ 据传注:“毋薀年,是不可薀积年谷,而不分灾。毋壅利是不可专山川之利。毋保奸,是不可窝藏罪人。毋留慝,是不可留住恶人。”参见(晋)杜预注、(唐)孔颖达疏:《春秋左传正义》卷三十一。

等相当重要的一组规则。

综括上述盟誓的内容,关于社会规范的内容颇多。如“同好恶”“奖王室”“讨不庭”,是维护周天子的王权;如“交贽往来,道路无壅,谋其不协”“无相加戎”,是协调诸侯之间的关系;如“诛不孝,无易树子,无以妾为妻”“士无世官,官事无摄,取士必得,无专杀大夫”,是对于宗法分封等制度的规制;如“尊贤育才,以彰有德”“敬老慈幼,无忘宾旅”“无曲防,无遏籴,无有封而不告”,又如“毋蕴年,毋壅利,毋保奸,毋留慝”,是有关天下道德礼义、防患救灾、交通往来以及公共安全秩序的规定。这些社会规范是对于各个诸侯国统治者的行为加以约束。对于这些约束,诸侯们要以歃血的庄重形式表示同意作出承诺,甚至以“队(坠)命亡氏,踣其国家”等词语申明信守不渝。

我们知道,受到社会发展水平制约,周初分封的诸侯国各自有各自的封地,其间山水相隔,交通往来受限,彼此之间只是时有朝聘之事。随着社会经济的发展,荒地得到开辟,各诸侯国边界毗连,往来频繁,交往日渐密切,同时也开始由于相邻关系而出现了各种各样的矛盾以至冲突。为了协调各个诸侯国的矛盾,需要通过某种方式确定一些新的规则。会盟活动解决了这一问题。其内容包括公共交通、公共水利、粮食贸易、灾荒救助、公共安全,以至打击犯罪中的司法协助等条款,对于当时以及后来的天下秩序而言都极其重要。“交贽往来”“道路无壅”是维护道路交通的良好条件;“无曲防”“毋壅利”是在水利建制方面确立互助协作规则,而“毋蕴年”“无遏籴”则是在防灾救荒方面建立互利互惠机制,均以天下一盘棋为原则。如果说,春秋社会前期会盟中的“同好恶”“奖王室”“讨不庭”“诛不孝,无易树子,无以妾为妻”,以及“士无世官,官事无摄,取士必得,无专杀大夫”,是在王权式微礼乐崩坏的情况下,通过诸侯结盟的方式,维护周公创立的天下秩序。那么,到了中后期,会盟中关于“交贽往来,道路无壅”“无曲防,无遏籴,无有封而不告”“毋蕴年,毋壅利,毋保奸,毋留慝”等条目,则远离周公之制,目的在于建构新的天下秩序,走向更加紧密的统一局面。

由于这些规则写进了“载书”,具有确定的含义,并由盟主拥有或可能聚集起来的实力作为保障,具有权威性;同时也由于它是与盟各方取得共识的结果,其约束力更具有基础。综合这些方面,会盟产生的规则应该属于成文法的范畴。不过,由于其立法者主体的霸主身份尚不属于主权者,也许说是“准成文法”更合适些。

综上所述,在古代中国,法的成文化包括了“铸器”“作册”“载书”这三个途径。但如果我们指的是有意识地制作成文法,而不是法令被文字偶然地做成记录,并且举出一个由合格的主体代表主权者将法令以成文的形式加以制作并发布,使古代法实现了由不成文到成文转变的具有标志性的事件,则不能不说非“制事典”莫属。

“制事典正法罪”出自《左传》的记载:文公“六年春,晋搜于夷,舍二军。……宣子于是乎始为国政,制事典,正法罪,辟狱刑,董逋逃,由质要,治旧洿,本秩礼,续常职,出滞淹。既成,以授大傅阳子与大师贾佗,使行诸晋国,以为常法”。①

文中的主角“宣子”,即赵盾,又名赵宣子,他是当时赵国的执政。关于这一段话,过去通常认为“始为国政”是总纲,下面分别列出九事。我们则认为,九事中“制事典,正法罪”是这段话的主题。它和前述“议事以制,不为刑辟”讲的同是两个方面的事情。“制事典”是“议事以制”的延续,而“正法罪”与“不为刑辟”讲的都是刑法方面的事,只是方向不同,将无所作为的“不为刑辟”变成有所作为的“正法罪”了。

“制事典”既是“议事以制”的延续,同时又是“议事以制”的发展。前面已经说过,“议事以制”的“制”未必成文,制事典则标志着成文法的产生。“典”即典册,它是一个象形字,其字体构造,下面是一个几案,上面摆放的是用绳子从中间串联起来的一排竹简。古人说“典”是大册。册与典都是用来书写文字的载体。但是,典是册中记载比较重要事情的竹简。典与册两者作为象形字虽然其意象都是将竹片用绳子串联在一起,作为文字的载体具有类似功能;但“制事典”不同于史官“作册”,它是专门把具有法律性质的规则作成书面文字,使“议事以制”的“制”成文化。② “制事典”于是有了使“事制”成文化的意义,是成文法形成的标志。

---

① 《左传》文公三年。

② 陈顾远认为,“成文法典之始当在此际,惟仍非公布者耳”。不过,与本文不同的是,他把正法罪而不是把“制事典”看作成文法开始出现的标志。(参见陈顾远:《中国法制史》,商务印书馆1935年版,第99页。)

赵宣子“制事典”的内容是什么，按照《左传》记载的“辟狱刑，董逋逃，由质要，治旧洿，本秩礼，续常职，出滞淹”进行分析，“辟狱刑”是对于刑事案件进行处理，“董逋逃”是对于逃跑的犯罪者加以追捕，“由质要”是以契约卷证处理民事诉讼。“治旧洿”旧注为“国之旧政洿秽不絜，理治改正之也”，但也可能是修整水利设施之事①。“本秩礼”“续常职”“出滞淹”则是吏治之事。这七事是一组规则，所列只是纲目，但其为国家行政事务管理的属性明显，可以大体反映“事典”的内容。

没有文字记录的口头命令会随风飘散；记录在典册上的法则才能世代传诵。《左传》曰：“言之无文，行而不远。”②“制事典”的意义就在于它在时间与空间两个维度上扩展了法的生命力。

《左传》的同条还记载说：“既成，以授大傅阳子与大师贾佗，使行诸晋国，以为常法。”把“制事典”与“常法”联系到了一起。所谓“常法”意味着这些付诸记录的规范规定具有稳定性，从而能够长期有效，反复适用。“制事典”以为“常法”，清楚地显示了赵盾“制事典”时存在“普遍适用的意图”，而“普遍适用的意图”是著名的法人类学家波斯皮士尔提出的法的四个属性之一③。

说到这里，不能不涉及一个需要重新加以审视的问题，即法律史学界长期以来将“铸刑书于鼎”作为成文法产生且加以公布的标志。

“铸刑书于鼎”，一是指郑国的子产“铸刑鼎”，一是指赵简子“铸刑书”。前者发生在昭公六年，后者发生在昭公二十九年。关于前者，所铸的内容是什么，没有记载。关于后者，则铸的是范宣子所为刑书。史载：（昭公二十九年）冬，晋赵鞅、荀寅帅师城汝滨，遂赋晋国一鼓铁，以铸刑鼎，著范宣子所为刑书焉。④ 文中“刑书”的作者是谁？春秋时期，有两个宣子：一个是赵宣子，即前述“制事典”的赵盾。另一个是范宣子，即前述主持亳之

---

① 据《史记》卷二十九《河渠书》记，魏文侯时西门豹为邺令，“引漳水溉邺，以富魏之河内”。可见晋国水利的重要。

② 《左传》襄公二十五年。

③ 波斯皮士尔提出的法的四属性，即权威（authority）、普遍适用的意图（intention of universal application）、当事人双方间的权利义务关系（obligatio）、制裁（sanctions）。转引自张冠梓：《法人类学的理论、方法及其流变》，载《国外社会科学》2003 年第 5 期。

④ 《左传》昭公二十九年。

盟的晋国大夫。《左传》昭公二十九年明文记载的是“著范宣子所为刑书”，即《宣子之刑》为范宣子所作。但是，孔子的批评却指向“夷之搜”：“宣子之刑，夷之搜也，晋国之乱制也。”而“夷之搜”中的主角则是赵盾。可能由于这一缘故，陈顾远的《中国法制史》认为宣子之刑为“赵盾”所作：“最初公布成文法典者为郑子产，次即晋赵鞅‘铸刑鼎’，著赵盾所为刑书焉。”[①]虽然有论者作文驳之，但笔者仍从陈顾远说。盖因范宣子虽然也在成文法制作方面不无建树，史书中却没有其作“刑书”的记载。而赵盾在“夷之搜”中“制事典，正法罪”则于史有征。

难点在于，怎么称呼赵盾的这次行为？是制事典，还是作刑书？或者是一事而两名：制事典是不错的，但紧接在“制事典”之后的“正法罪”一语，虽然内容是什么已经无法考实，说它是有关定罪量刑的法，将此事称为作刑书亦无大错。而且赵盾为赵鞅之先祖。赵鞅“铸刑鼎”，载其先祖所作刑书，以光耀其门楣，应该比较符合逻辑。铸之于鼎也更加体现了“以为常法”的精神，即“普遍适用的意图”。其时赵盾的“制事典，正法罪”之举已近百年，依然存在，证明了它确实无愧于“常法”之名。

而这是发生在文公六年春的事情，如果将之作为中国古代成文法的形成标志，它无论是比郑子产“铸刑鼎”，还是赵宣子铸刑书于鼎，都差不多早发生了一百年。

按照人们的说法，似乎铸刑书于鼎比起原来的“刑书”（其实就是“事典”）是公布不公布的差别。这对吗？如前所述，制事典以为“常法”，就没有保密的理由，而铸刑书于鼎有公布的意图吗？

应该承认，“铸刑书”于“鼎”比较其他的青铜器铭文要更有意义。其他的青铜器铭文是家藏的“私器”，而鼎是国家的象征，属于“公器”的范畴。然而，说铸刑书于鼎意在公布成文法却值得研究。

按：汉字的形态是方块字，其书写识读都比较困难。以存世的钟鼎文而论，在当今文化普及的数以亿万计的国人中，能够识读者能有几人？恐怕即使在史学界也屈指可数。而春秋时代“学在官府”之局尚在突破之中，即使将刑鼎摆在街头，民众是否就能够辨识其中内容可想而知矣。故叔向、孔丘

---

① 陈顾远：《中国法制史》，商务印书馆1935年版，第99页。

担心“民在鼎矣”“锥刀之末将尽争之”“何以尊贵”云云，实为智者的过虑，颇与杞人忧天之倾相类。在成文法的形成过程中，由于方块字成为成文法传播中自然形成的屏障，并不需要统治者另外采取人为手段保守法的秘密，倒是寻求适合的书写材料克服制作的困难成为关键问题。甲骨文、金文、碑刻上的文字，只是由于不易朽烂而保存了下来，并不表明龟甲、兽骨以及金石等是适合于书写文字的载体。鼎固然有象征国家政权的意义，却未必是成文法的最佳载体。其制作并非易事，且铁质亦易在空气中锈蚀。纸张发明之前，只有丝帛、竹简、木牍这些材料最适于书写汉字，所以后来有《竹刑》，有《法经》。邓析造《竹刑》，其名称之由来盖在将刑法条文“书之于竹”，故谓之《竹刑》。《法经》之“经”也没有后来儒家经典的含义，当指将写着法律的竹简串联起来的绳子。据史载：“悝撰次诸国法，著《法经》。[①]”可见李悝是将当时各国的刑法条文搜集在一起编辑成书的。可能邓析作《竹刑》也是如此，其内容并非个人杜撰，故“郑驷歂杀邓析，而用其《竹刑》”。[②] 前人曾经总结说：“子产铸《刑书》，赵鞅、荀寅铸‘刑鼎’，至邓析‘竹刑’，则书于竹简矣。”[③]可见，以竹简为最适合的材料，是历史不断选择的结果。

无论铸刑书还是“铸刑鼎”，与“议事以制”及“制事典”相比，都反映了刑法之晚出。这不仅由于存在“昔先王不为刑辟”的传统，而且“刑罚世轻世重”见于《吕刑》，表明刑罚的使用强度因时而不同，在礼制盛行的时代又有“刑不上大夫”的观念占主导地位。可以想象，按照等级身份原则制作一部将犯罪刑罚轻重一一相互对应的刑法典何等困难。当然，更重要的原因还在于刑罚与刑法都是坏东西的观念作祟，《吕刑》将刑罚称为“五虐之刑”，说其源于“弗用灵”的苗民，就是这种观念的反映。

战国以降，出现了法家学派，其学说的重要作用之一是促进了人们在刑法观念上的转变。刑法被赋予使“吏不敢以非法遇民”的正面效用，加上法家鼓吹的“刑无等级”，使得对同一犯罪制定同一处罚标准方便多了，才推

---

① 《晋书》卷三十《刑法志》。

② 《左传》定公九年。

③ （宋）王应麟：《困学纪闻》卷六。

动了刑法的发展。行文至此,笔者不能不指出,说"以刑为主"是中国古代法制的特征,并不符合战国前法制的实际;至少说,"以刑为主"不是中国古代法制娘胎里带来的毛病。

综上所述,可知中国古代的法律产生之初是以事为主的。古人曰,因事立制,议事以制,制事典,存事制,以及事例之繁都昭示我们这一点。那么,今人何以坚持以刑为主的判断? 根源在于,以历代史书的《刑法志》作为依据,而将《刑法志》作为法律专志,又缘于现代中国一度将法律作为镇压之法。换言之,由于现代人眼中的法就是刑法,才将历代《刑法志》《刑罚志》误认为法史之资料渊薮,从而得出以刑为主的结论。

中国古代以公法为主,毫无意义是其缺陷,但是公法为主不等于刑法为主。进一步说刑法为主也不意味着镇压为主,规制刑罚使之克服任意运用的制裁规范实为刑法的积极功能,正是它将镇压之权纳入了法制的轨道,而不是任意滥用。

(三)"事律":萧何九章律中的一个插曲

律,最早可能出自《周易》的"师出以律"①。如果把"师出以律"的"师出"词序调整成为"出师",则其与"议事以制"对仗工整,堪称绝佳的一副对子。而且从内容上说两者也旗鼓相当:"议事以制"是说在和平的日子里人们以集体智能协商制定处理各种事务的规则;而"师出以律",则是说在战争当中,为了保证军队步调一致,大家必须听从统一的号令。

据学者考证,"律"字起源甚早。其意义既是以战鼓之音为军令,故有"师出以律"之说。律又与笔有不解之缘。② 盖其字根"聿"字,加上双立人便成为律,加上竹字头便成为繁体之笔(筆)。可见律成为成文法典名称其来有自。

春秋时期的法律形式主要有誓、诰、命、令、盟、典、常、制、则、法、礼、刑等十二种,③其中并没有律这种形式。史载,商鞅变法时,挟《法经》入秦,而

---

① 详见曾宪义、马小红:《中国传统法的结构与基本概念辨正——兼论古代礼与法的关系》,载《中国社会科学》2003 年第 5 期。

② 武树臣:《甲骨文所见法律形式及其起源》,载杨一凡主编:《中国古代法律形式研究》,社会科学文献出版社 2011 年版,第 20、27、32 页。

③ 徐祥民:《春秋时期法律形式的特点及其成文化趋势》,载《中国法学》2000 年第 1 期。

改法为律。为什么要改？我们无法起商鞅于地下而问之，不过，根据商鞅的经历推测，或许是其由魏国去秦国之前向赵国借鉴而来。

从晋国分出来的赵国，是个具有深厚法律传统的诸侯国。赵国曾制定有《国律》。韩非说："当赵之方明国律，从大军之时，人众兵强，辟地齐、燕。及《国律》满，用者弱，而国日削矣。"①赵国有"国律"之事又见于晋张斐的《律序》，曰："郑铸刑书，晋作执秩，赵制国律，楚造仆区，并述法律之名。"②赵国出现《国律》亦非偶然。前文所述晋国制事典的赵盾即赵宣子，是赵国统治者的先祖。还有"铸刑书于鼎"的赵简子，名赵鞅，其在晋国执政期间的作为，为韩赵魏三家分晋奠定了基础。赵鞅不仅以"铸刑书于鼎"闻名，还曾将赏罚手段用于战事，作《铁誓》，曰："克敌者，上大夫受县，下大夫受郡，士田十万，庶人工商遂，人臣隶圉免。"③其中，由于有解放奴隶的内容，屡为史家称引。《国律》不知是否出于其手，或许与铸于鼎上的刑书是同一回事。商鞅赴秦之前曾居魏，"事魏相公叔座为中庶子"，而此前李悝曾在魏为魏文侯师，故商鞅得见李悝所作的《法经》。魏又是赵的邻国，学习赵国有着天然的方便条件。故而后来也以"律"为法，现在还有《户律》与《奔命律》存世。④ 所以，商鞅挟《法经》入秦及"改法为律"，应该说都是顺理成章的。

《法经》由盗、贼、囚、捕、杂、具六篇组成。《晋书刑法志》说"法经六篇皆罪名之制"，未必确切。如果按照刑制与事制的分类，《法经》六篇中，盗法、贼法、杂法三篇属于刑制，即定罪量刑之法。囚法、捕法两篇，一是囚禁罪人，二是捉捕逃犯，与赵盾制事典以下的"董逋逃"类似，应属于"事制"：这里的"事"指"刑事"。在古代，刑事、军事、政事、民事都是国家行政管理活动的一种，即今天的司法行政。"具法"则是关于加减刑罚的规定，属于刑法总则。这样看，《法经》也可以说是一部综合性法典。问题是除了有关犯罪刑罚的刑事规定外，其他各种行政事务都付诸阙如，还称不上是一部统一系统的法典。

---

① 《韩非子》《饰邪》。
② （唐）欧阳询：《艺文类聚》卷五十四《刑法部》。
③ 《左传》哀公二年。
④ 参见《云梦睡虎地秦简》附载的《魏户律》及《魏奔命律》。

商鞅改法为律挟之入秦后，律在秦国成为占主导地位的法律形式。秦代统治者制定的法令，几乎都以“律”为名。秦统一六国前后，面对国家管理的各项行政事务，秦代统治者企图做到“治道运行，诸产得宜，皆有法式”，以国家的名义制定并发布了大量法令，由于缺乏统一的规划，法令与日俱增成为不可阻挡的趋势，造成了“诸律分立”的局面，各种各样以律为名的法规都以独立的形式并立于世。在出土的云梦秦简中，有考古专家定名为《秦律十八种》的一组法规，律名有《田律》《厩苑律》《仓律》《金布律》《工律》《徭律》《置吏律》《军爵律》《传食律》等；还有定名为《秦律杂抄》的一组法规，标有律名的有《除吏律》《游士律》《除弟子律》《中劳律》《藏律》《捕盗律》等，都是单行法规。由此看来，因事立制的遗风仍在。

凯尔森指出：“法律是人的行为的一种秩序，一种秩序是许多规则的一个体系。法并不是像有时所说的一个规则，它是具有那种我们理解为统一性的一系列规则。”①法作为一种秩序，是具有统一性的系统的规范体系。可见编定系统的统一的法典是法律发展的重要标志。

秦代由于统一六国后存续时间短暂，没有完成制定一个统一的法典的任务。面对秦代留下的“诸律分立”格局，制定一部统一的法典就成了汉代统治者面临的课题。在历史上，萧何作“九章律”是一次尝试。

萧何最终没有成功，不过，其间有一“事律”概念的出现值得注意。关于萧何的“九章律”，《晋书刑法志》写道：“悝撰次诸国法，著《法经》……所著六篇而已，然皆罪名之制也。商君受之以相秦。汉承秦制，萧何作律……益‘事律’兴、厩、户三篇，合为九篇。”此处提出了一个“事律”的概念，将律分为“刑律”与“事律”两类，颇值得玩味。“刑”与“事”居然成为划分律目的标准，也反映了两者长期以来平行并列的关系。

如果按照“律以正罪名，令以存事制”的观点，“事”是“令”的领地，何来“事律”之名？然而，若按《晋书刑法志》之说，《法经》六篇“皆罪名之制”，即属于刑律；萧何增加的户律、兴律、厩律则属于“事律”。比起《法经》六篇，“九章律”则更具统一法典的性质。

---

① [奥]凯尔森：《法与国家的一般理论》，沈宗灵译，中国大百科全书出版社 1996 年版，第 3 页。

可惜的是萧何作律缺乏整体设计,只是在《法经》基础上增加他认为比较重要的三篇“事律”,对于三篇之外的其他“事律”则置之度外。所以,“九章律”制定后,没有改变律外有律的局面,反而导致律外生律的现象愈演愈烈。“九章律”制定后,汉代并没有真正实现法典的统一。仅张家山出土的汉二年律就有二十七种之多,证明了秦代诸律分立的局面不仅延续下来而且更加严重。由此而言,“九章律”不是一个成功的范例。

“事律”在九章律中的出现,没有引起人们过多注意。《晋书刑法志》的记载在我们看来不过是一个小小的历史插曲。事律在性质上有点非驴非马,将事律置于事典与事制之间似乎也有些不伦不类。不过,它毕竟为“事”的演化系列增加了一个环节,也不可完全忽视。

(四)“令以存事制,律以正罪名”

“令以存事制”是从“议事以制”,到“制事典”“益事律”之后又一合乎规律的发展。我们可以说,事制经过了漫长的历史演进过程,至此终于尘埃落定,修成正果。事制也好,刑制也好,分别都形成了法典的模式,并且以律、令分立的形式成功打破了古代“诸法合体”之格局。

“律以正罪名,令以存事制”①出自晋代杜预之口。本意是对律与令的功能进行区分,客观上则是对于魏晋立法所取得成就的肯定。读过前文稍加注意,就可以看出“律以正罪名,令以存事制”一语与“议事以制,不为刑辟”及“制事典,正法罪”三者一脉相承的联系。

在古代中国,直到魏晋时期的《魏律》与《晋律》出现,统一法典才告成功。同秦律、汉律不同,《魏律》《晋律》分别是魏朝与晋朝唯一的以“律”为名的法典,此律之外再无他律。从“诸律分立”过渡到诸律合一,解决了律外有律的问题,使律成为统一的法典,并成为整个法律体系的主体。在编纂体例上,刑名是刑法的总则,魏律“集罪例以为《刑名》,冠于律首”。晋律则在此基础上“改旧律为《刑名》《法例》”,这样以两篇总则分别统率各个分则,形成了诸律间的有机联系。从张家山出土的《二年律令》看,汉代的“事律”与刑律在形制方面差别很大。例如,户律中规定:“宅之大方卅步。彻侯受百五宅,关内侯九十五宅,大庶长九十宅,驷车庶长八十八宅,大上造八

---

① (唐)欧阳询:《艺文类聚》卷五十四《刑法部》。

十六宅，少上造八十四宅，右更八十二宅，中更八十宅，左更七十八宅，右庶长七十六宅，左庶长七十四宅，五大夫廿五宅，公乘廿宅，公大夫九宅，官大夫七宅，大夫五宅，不更四宅，簪裊三宅，上造二宅，公士一宅半宅，公卒、士伍、庶人一宅，司寇、隐官半宅。欲为户者，许之。”[①]如果与贼律中的下列规定比较：“贼杀人、斗而杀人，弃市。其过失及戏而杀人，赎死；伤人，除。谋贼杀、伤人，未杀，黥为城旦舂。贼杀人，及与谋者，皆弃市。未杀，黥为城旦舂，”[②]在规范形式上完全两样，将两者放在一起，显得很不协调。魏晋定律时将事制区分了出来，而对于剩余的“事律”条款增加了有关制裁的规定，经过改造的“事律”，增加制裁内容后，与刑律规范近乎一致，从而协调了两者的关系，使得律典全部条文趋于规范化。

而从律典中被区分出来的“事制”，则通过“令以存事制”的方式，编纂为令典的方式保存了下来。魏代在魏律十八篇之外另编定州郡令四十五篇，尚书官令、军中令合一百八十余篇。晋代，令的作用是“施行制度，以此设教”[③]。显然，“令以存事制”并不是说事制在编成令典后就束之高阁，而是继续在社会生活中特别是国家行政事务管理方面发挥着重要的作用。

这里，我们或许应该回顾一下“令”的既往史。令的意义，可以在我们日常生活中熟悉的“发号施令”一语中得到理解。据《说文解字注》：令，“发号也。其号部曰：号者，呼也。口部曰：呼者，号也。发号者，发其号呼以使人也，是曰令。”指的是上对下的指示，使之进行某一作为。在先民社会中，首领在组织群体成员进行集体活动时通过发号施令的形式，贯彻自己的意志，形成统一的行动。在家庭、社会与中间群体中普遍存在上下之间的指挥与服从的关系，令在其中发挥着媒介的作用。国家产生后，令通常是指国家行政活动中上级对于下级的指示。更进一步则集中于行政系统的顶端，指称国君乃至天子所发布的命令。令，可能是一次性的、即时性的，时过境迁就失去了效力。也有的令包含普遍适用的意图，这样的令就是法学意义上的法令。在法律史上，令是一种法律形式，在有的时代令还被编成令典，作

① 张家山汉简《二年律令·户律》。
② 张家山汉简《二年律令·贼律》。
③ 《晋书》卷三十《刑法志》。

为国家的“常法”。

从源头来说，有些令或出于自然规律支配的社会习惯，如《国语·周语》中，单襄公引《夏令》：“九月除道，十月成梁。”就是早期社会按照自然节律安排自己的生产生活的体现。后来，经过改造，成为调整经济政治社会生活的法律规范，有所谓“春令：生而勿杀，赏而勿罚，罪狱勿断，以待期年；夏令：毋聚大众，毋行大火，毋断大木，（毋）诛大臣，毋斩大山，毋戮大衍。灭三大，而国有害也；秋令：罚而勿赏，夺而勿予，罪狱诛而勿生。终岁之罪，毋有所赦。作衍牛马之实，在野者王；冬令：毋行大火，毋斩大山，毋塞大水，毋犯天之隆”。①

在早期的令中似乎看不到后世的律令分别。令并不局限于规定事制。如传说中周文王的“代崇令”：“毋杀人，毋坏屋，毋填井，毋伐树木，毋动六畜。有不如令者，死无赦。”②以及晋文公之令：“毋淫宫室，以妨人宅。板筑以时，无夺农功。”③这些号令军中的令出于战争的需要，往往附带有严刑的规定，非后世的令所范定的意义。

在古代文献中，记载着一些春秋战国时期的令。譬如《左传》记载襄公九年，（晋）“伐郑，令于诸侯：修器备，盛糇粮，归老幼，居疾于虎牢，肆眚，围郑”。④ 襄公十四年，“夏，诸侯之大夫从晋侯伐秦……至于棫林……荀偃令曰：鸡鸣而驾，塞井夷灶，唯余马首是瞻”。⑤《史记》记载，楚庄王初即位，令国中有敢谏者，死无赦。⑥ 还有，马病肥死，欲以棺椁大夫礼葬之，左右争之，以为不可。王下令曰：“有敢以马谏者，罪至死。”⑦

从《说文解字注》对于令的解释看，令最初是一种口头宣布的命令。这些令现在还为人所知，皆出于后人之追记，当时未必形之于简牍。此为口头命令，不是成文的法。

从“令”到“著为令”是一个显著的转变。顾名思义，“著为令”就是采

① 《管子·轻重己》。
② 《说苑·指武》。
③ 《说苑·建本》。
④ 《左传》襄九年。
⑤ 《左传》襄十四年。
⑥ 《史记·楚世家》。
⑦ 《史记·滑稽列传》。

用书面形式,将口头的命令记录下来,在成文法的体制下,这是令由即时性的一次性的指令转变为具有长期法律效力之法令的一个途径。

魏晋时期律学发达。律令法体系略具规模。遂有“律以正罪名,令以存事制”(晋代杜预)之说。集令为典而“存事制”,是法制发展到一定阶段的结果。与之对应的“著为令”,指日常的立法活动。令典编纂成功之后,日常的立法活动并没有停止。

“律以正罪名,令以存事制”以功能作为标准将事制与刑制完全分开,其结果不仅使诸律合体,律外不再有律;而且将“事制”部分编成令典,与律典分立:在“律外无律”的同时,又形成了“法外有法”,从而突破了所谓“诸法合体”的格局。

这里说到“诸法合体”,使我们不能不回到法律史学界有关中华法系特征的讨论。在围绕“诸法合体”等问题的争论中,有人主张,“诸法合体”是所有国家古代法的特征。在中华法系研究中,它也被看作是中华法系的特征,或者说是历代主要法典的结构特点。反对的意见则认为,即使在律典层次上,以唐律为代表的古代法典也是刑法典,并不是“诸法合体”①。两派意见对立,但所说的“诸法合体”中的“法”,都是指部门法即刑法、民法、行政法等。对此笔者的见解是,关于“诸法合体”的争论经久不息,已经充分证明运用现代部门法划分理论来概括中国古代法制的某一特征是不智之举。盖因在如何划分部门法问题上,法理学界本来就有两种意见,有主张按照调整对象进行划分者,也有主张按照调整方法进行划分者,还有主张采取折中办法将两者结合起来进行划分者。这就使得法律史学界在这个问题上持不同主张的两派,各以其是而非人之是,且都能够持之有故言之成理。按照调整对象划分部门法的理论,唐律对于国家管理的各种事务囊括无遗,其调整对象包括政治、经济、行政以及惩治犯罪等多个方面,当然是“诸法合体”;而如果按照调整方式划分部门法,唐律完全以刑事制裁手段作为调整方式,连不能按时清偿债务的民事违约行为也处之以笞杖之刑,当然是专门的刑法典。只要现代部门法划分理论不突破这一死结,则关于古代法制及某些

---

① 杨一凡:《中华法系研究中的一个重大误区——“诸法合体、民刑不分”说质疑》,载《中国社会科学》2002年第6期。

法典是否具有“诸法合体”的争论将无从休止。

笔者认为,不应该以现代部门法划分理论衡量古代法律。如果一定要分析古代法制的存在形态,保留“诸法合体”与否的论题,则应该以律、令等古代法律形式为分析方式。纵观古代法制的演变,假如破除以唐律作为古代法典唯一代表的成见,将其前的秦律、汉律,以及魏律、晋律,以及其后的宋元明清各代法典都纳入观照的视界,则可以看出,古代法律的结构形态各异,在历史各个不同时期,“诸法”即律、令等各种法律形式,有分有合,时分时合,其分合关系处于不断变化中。而以“律以正罪名,令以存事制”为分际,突破了所谓“诸法合体”的格局。在魏晋以后,这种律令分开的方式仍然得到延续,唐代还进一步建立了由律、令、格、式四种法律形式组成的完整体系。“令者,尊贵卑贱之等数,国家之制度也;格者,百官有司之所常行之事也;式者,其所常守之法也。”①不仅律有律典,令有令典,格与式也分别编辑成书。从这个角度看,说唐代是“诸法分立”完全符合实际情况——当然这一论断只有在以法律形式而不是以现代部门法为要素定义“诸法”的情况下才能成立。

至此,古代法制的建构迈出了三大步。第一步,超越习惯秩序而生成人定规则;第二步,摆脱“以言语为约束”而形成成文法;第三步,改变“诸律分立”的局面,突破“诸法合体”的格局,编成律、令分置的法典。可以说,“议事以制”凝练了中国古代法之“魂”,汉字竹简赋予了中国古代法之“形”,统一法典编制则成就了中国古代法之“体”。律、令分置的法典完成意味着律令法体系建构的成功。

分别言之,“议事以制”所蕴含的理性以及讨论协商的精神最值得重视。习惯中自发形成的规则,禁忌也好习俗也好,都基于人对事物的性质与规律的无知无识,而在“议事以制”中,彼此之间的意见交流与观念冲撞,使人们不能不多问几个为什么。而且,讨论协商,多元共识,蕴涵其中的民主共和精神,虽然随着国家产生而在表面上逐渐耗尽;但是,它也同时深潜入法律的底层。说到底,就规则的性质而言,法乃是个人任性的对立物。

如果说“议事以制”是规则之“魂”,那么,制作事典就是为法赋“形”。

① 《新唐书》卷五十六《刑法志》。

汉字的发明助推了中国古代法的发展,使古代法超越了“以言语为约束”的层次,以汉字为载体,流传四方,延续千古。当然,事情还有另外一面。方块字的难以识读,文言文的难于理解,竹简木牍的难以编系,都成为古代法制健康发展的障碍,好比戴着镣铐跳舞。中国古代法发展中的一些特殊问题,例如法的繁简之争就是由此而引起的。

而统一法典的形成则是法的成“体”。张斐曾经将法典作这样的比喻:“告讯为之心舌,捕系为之手足。”①看来,在古代律学家那里,法不仅是一般的“体”,而且是具有生命力的整体。

古代法制在其长期发展过程中展现在我们面前的是事制与刑制并驾齐驱的图景。一方面是通过“议事以制”—“制事典”—“令以存事制”,编成令典;另一方面是历经“不为刑辟”—“正法罪”—“律以正罪名”,编成律典。如果将两者加以比较,我们还会看到,就生成的先后而论,事制在前,而刑制在后。只是在法制的进一步发展中,由刑事制裁规范构成的律典才逐渐成为历代法律体系的核心与骨干。而自远古开始的“议事以制”,到春秋的“制事典”,一直到魏晋的“令以存事制”,事制不仅长期存在,而且其后也绵延不绝。事例正是其长期演变的结果。

(五)两个法体系之间的转换

我们上文从春秋战国说到魏晋隋唐,是律令法体系的形成过程,也是中国古代法律体系的建构过程。在法律史学界,人们一度认为,到了唐代,古代法律制度登上了此后无人企及的高峰。其实,历史不会终结。唐代之后,社会继续发展,变革还在展开。史学界有所谓“唐宋变革说”,最早由日本汉学家内藤湖南提出,其后中外学者就这一问题进行了广泛而深入的研究,普遍认为,唐宋时期确实发生了巨大的社会经济变迁。几乎所有的基本经济制度包括土地制度、赋役制度、商税制度、市场制度、货币制度、专卖制度、对外贸易制度等都发生了显著的变化:随着均田制逐步瓦解,租庸调制废除,手工业、商业的发展,金融财税制度的改变,使得社会面貌与过去有了很大不同。在这种情况下,法律制度不能不适应社会经济生活的发展而变得与以前不同,已经建构起来的律令法体系不能不面临嬗变的要求。

---

① 《晋书》卷三十《刑法志》。

律令法体系中的“律令法”一词原出自日本学界，是其概括日本古代法制，后来又推之研究中国古代法制的一个概念。它于1998年被张建国介绍到中国。[①] 在日本学者那里，关于律令法，其具体提法有所不同。有将之称为律令法系者，有将之称为律令法体系者，有将之称为律令制者，还有将之称为律令体系者。[②] 张建国从中选择了“律令法体系”。在引进律令法体系时，张建国还对这一概念做了重新定义。日本学者中田薰的定义是：“所谓律令法体系，就是将国家的根本法分别辑于‘律’与‘令’二种法典中。”[③]这放在日本没有问题，放在中国则问题很多。能否把秦汉乃至战国时期包括在内，恐怕言人人殊，要徒费不少口舌。所以，张建国另给出定义：“律令法体系是指以律令为主体、包括众多的法形式和内容的法律体系。”这个定义比较宽泛，回避了律与令的法典化问题，可以把秦汉法制包括在内，推及战国也没有问题，它更加符合中国古代法制的研究实际，有利于推动中国古代法制的研究。

张建国对秦汉魏晋南北朝法制构成讨论颇详，而至隋唐时期就戛然而止。这大体符合他的基本观点，即“以律令法体系作为自战国（部分诸侯国）至唐代的中国法律体系的一种代称”。按照这一观点，律令法体系“历经战国秦汉魏晋南北朝，到隋唐时期发展到一个高峰，此后律令法系嬗变的结果，与早期中华帝国律的地位已有所不同，而令更是逐渐消失了”。但在另一个地方他又说：“如果以律作为代表对律令法体系作一下分期，那么以曹魏律的制定为分界，可以将战国到清朝的两千多年划分为两大时期。”还说：“甚至唐以后的各代法，也可以视为律令法体系嬗变之一阶段。”据此，律令法体系似乎指的是贯穿“战国到清朝的两千多年”的整个古代法制；唐以后仍然属于律令法体系的一个构成阶段。而仔细玩味“甚至”“可以视

① 张建国：《中国律令法体系概论》，载《北京大学学报》1998年第5期。以下凡引张文皆出于此。

② 参见周东平：《律令格式与律令制度、律令国家——二十世纪中日学者唐代法制史总体研究一瞥》，载《法制与社会发展》2002年第2期。在日本，“律令法系”之外还有“律令国家”与“律令时代”等名称。在日本学者看来，日本曾经是一个律令国家，出现过一个律令时代，当时效仿中国的律令法系，形成了日本的律令法系。

③ 转引自[日]大庭修：《律令法系的演变与秦汉法典》，马小红译，载《中外法学》1990年第1期。

为”等用词,又会给人以本来“不是”,不得不勉强那样说的感觉。

这表明,关于唐以后律令法体系嬗变的结果如何,是否被另外的法体系所取代,张建国没有给出明确的回答,这就为进一步的讨论留下了余地。

在这个问题上,法律史学界迄今尚没有形成共识。一部分学者认为,帝制时代后期,律令法体系虽然在形态上有些具体变化,但仍然保持了其主体地位。一是律典继续保持为国家的主要法典。二是令典仍然是法律体系的组成部分。在宋代,有《天圣令》的编订。明初还制定了《大明令》,与《大明律》一起并列为明代的主要法典。三是在大明律例与大清律例中都有“讲读律令”一条:“凡国家律令,参酌事情轻重,定立罪名,颁行天下,永为遵守。”仍然把律令作为法律的代称。四是在明清实录与《明史》及《清史稿》中经常将需要成文化的事项明示“著为令”,说明了令在明代的再度辉煌,也说明了令在历史上没有消失。

一部分学者则认为,律令法体系已经在明清时期演变为另一种法律体系即典例法体系。这样说的理由是:第一,法典,包括律典、令典,以及会典,在唐宋时期及其后的明清时代成为法律的表现形式。第二,例,包括则例、条例、事例等,成为法律的另一种表现形式。第三,在明清时期,作为国家大经大法的会典,先是将事例作为其重要内容(明《正德会典》与《万历会典》,清《康熙会典》与《雍正会典》),后来又将其作为附件(清《嘉庆会典》与《光绪会典》)。这是明清典例法体系的完整表现。

笔者所持的律令法体系转换为律例法体系的观点,可以说是在两者之间的一种折中。它兼顾了历史上法体系变与不变的两个方面。一方面,律从秦汉到明清时代始终保持着其作为法律主要形式的地位。它不仅是刑法,在一定程度上也是基本法,它将君主制度、官僚制度、家族制度,以及一般保障生命财产安全制度的社会秩序都规定于其中了。另一方面,令以唐宋为过渡时期,令典逐渐让位给了形形色色的例,后者逐渐兴盛,并且终于取代了令的地位。这就形成了律例法体系。律例之外,当然还存在其他法律形式。所以,我们比照律令法体系的定义方式,可以将律例法体系定义为“以律、例为主体而包括众多法形式的法律体系”。其历史时段至少包含明清两代。“律例合编”乃至以“律例”为名是律例法体系的标志,而律例法体系并不仅限于律例一体的现象,还体现于例被广泛应用,“事例”“条例”“则例”,与律典一起构成了明清法律体系的主体:“条例”成为律典附例的专称,“则例”成为国家机关规章的专称,“事例”则由司法案例演化为除了“条例”“则例”外的各种单行法规的统称,越来越被赋予广泛的功能。

有必要指出,将明清时期的法律体系命名为律例法体系,与将之命名为典例法体系,都不无依据,两个名称并非不可兼容。这是因为它们都建立在同一个共识之上,即无不承认律、令、例、典等法律形式是明清法律体系的构成要素。

笔者之所以坚持律例法之命名,除了前述理由还有一个原因就是要“名从主人”。检阅《明史》,其历史叙事及所载当时人的言论,如《明史》载弘治六年诏:“自后有犯辜限外人命者,俱遵律例议拟,奏请定夺。”①又载隆庆三年大理少卿王诤言:“问刑官每违背律例,独任意见。”②又载:正德初,(罗侨)入为大理右评事。五年四月,京师旱霾,上疏曰:“本朝律例,参酌古今,足以惩奸而蔽罪。近者法司承望风旨,巧中善类。”③又载吕坤万历二十五年五月上书言:“臣待罪刑部三年矣,每见诏狱一下,持平者多拂上意,从重者皆当圣心。如往年陈恕、王正甄、常照等狱,臣等欺天罔人,已自废法,陛下犹以为轻,俱加大辟。然则律例又安用乎!”④其口吻皆以律例为法也。

清代更不用说,其君臣上下以律例代称法律的例子特多。如康熙皇帝言:“原定律例甚好。或有人云,律例何用?若无律例,倘一事有几样,部院官将何从办理?”⑤这里的律例,明显是超过了刑法范围而囊括了行政机构遵循的各种规则。雍正元年,巡视东城御史汤之旭奏:“律例最关紧要,今六部见行则例,或有从重改轻,从轻拟重,有先行而今停,事同而法异者,未经画一。乞简谙练律例大臣,专掌律例馆总裁,将康熙六十一年以前之例并大清会典,逐条互订,庶免参差。”⑥这里的律例也不是仅指《大清律例》,还包括了六部则例等行政法规。清代很早就设立了专门机关“律例馆”:“国

---

① 《明史》卷九十三《刑法志一》。
② 《明史》卷九十三《刑法志一》。
③ 《明史》卷一百八十九《罗侨列传》。
④ 《明史》卷二百二十六《吕坤列传》。
⑤ 《康熙起居注》康熙五十四年。
⑥ 《清史稿》卷一百四十二《刑法志一》。

初以来,凡纂修律例,类必钦命二三大臣为总裁,特开专馆。维时各部院则例陆续成书,苟与刑律相涉,馆员俱一一釐正,故鲜乖牾。”①由此可见,律例馆的职能固然以纂修律例为主,同时也包括了协调律例与则例的关系,是关乎整个法律体系的专门机构。相形之下,明清时期虽然也有典例合为一词的用法,但却并不很多。

这里顺便要说的是,有学者认为明清时期仍然延续了律令法体系,理由之一是在明清文献中以“律令”作为法律的代称这一现象也延续下来了。不过,《明实录》的统计资料告诉我们,当时朝野上下究竟是以律令代称法律还是以律例代称法律是有一个变化曲线的(见表0-1)。以明孝宗实录的记载为转折点,显示了明代中期之后,律例作为法的代称已经相当普遍。

表0-1 明代律令与律例统计

历代实录	明太祖实录	明太宗实录	明英宗思实录	明宪宗实录	明孝宗实录	明武宗实录	明世宗实录	明穆宗实录	明神宗实录
律令	14	3	7	10	10	1	15	4	16
律例	1	0	5	9	15	12	49	7	42

从清代文献上看,律例超过律令作为法律代称的趋势就更加明显,这是律例法取代了律令法体系的证据(见表0-2)。

表0-2 清代律令与律例统计

历代实录	清顺治朝实录	清康熙朝实录	清雍正朝实录	清乾隆朝实录	清嘉庆朝实录	清道光朝实录	清咸丰朝实录	清同治朝实录	清光绪朝实录
律令	10	3	2	22	2	9	0	1	3
律例	11	14	24	135	29	18	3	13	24

(六)唐代中期之后律令法体系的嬗变

律例法体系取代律令法体系,关键在于例取代了令的位置。例与令的区别首先在于令典具有相对稳定性,其作用是巩固社会秩序。令与律的关系,在汉代前期是“前主所是著为律,后主所是疏为令”,令的功能是补充律的不

① 《清史稿》卷一百四十二《刑法志一》。

足;而在魏晋隋唐之后令成为相对稳定的令典,这一方面的作用消失了。它一方面满足了古代统治者欲将社会秩序统治秩序制度化固定化的欲求,另一方面却无法适应社会变化,在因应社会变革方面相形见绌。例则是"因事制法"的产物,在这个意义上它与汉代令的功能相接续。明人所谓"列圣相承,随时与事、因革损益、代各不同"①,可说是"后主所是疏为令"的翻版,在为统治者适应社会需要而体现自己意志提供方便方面完全相同。

从律令法体系到律例法体系的转换,是两个法体系的相互替代,不会是一帆风顺的,更不会一蹴而就。从唐代中期之后,经历了宋元时期,在这个漫长的时间里,法体系出现了各种不同组合模式。

1. 唐中期后的格令制

格令制是律令法体系适应社会经济发展而孕育产生的一个变种。律令格式等法律形式仍然存在,而制敕等文书则成为法律形式中的一个新品种。格令之所以成为法律的代称,仅是凸显了制敕格令在当时法体系中的支配地位。

格令制出现的明显标志,一是《唐会要》将唐代法律的制定称为"定格令"(卷三十九)。《宋会要辑稿》的"刑法"部分也将有关记载立法的四卷以"格令"一、二、三、四名之。会要之体的史书创始于唐代。有苏冕撰成的《会要》四十卷,崔铉等人撰的《续会要》四十卷。《唐会要》作者王溥,曾任后周宰相,宋初罢相,迁官至太子太师。他在上述两书基础上完成的《唐会要》被后人看作会要体史书的开山之作。《宋会要辑稿》将有关记载立法的四卷以"格令"名之,显然是受到它的影响。

二是唐代曾经一度"以中书门下充删定格令使",这是一个修订法律的专门差事。据《旧唐书》记述,"先是,以中书门下充删定格令使,又以给事中、中书舍人、御史中丞为三司使。""建中二年,罢删定格令使并三司使。""其格令委刑部删定。"②格令使在历史上存续时间可能不长。但是这一职位以中书门下这样的超越部门长官的形态出现委实值得我们注意。

三是我们还发现史籍将格令作为法律体系的简称。如记述李林甫受命

① 参见《明会典卷首》《御制大明会典序》(正德)。

② 《旧唐书》卷五十《刑法志》。

修订法律,谓之"受诏改修格令"①。此外在《旧唐书》中多次出现以"动循格令"②形容官僚守法的叙事。

格令制的出现,在一定程度上反映了当时法制变化的某种实际,从史籍的记载可以看出,唐代律与令式很少修改,修格是唐代立法的主要活动。据《唐六典》,唐代的格计有:《贞观格》十八卷,房玄龄等删定;《永徽留司格》十八卷、《散颁格》七卷,长孙无忌等删定;《永徽留司格后本》,刘仁轨等删定;《垂拱留司格》六卷、《散颁格》三卷,裴居道删定;《太极格》十卷,岑羲等删定;《开元前格》十卷,姚崇等删定;《开元后格》十卷,宋璟等删定。

根据《旧唐书》的记载,这些格的体例"皆以尚书省二十四司为篇目"。③由于社会在官僚机构管理之下,而格规定的是官僚机构进行管理的规则,社会的一切变动都必然导致官僚机构行为的变化,从而通过修格反映出来。

开元之后不再频繁修格,而是进行"格后敕"的编纂。由于制敕出现于特定的格颁布之后,故称为格后敕。格后敕有两个意义:一是在格修订后用以补充修改格而制定颁布的敕;二是经过一定时期将这些敕进行甄别,挑选其中的一部分赋予其长期效力,将之集中编纂在一起。所以,其正式称呼应该是格后"长行"敕,不过在历史文献中简化成了"格后敕"。

《唐会要》"定格令"一篇记载:"(开元)十九年,侍中裴光庭、中书令萧嵩,又以格后制敕行用之后,与格文相违。于事非便,奏令所司,删撰《格后长行敕》六卷,颁于天下。"所谓《格后长行敕》应该是比较规范的说法。而同书《格后敕》的记载则是省略的用法:"至贞元元年十月,尚书省进《贞元格后敕》三十卷,留中不出。至元和二年七月,诏刑部侍郎许孟容,大理少卿柳登,吏部郎中房式,兵部郎中熊执易,度支郎中崔光,礼部员外郎韦贯之等,删定《开元格后敕》。至(元和)十三年八月,凤翔节度使郑馀庆等,详定'格后敕'三十卷。司郎中崔郾,吏部郎中陈讽,礼部员外郎齐庾敬休,著作郎王长文,集贤校理元从质,国子博士林宝用修上。其年,刑部侍郎许孟容蒋乂等,奉诏删定'格后敕',敕成三十卷,刑部侍郎刘伯刍等考定修为三十卷。"其中的格

① 《旧唐书》卷五十《刑法志》。

② 《旧唐书》卷一百六十《列传》第五十六、《旧唐书》卷一百七十九《列传》第一百二十九。

③ 《唐六典》卷六。

后敕应该就是前文的“格后长行敕”。

有必要指出的是，格也好，格后敕也好，其源皆出自制敕。按上引《唐会要》之文：格就是“编录当时制敕，永为法则，以为故事”。格后敕如其名所示更是如此。法律的改变首先是由制敕的形式进行，这是在律令法典化之后统治者不得不然的做法。而编辑格后敕或格后长行敕，以及将敕吸收进格的修订，则是对法律改变的追认。

制敕是皇帝颁发的命令。格令制中的“令”或出于此。应该指出的是，很多制敕并非出于皇帝的主动自觉，而是一种被动应对。客观形势是，各地情况不同，自然条件及其所造就的经济文化差别，会使从一个最高的权力中心发出的指令效果大不相同，所以，各级官僚机构在法律实施过程中总是会不断地请示报告，要求变通执法，特事特办。而对于统治一个大国的中央政府来说，不能不顾及各个地方的特殊情况，实行差别化管理。这种上下交涉的结果，导致了行政指令的繁杂。由社会变动所引起的制度变革，往往出于统治者的意愿之外，其发动者乃地方当局或者行政机构的官员。唐高宗李治曾下诏说到这种情况：“比者在外州府，数陈表疏，京下诸司，亦多奏请，朕以为帝命多绪，范围之旨载宏；王言如丝，弥纶之道斯洽。前后处分，因事立文，岁序既淹，条流遂积。”就是说统治者随时以制敕的形式进行的“因事立文”只是对各个部门的表疏与各个地方的奏请的回应。而其后果则是统治者不愿意看到的“条流遂积”，随着时间的推移，制敕不断积累。开成元年，刑部侍郎狄兼謩奏：“中外百司，皆有奏请，各司其局，不能一秉大公，其或恩出一时，便为永式，前后矛盾，是非不同，吏缘为奸，人受其屈。”①说的也是这种情况。大历年间的唐德宗在赦书中说到删定制敕的必要性：“自至德已来制敕，或因人奏请，或临事颁行，差互不同，使人疑惑，中书门下与删定官详决，取堪久长行用者，编入格条。”②唐代后期的唐文宗曾经提及为什么要对于长期积累的条制进行勘定的原因。他说：“元和长庆之中，皆因用兵，且欲济事，所具制条，或是权宜，今庶政须理，每有司检举行下，则诸道援引申论所执不同，遂

① 《唐会要》卷三十九。

② 《颁行新令制》《全唐文》卷十一。

成舛驳者,若不刊定,则无准凭。”①于是要整理修订,此即格后长行敕频繁出现的原因。

格令之形式有三:一种是敕,一种是格后敕,还有一种是格。而在微观层面,每条敕的文字,有的只冠以“敕”;有的则冠以“敕”,而在敕文后附注年月日;有的则将年月日冠以“敕”前。笔者认为,形式为“某年月日敕”,是制敕所采取的形式(这类敕在《唐会要》中有很多)。敕文后面附注年月日的敕是制敕整理改造编辑格后敕的结果。② 而只冠以“敕”的,则是将格后敕修编进入格所采取的形式。

格后敕之所以要在敕文之后附注其形成的时间,是因为敕文的法律效力决定于其制定的先后。《宋刑统》引用唐末关于法律适用原则的规定:【准】唐长兴二年八月十一日敕节文:今后凡有刑狱,宜据所犯罪名,须具引律令格式,逐色有无正文。然后检详后敕,须是名目条件同,即以后敕定罪。后敕内无正条,即以格文定罪。格内又无正条,即以律文定罪。律、格及后敕内并无正条,即比附定刑。亦先自后敕为比。③

格令制没有取代律令法体系,它只是律令法的修补,是对律令法体系的拾遗补缺。但是在格令制下,由于格、敕越来越被重视,律的法律效力大大降低了。上面的规定就告诉我们,律文是只有在格及格后敕都没有相应规定的时候,才予以援引断罪。而据文献记载,唐代“格后敕”的编纂活动之频繁,格后敕越来越庞杂,仅自贞观二年六月二十日直至大中五年四月十三日凡二百二十四年的杂敕,都计六百四十六门,二千一百六十五条。唐大中五年四月据以编成的《大中刑法总要格后敕》就有六十卷。随着时间的推移,敕文的数量增加,势必会广泛地覆盖所有律条的规定,从而在实际上取消律文适用的机会。

---

① 《删定制敕》《唐大诏令集》卷八十二。另一简略文本见诸《唐会要》五十七。

② 如戴建国所说:“唐后期修纂的格后敕,条文体例与唐格不同,乃取适宜普遍和长久使用的敕,按照二十四司分门别类,直接修纂成一种独立于格的新法典。对收载的敕文通常不再进行大幅度改写加工,最大限度地保持了诏敕的原貌,并保留了当初皇帝颁布制敕的日期,每条末尾署有年月日。”(戴建国:《唐格后敕编纂体例考》,载《江西社会科学》2010 年第 9 期。)

③ 《宋建隆重详定刑统(宋刑统)》卷三十《断狱律》。

2. 宋代中期开始的敕令制

在宋代，企图改造并且取代律令法体系的是敕令制。敕令制是由敕令格式诸法律形式构成的法律体系的简称。历史文献中所谓以敕代律就是指此而言，它发生在北宋中期。为了更深层次地理解它，有必要先谈谈其主要成分敕。

查遍现在行用的法律史教科书以及法律史辞书中，敕，或者被定义为皇帝的敕令，或者被说成是皇帝在一定时间里针对某一事、某一地或某一部门而发的诏敕，它还因此而被断定为是君主专制的表现。这种说法虽然不无依据，却很难说全面准确。

唐宋都存在制敕，其间有一定联系。唐代的制敕是"因事立文"的产物，宋代的敕也是因事立制的结果，它们都是政府进行各种事务管理的一个工具。但它不专指皇帝的意旨，还包括了经过皇帝批准，以皇帝名义颁布的各种规范性文件。敕之所以称敕，是由于其以皇帝的名义颁降。但以皇帝的名义颁降，并不等于通篇都是皇帝的命令，更不意味着皇帝是其主导。如果说在唐代敕是皇帝的诏制敕令尚属正确，那么到了宋代，这一说法就有可能掩盖了问题的实质。

唐代敕的起草是由殿阁大学士或者专门的知制诰官员负责。为了突出皇帝与朝廷的尊严，古色古香，不知所云的文风，尤为突出，最终以皇帝的名义发表。宋代的敕文则文字平实，言之有物，结构的变化也十分明显。包括了臣下起请、审议复核、皇帝批准三个环节。这大概起始于庆历三年诏："今后，百官起请条贯，令中书、枢密院看详会议，必可经久，方得施行。如事干刑名者，更于审刑、大理寺，勾明会法律官员参详起请之词，删去繁冗，裁为制敕，然后颁行天下，必期遵守。"①起请者为了达到自己的目的，必须简明扼要地阐明立法理由，而审议者认为有采用价值，也不需要另外拟稿。这样，中央政府也好，皇帝也好，在审议批准的过程中，只批上"宜依"，或者"依"就是了。于是，奏状就被纳入制敕，形成了敕状一体化的敕。

人们对于敕是什么存在误解，盖在于现存于其他典籍的敕，由于经过了编敕程序的加工，与其原生态已经大不相同。特别是由于在敕的形成过

① 《续资治通鉴长编》卷一百四十三，庆历三年九月丁卯。

程中,官僚机构被要求按照《编敕》的格式重新写成简本的情况下,更是如此。①

为了说明这一问题,不妨从《庆元条法事类》中选取几道敕文加以比较。

敕文甲:

绍熙二年三月二十五日敕:盱眙军申,乞日后遇有诸色人打夺到铜钱、银两不即告官,自行分受之人,依条施行外,所有元般贩铜钱、银两人,不许引用犯禁物被盗致彰露同首原条法,止于正犯刑名上减等断罪。户、刑部看详,欲从所乞施行。奉圣旨:"依户、刑部看详到事理施行。"

这道敕取自《庆元条法事类》卷二十九"榷禁门"(二),它包括了起请(盱眙军申)、看详(户部与刑部)、批准(圣旨依)三个环节,比较完整地体现了上面我们给出的敕的原生态。

敕文乙:

淳熙十年五月三日敕:前荆湖北路提举茶盐司干办公事李大性状奏,照对蛮徭劫掳省民,其势猖獗而州方报诸司。……欲望特降睿旨,今后蛮傜于省地作过,限当日申帅、宪司,司委逐司常切觉察。如州县隐庇,申文稽缓,即行按治。奉圣旨"依"。

这道敕取自《庆元条法事类》卷十三"职制门"(十),只有起请与批准首尾两个环节,省略了看详的部分。

敕文丙:

淳熙四年十二月十二日敕:刑部看详,犯私盐,系舟船内被获,合科徒、流罪刺充水军之人,若本路无水军去处,即合依陆路犯私盐被获合科徒、流罪人,相貌强壮及得等杖堪充征役,依已降指挥"免罪,免追赃,刺填军额"施行。

这道敕取自《庆元条法事类》卷二十八"榷禁门"(一)。首部没有起请的部分,应该是被删节了。

---

① 《宋会要辑稿格令一》收录有(天圣)七年四月二十五日诏,规定:"审刑院、大理寺、刑部三司,自今参详起请,改定条贯,当降敕行下者,并依《编敕》体式,简当删定,於奏议后面别项写定,於降敕之际,止写后语颁下。"

敕文丁：

绍兴七年二月十五日敕：诸州军添置赡军酒务所收息钱，如侵移擅用，并依经制钱法科罪。

这是一道经过编敕程序加工后规范化了的“条法”。取自《庆元条法事类》卷三十六“库务门”（一）。从中既看不到起请者为谁，也不见存在看详、批准的环节，很难知道它是如何形成的。

人们之所以将宋代的敕定义为皇帝的命令，可能源于最后这类敕文。

宋代法制编纂方式前后不同。变化发生在宋徽宗时期，而肇始于宋神宗元丰年间，宋神宗为格式令敕分别定义：“设于此而逆彼之至曰格，设于此而使彼效之曰式，禁其未然之谓令，禁其已然之谓敕。”并指示说：“修书者要当知此，有典有则，贻厥子孙。今之格式令即典则也，若其书全具，政府总之，有司守之，斯无事矣。”宋徽宗崇宁元年宣布“编敕更不编修”。正式以编辑敕令格式代替编敕。大观元年十一月十一日，在批示兵部尚书兼侍读详定一司敕令左肤的上奏时，宋徽宗下诏称：“修书旧无定制，神考垂训，分敕令格式之法，万世不易。今继志述事，而有司尚或违戾，可依奏重行删定。”①宋徽宗还在政和五年八月九日手诏：“法以制人，不以便已，故法出于至公，无牵于私意，稽考《元丰官制》，刑部为议法之官，尚书省为创法出令之地。今有司请立法，往往自便。应修敕令格式并归一司敕令所，候修毕，送刑部议定立法，申尚书省详覆，取旨颁行。”从此，编敕所改名为敕令所，敕令格式代替编敕成为宋代法典编纂的主要形式。这可以看作敕令制成型的标志。

从长时段的角度看，这绝非只是敕令格式代替编敕而已。其另一个重要意义是律令格式被敕令格式取代了。这就是所谓“以敕代律”。

“以敕代律”曾经被人理解为是有了敕的规定，就不再需要查阅律文。换言之，即“以敕代律”发生于法律适用过程中，敕代替了律的作用。对此现象，持批评意见者有之，肯定其正确并加以论证者亦有之。而在笔者看来，“以敕代律”所指乃唐代的“律令格式”法律体系，被宋代的“敕令格式”法律体系所代替。就是说，原来法律体系中的“律”，其地位被“敕”代替了。以敕

① 《宋会要辑稿》格令一。

代律是法律体系构造的变化,而不是法律适用过程中适用原则的变化。

律被敕代替似乎不难理解。律在当时就是所谓《宋刑统》。名曰《宋刑统》,实乃唐代的《律疏》,不同的是加上了唐后期及五代乃至宋初的敕文,以及某些"起请"之条。所以,律完全是宋自前代继承来的遗产。在上一节中我们引据宋刑统中唐代后期的敕文,表明了在法律效力方面,有敕不用律,在宋代不断编敕之后,敕文的覆盖面之广,已经达到了律被完全置于无用之地的情况下,彻底地将之摆脱反而一身轻松。

就唐宋法制看,这里还隐含着另一个变化,就是敕的性质变化。原来的敕涵盖了行政各个领域,而其后的敕则与律一样只是刑事方面的规范。

说到这里,我们要厘清人们对于敕的另一个误会,即敕历来都只是刑事方面的规定。其实并非如此。固然,《宋刑统》中的敕确实属于刑事方面的规定。《庆元条法事类》中的敕也是刑事规范。这些都似乎为上述观点提供了依据。实际上,宋代的敕前后性质不同。前期,敕对应的是律、令、格、式。对应律条的敕是刑书规定;对应令、格、式的敕则不是刑事规定。北宋前期的敕就是如此。如同吕志兴指出的:神宗改制之前,"(编)敕是综合性的,是可对律、令、格、式进行修改、补充的法律形式,其性质随被其修改、补充的法律的性质而定"。①

《宋史》本纪记载:冬十月庚辰,丁谓上《景德农田编敕》。② 六月丙子,诏翰林学士陈彭年等删定《三司编敕》。③《宋史》卷二百四艺文三还载有《转运司编敕》三十卷、《审官院编敕》十五卷。北宋时期,度支判官曹谷言:"内外群臣上封者众,尤烦省决。自今望令言钱穀者先检会三司前后编敕,议刑名者引律令、格式、刑统、诏条,论户税者须按农田敕文,定制度者竝依典礼故事,各于章疏具言前后诏敕。如已有条贯者,即明言虽有某年月日诏敕,今来未合便宜,乞行更改,方许承接。"④也可验证这一点。

只是在神宗改制以后,将敕重新规定为"禁其已然之谓敕","(编)敕在性质上发生变化,即不再是综合性的法律规范,而变成为刑事法律规范,在功

① 吕志兴:《宋代法律体系研究》,载《现代法学》2006年第2期。

② 《宋史》卷七 《本纪》第七。

③ 《宋史》卷八 《本纪》第八。

④ 《续资治通鉴长编》卷七十三。

能上只对律作修改、补充”。①

敕令格式作为法典其规模极其庞大。由于修法频繁，如北宋末年大理寺周懿文言：“敕令格式自熙宁以后，四经编修，率不踰十年。元符敕令行之最久，经十二年亦重修纂。”②加之卷帙浩繁，其总体规模达到后人难以想象的程度。

北宋后期，以政和宣和年间编辑颁布的各种敕令格式，据宋会要辑稿格令一：

宣和元年八月二十四日，详定一司敕令所奏：新修《明堂敕令格式》一千二百六册，乞下本所雕印颁降施行。

（政和二年）十月二日，司空、尚书左仆射兼门下侍郎何执中等上表：修成《敕令格式》等一百三十八卷，并看详四百一十卷，共五百四十八册。已经节次进呈，依御笔修定。乞降敕命雕印颁行，仍依已降御笔，冠以《政和重修敕令格式》为名。从之。

政和六年闰正月二十九日，详定一司敕令王韶奏：修到敕令格式共九百三卷，乞冠以“政和”为名，镂版颁行。从之。

（政和六年）六月五日，户部尚书兼许定一司敕令孟昌龄等奏：今参照熙宁旧法，修到《国子监律学敕令格式》一百卷，乞冠以“政和重修”为名。诏颁行。

（政和六年六月）十三日，礼部尚书白时中等奏：今将《崇宁贡举去》改修到《御试贡士敕令格式》揔一百五十九卷，乞冠以“政和新修”为名。诏颁行。

统计起来不下三千卷。

南宋时期仍然如是，以绍兴时期为例：绍兴二年正月一日颁行的《绍兴重修敕令格式》的结构如下：《绍兴新敕》一十二卷，《令》五十卷，《格》三十卷，《式》三十卷，《目录》一十六卷，《申明刑统》及《随敕申明》三卷，《政和二年以后赦书德音》一十五卷及《看详》六百四卷。即使不算“看详”也达到一百五十六卷。还有，《绍兴重修尚书吏部敕令格式并通用敕令格式》是吏部一个部门的法律汇编，就包括了《吏部敕》五册，《令》四十一册，《格》三十二册，

---

① 吕志兴：《宋代法律体系研究》，载《现代法学》2006 年第 2 期。

② 《宋会要辑稿》格令一。

《式》八册,《申明》一十七册,《目录》八十一册,《看详司勋获盗推赏刑部例》三册,《勋臣职位姓名》一册,共一百八十八册。此外,绍兴年间编纂的敕令格式还包括《绍兴重修在京通用敕令格式》《绍兴重修常平免役敕令格式》《绍兴编类江湖淮浙京西路盐法》《绍兴编类江湖淮浙福建广南京西路茶法》等。仅绍兴一代就有《绍兴重修尚书吏部敕令格式并通用敕令格式》(一百八十八册)、《绍兴重修敕令格式》(七百六十卷)、《绍兴重修在京通用敕令格式》(六十七卷)、《绍兴重修常平免役敕令格式》(五十四卷)、《绍兴编类江湖淮浙京西路盐法》(一百五十五卷)、《绍兴编类江湖淮浙福建广南京西路茶法》(一百零四卷)、《绍兴重修贡举敕令格式》(五十卷),计一千零三十五卷,另一百八十八册。

这样庞大的法律汇编,其查找适用不便可想而知。南宋通过编辑条法事类才使这一问题得到了初步解决。

3. 宋元时期的"例"

断例在宋代的法律体系中已经是重要组成部分。史载北宋时期的断例有:《刑名断例》十卷、《元丰断例》六卷、《熙宁法寺断例》十二卷,曾旼:《刑名断例》三卷、《断例》四卷、《刑房断例》(卷数不详)。南宋编修的断例则有:《绍兴编修刑名疑难断例》、《乾道刑名断例》、《开禧刑名断例》、《乾道新编特旨断例》、《淳熙新编特旨断例》。

宋例分为行政例和司法例。司法例就是司法审判过程中产生的单个案例。它们是同决"狱"判"罪"有关的刑例。刑例主要是在奏案过程中形成的。所谓"奏案",即各地将"事有疑虑,理可矜悯",不能完全按照法律判决的死刑案件,通过奏报的途径,上报中央有关机构审核,如经皇帝批准得以减死论处,就会形成一个案例。例如,《宋史马寻传》载一群饥民因抢米被依照法律按强盗定罪。马寻却认为其行为是由于饥荒为了活命不得已而为之,和一般强盗有所不同。经过奏谳,得以减死论处。并且"著为例",记录下来成为一个判例。

皇帝对于个别死刑案件从恤悯的角度给以特赦,更是形成判例的重要途径。如以下记载:"自祖宗开基,首严赃吏之禁。重者辄弃市。真宗以后,稍从宽贷,然亦终身不用。——绍兴四年,秀州黄大本遂决刺焉。然高宗性仁厚,但行之数人而止。七年秋,永嘉令李处廉贷死,籍其赀。自是为例。”①这是南宋关于赃吏处分的司法判例。它说明,不仅明确著为例的案件可以形成判例,皇帝特旨处断的案件也不能完全避免形成为例。尽管皇帝的特赦行为指明了其处分是针对特定的人和事,属于特事特办,“特宥之”“特矜之”“特贷之”“特贷极刑”“特放”“特原其罪”,是一次性的,但还是为后来者提供了可供攀比援引的案例,所谓“自是为例”就是如此。

元佑元年闰二月,给事中范纯仁曾上言指出:“四方奏谳,去年未改法以前,岁奏大辟凡二百六十四,死者止二十五人,所活垂及九分。自去年改法,至今未及百日,所奏案凡一百五十四,死者乃五十七人,所活才及六分已上。”可见由于奏案制度而被作为减死处理的案件每年都有上百件之多。可以想象,各地在把需要皇帝恤悯的案件上报时,不能不查找先例。刑部在审查这些案件并向皇帝提出建议时也需要参考先例。司马光反对以例代法。在他的奏议中说:“刑部奏钞兖、怀、耀三州之民有斗杀者,皆当论死,乃妄作情理可悯奏裁,刑部即引旧例贷之。”这说明对于地方上报的情理可悯案件,在上奏皇帝裁决时经常引据“旧例”作为依据。可见客观上存在对各种先前的案例加以编选以资利用的需要。

断例作为案例的合集,其最早出现当在北宋仁宗期间。这一时期,范仲淹曾经提出建议:“其审刑大理寺,乞选辅臣一员兼领,以慎重天下之法令,检寻自来断案及旧例,削其谬误,可存留者,著为例册。”②这一建议当时是否落实不见记载。其后,据《宋史王曾传》载,其孙王融“權判大理寺,取谳狱轻重可为准者,类次以为断例”。王融是“祥符进士及第”“英宗即位,进兵部,卒”。则其權判大理寺一定是在英宗即位之前,即宋仁宗嘉佑年间。李焘《续资治通鉴长编》记载,仁宗庆历三年“三月戊辰朔,诏刑部、大理寺,以前后所断狱及定夺公事编为例。”③从这一记载的内容看,断例乃是案例的合集。

王安石变法时期,法律进一步受到重视,断例的修订也有了新的发展。

---

① 《建炎以来朝野杂记》“朝事二”“申严赃吏之禁”。

② 《范文正奏议》卷上《奏灾异后合行四事》。

③ 《续资治通鉴长编》卷一百四十。

《郡斋读书志》卷二下载有《断例》四卷、《元丰断例》六卷。对这两个法律典籍，晁氏注曰："皇朝王安石执政以后，士大夫颇重意律令，此熙、丰、绍圣中法寺决狱比例也。其六卷则元丰中法寺所断罪节文也。"《续资治通鉴长编》记：神宗元丰三年丁巳，诏中书："以所编刑房并法寺断例，再送详定编敕所，令更取未经编修断例与条贯同看详。其有法已该载而有司引用差互者，止申明旧条。条未备者，重修正；或条所不该载，而可以为法者，创立新条；法不能该者，着为例。其不可用者，去之。"①

如果说在这之前，断例的编修还是法寺官员或者士大夫的个人行为，其后则开始了官方机构受命编修的阶段：哲宗元祐元年中书省言："刑房断例，嘉祐中宰臣富弼、韩琦编修，今二十余年。内有该载不尽者，欲委官将续断例及旧例策一处看详情理轻重，去取编修成策，取旨施行。"从之。② 又，宋徽宗时"以左、右司所编绍圣、元符以来申明断例班天下"，编者都是采取了官方机构的名义。

南宋时期，断例进一步受到重视。史载："高宗播迁，断例散逸，建炎以前，凡所施行，类出人吏省记。"这里的断例似乎指的是一般的法律典籍，它表明断例已经被视作法的代名词。

另据记载，淳熙六年七月一日，刑部郎中潘景珪言："朝廷钦恤用刑，以条令编类成册，目曰断例，可谓曲尽。昨有司删定止存留九百五十余件，与见断案状，其间情犯多有不同，难以比拟。乞下刑部，将隆兴以来断过案状编类成册，许行参用。庶几刑罚适中，无轻重之弊。"③这段话开始"以条令编类成册，目曰断例"，这是说断例是条令；但后面又要求"将隆兴以来断过案状编类成册，许行参用"，说明其中有判例。至少说断例也是以判例为基础提炼出来的条法。

需要指出，当时的人们对于断例是不是法，它同正式的法关系如何，看法并不完全一致。

有人往往将例和法对举。如说："法者，公天下而为之者也；例者，因人而

① 《续资治通鉴长编》卷三百七十。
② 《续资治通鉴长编》卷三百九十一。
③ 《宋会要辑稿》第一六四册《刑法一之五一》，中华书局1957年影印本。

立以坏天下之公者也”(《宋史·选举志》)。“一例既开,一法遂废”(《宋会要·格令二》);“法之弊易见,例之弊难革”(《文献通考》);“或例宽而法窄,则引例以破法;或例窄而法宽,则援法而废例”(《宋会要·格令三》)。据此可以认为,作为例的断例,是法的对立物,而不是法。

但是,也有的宋代人对此持不同的看法。例如,绍熙二年四月十二日,有人指出:“前后臣僚屡有建请,皆欲去例而守法。然终于不能革者,盖以法有所不及,则例也有不可得而废者。但欲尽去欲行之例,只守见行之法,未免拘滞而有碍。要在与收可行之例归于通行之法,庶几公共而不胶。——如是则所行者皆法也,非例也”。[①] 他们认为,“收可行之例归于通行之法”之后,则“所行者皆法也,非例也。”很明显,在他们的眼中,断例已经是法而不再是例了。

正是在此思想指导下,“绍兴二十六年九月戊辰,命吏、刑二部修条例为成法”。[②] 这表明,南宋的断例是在原来判例基础上修订的成法,而不是判例的简单汇编。如果我们用发展的观点看问题,可以说断例是在其发展过程中不断进步,具有了近似法的或者说准法的性质。

元朝法制比较特殊。进入中原之前,蒙古民族法律文化处于极其落后的状态。建立元朝之后,统治者又公开拒绝继受采纳已经成熟的汉法,特别是唐律、宋刑统所代表的律典传统。但是,历史和传统又是难以割断的,甚至不以人们的主观意志为转移。诚如吴澄在《大元通制条例纲目后序》所说:“古律之必当从,虽欲违之而莫能违也。”他认为:元代统治者在法律继承问题上的态度是“暗用而明不用,名废而实不废”。在南宋时期,断例的地位已经被视作法律的主体。《宋史刑法志》以所谓“断例散逸”一语概括宋朝南渡后法律文献的遗失散落,至少表明在《宋史》作者(元人)的心目中,断例俨然是法律的化身。郑介夫曾指出在元初无法可守的情况下,在元代社会自发出现的情况:“民间自以耳目所得之敕旨、条令,杂采类编,刊行成帙,名曰《断例条章》,曰《官民要览》,家置一本,以为准绳。”可能正是通过这样的途径,断例作为一种法律编纂形式,由民间记忆而为元统治者所知,成为其法律形式之一。殷啸虎先生认为,元朝的断例无论是名称,还是结构,以至编纂方式,都

① 《宋会要辑稿》第一六四册《刑法一之五五》,中华书局 1957 年影印本。
② 《宋史》卷二十四《高宗本纪》。

是对宋断例的效仿。[①] 这个论断很对，不单如此，从《元典章》我们还看到，元代的例，在断例之外，还有体例、通例、定例、则例、分例、条例、罪例等各种名目。从内容上看，它也已经从刑事领域延伸到行政领域。这是一个相当重要的发展变化。说明在元朝统治下，例在实践领域中的急剧扩张。套用今天流行语，或可以称为例的"野蛮生长"，其所带来的固然有法制无序这样的消极现象，也为例进入法体系，进而成为法体系的重要因素奠定了基础。

① 殷啸虎：《论大元通制"断例"的性质及其影响——兼与黄时鉴先生商榷》，载《华东政法学院学报》1999年第1期。

上编　明 代 事 例

一、明代法制的演变与两个法体系的转换

两个法体系的相互替代经历了由唐而宋至元明的漫长时间段。唐代中期以后的格令制,宋代的敕令制,元代的条格制,都没有完成改造律令法体系的任务。这个任务最终落到了明代。

不过,即使是明代,律例法体系也不是一下子建立起来的,明初在制定《大明律》的同时还制定了《大明令》,这等于重建了律令法体系。但律令法体系在明初的复活只是昙花一现。在律令法体系旁边,例也在发育生长。先是榜例,后是条例、则例、事例等各种定例竞相出现,在不同时期它们各擅胜场。特别是事例由不被人待见到蔚为大观的转变过程引人注目,它标志着律例法体系取代了律令法体系。这中间,事例与榜例,事例与条例,事例与会典等关系都值得研究。概括地说:榜例是特殊形式的事例;事例是榜例的变种。条例是事例的升华;事例是制定条例的基础。明会典的编纂为事例的整合提供了契机;明会典的完成是律例法体系最终形成的标志。

(一)明初律令法体系的重建

明朝之初,当务之急是恢复重建社会秩序,朱元璋

把健全法制看作治国的根本,为此他提出了“明礼以导民,定律以绳顽”“法贵简当”等一系列法制建设的指导原则。①

朱元璋的法律思想有值得肯定的一面。他认为法律的制定要“当适时宜”“当计远患”。他告诫臣下说:“谋国之道,习于旧闻者当适时宜,狃于近俗者当计远患。苟泥古而不通今,溺近而忘于远者,皆非也。故凡政事设施,必欲有利于天下,可贻于后世,不可苟且,惟事目前。”②就是说,确定治理国家的基本方针,一方面要适合目前的形势,因时制宜;另一方面又要具备长远的眼光,不要留下后患。他还指出:“法贵简当,使人易晓。若条绪繁多,或一事两端,可轻可重,吏得因缘为奸,非法意也。夫网密则水无大鱼,法密则国无全民。”③立法应该简要,不尚繁密,词语晓然明确,不给官吏枉法留下可乘之机。

从上述指导思想出发,朱元璋登基前后,在法制建设方面,以拨乱反正的姿态,制定公布了《大明令》与《大明律》,重新建立了律令法体系。

这里所谓拨乱反正,主要指朱元璋恢复了律在法律体系中的核心地位。律在古代法律体系中客观上具有不可动摇的地位。律令法体系在唐代达到十分完备的程度,唐律被奉为中华法系的典范。其来有自,不仅是由于律作为定罪量刑的法律规范,反映了系统使用暴力作为统治手段这一古代国家的特质;更作为古代法律秩序的支柱,它所维护的君主制度、官僚制度、家族制度乃至对于社会基本价值——人们的财产生命安全的维护,体现的是整个社会秩序的基础。唐代中期的格令法、宋代的敕令法以及元代的格例法,都在不同程度上忽视了律的作用,没有彰显出律的主体地位,表明当时的人们对此缺乏认识。宋代企图以敕代律,元代以条格作为法体系的主体,不仅背离历史传统,而且不利于帝制秩序的维持。

朱元璋特别重视《大明律》的修订,在其还是吴王之时,就命丞相李善长等起草了明律,计二百八十五条,于洪武元年同《大明令》一起刊布天下。其后,为制定一部“轻重适宜”“百世通行”的《大明律》,朱元璋可谓亲力亲为,殚精竭虑。从洪武元年起,他下令儒臣四人同刑官讲习唐律,每天向他

---

① 杨一凡:《明代三部代表性法律文献与统治集团的立法思想》,载韩延龙主编:《法律史论集》第二卷,法律出版社 1999 年版,第 520 ~ 591 页。

② 《明太祖实录》卷一百六十三。

③ 《明史》卷九十三《刑法一》。

汇报二十条,作为以后制定明律的参考。洪武六年冬,诏刑部尚书刘惟谦等详定《大明律》,由他逐篇逐条审定:“每一篇成,辄缮书上奏,揭于西庑之壁,亲御翰墨,为之裁定。”①次年二月完成,颁行天下遵守。此后十多年间,明太祖还多次下令大臣对《大明律》的部分条款进行修订。洪武二十二年,明太祖又命翰林院同刑部官再次更定《大明律》。这次修律,创制了新的体例,以《名例律》冠于篇首,下按六部官制,分吏、户、礼、兵、刑、工六律,计三十卷,四百六十条。洪武三十年,又将洪武二十二年律中少数条款加以改定,对数十处律文按照规范化要求进行加工润色,正式颁布天下。从草创到定型历时三十年,使律在法律体系中居于主导地位,成为治理国家经久不变的根本大法,明太祖命子孙守之,永世不得更改。

比较而言,《大明令》比《大明律》要稍逊一筹。尽管它也是国初颁行的一部基本法典,在新朝初建之时,实际上起到了临时治国总章程的作用。但受制于朱元璋“立法简严”的思想,《大明令》只有一百四十五条,虽对于国家行政起到了提纲挈领的作用,但缺乏可操作的细节,明初几乎很少引用它作为办事依据的记录。后来,朱元璋也意识到了其缺陷,让人编纂了《诸司职掌》,作为国家行政的准则。然而,这就更使《大明令》被架空。

应该指出,朱元璋不仅恢复了律的地位,重建了律令法体系,而且对于律令法体系的结构也进行了优化。他在修订《大明律》的过程中既借鉴了唐律,又没有照抄照搬唐律。他不仅将《大明律》的结构确定为名例律,加吏、户、礼、兵、刑、工六律,共七篇;还将《大明令》的分篇与行政六部联系起来,在律令之间形成了相互对应的关系。虽然重建的律令法体系在历史上不过是昙花一现,类似于回光返照,却在其结束之际闪现了最后的光辉(见表1-1)。

表1-1　大明律与大明令结构对比

六部		吏部	户部	礼部	兵部	刑部	工部
《大明令》		吏令	户令	礼令	兵令	刑令	工令
《大明律》	名例	吏律	户律	礼律	兵律	刑律	工律

① (明)刘惟谦:《进大明律表》,载《大明律》卷首。

但是,朱元璋的法律实践活动又存在严重问题。特别是他在洪武十八年至二十年分别颁行的《大诰》四编,明显暴露了他无视法制、任意坏法的行径。四编《大诰》由案例、峻令和明太祖的“训诫”三个方面内容组成,最鲜明的特色是“刑乱世用重典”,公开提倡法外用刑,所列刑罚不仅为《大明律》所未设,其用刑之酷烈,在中国法律史上也极为罕见,淋漓尽致地表现出了专制君主的野蛮残暴的本质。

(二)例的定位:从“一时权宜”到“百世可守”

应该指出,明初律令法体系的重建并没有影响刑事领域中例的成长。由于例在元朝的野蛮生长,以及它在实践中确有方便之处,所以,在历史惯性作用下,定例与引例决事在明初仍然属于通行的施政方式。朱元璋在明初批评元朝法律体系集中于“条格”之上,说:“元时条格烦冗,吏得夤缘出入为奸,所以其害不胜。”[1]却并没有将这一批评扩及到例,这为明初定例的运行留下了余地。朱元璋本人在当政时期为保证国家机器的正常运转和经济政策的实施,对国家机关的活动规则、行政和经济管理作了详细的规定,也制定发布了大量的条例、则例。

朱元璋法制建设方针是“置重典以惩一时,著中典以垂后世”。一方面,他主张“常经”与“权宜之法”并用,从长远考虑,精心制定成法,以为治国的“常经”,所以他反复修订《大明律》,留给后世子孙;另一方面,他为巩固政权,又不择手段,法外重刑杀戮贪官乱民。他认为两者相互配合各有妙用,看起来似乎不无道理,却在治理过程中造成了律与例的冲突。当有人建议“更定”条例以解决律例矛盾问题时,朱元璋却说:“法令者,防民之具,辅治之术耳。有经有权:律者常经也;条例者一时之权宜也。朕御天下将三十年,命有司定律久矣,何用更定?”[2]分析他这段话,第一,法令只是防民之具辅治之术,而非治国之道,说明了他对法制整体定位不高。第二,律是治国的常经,需要长期稳定,故要反复修订使之臻于完善。这是他多次修订明律,使之成为一字不可改动的“成法”的思想基础。第三,条例是权宜之计,是临时性的应变措施,时过境迁,就失去效力,故不需要考虑其修改的问题。他这里所谓

---

① 《明太祖实录》卷二十七。

② 《明太祖实录》卷二百三十六。

的“权宜”，既含有变通以适应现实需要的意思，也意味着此系临时措置，而非经远之计。

朱元璋将例作为一时之权宜，方便时就用，不用就弃之如敝履，故其晚年宣布：“凡榜文禁例悉除之。”①这就开启了明代前期例的周期性兴废的局面。在他身后，永乐皇帝朱棣效仿乃父，不仅明令废除建文帝时期颁布的事例：“一应榜文条例，普皆除毁。”②还多次申明“法司所问囚人，今后一依《大明律》拟罪，不行深文，妄行榜文条例。”③后来的皇帝也仿效这样做，于是在明代逐渐形成了惯例。每逢皇帝即位，发布即位诏书都有这一条。如明仁宗洪熙元年“令一应罪犯、悉依《大明律》科断，法司不许深刻，妄引榜文及诸条例比拟。”④明宣宗即位有诏：“今后一应罪，悉依《大明律》科断。法司不许深刻，妄引榜文及诸条例比拟。”⑤郕王即皇帝位，诏天下曰：“法司所问罪囚，一依《大明律》科断，不许深文，其有一应条例并除不用。”⑥明宪宗即位诏书中也说：“凡问囚犯，今后一依《大明律》科断，照例运砖做工纳米等项发落，所有条例并宜革去。”⑦在这些文告中无一例外地将依照《大明律》科断与废除既往条例相提并论，反映了在统治者心目中律例之间存在的对立关系。

从根本上说，两个法体系的转换在明代得以实现的前提是律例关系理论的突破。没有理论的突破，就不会有律例法体系的确立。

朱元璋的律例关系理论，将律例的功能分别定义，分别看待，强调了律与例对立的一面，客观上反映了法与权的矛盾及其内在冲突。朱元璋明白政权的稳定与法律的稳定之间存在密切联系，为了江山世代相传，必须使天下臣民有稳定的预期，要求子孙后代恪守《大明律》，不得变乱成法，却没有意识到，他自己在位期间，以手中之权，谋一时之便，榜文禁例迭出，给子孙留下了坏的榜样。对其子孙来说，不准变乱成法，只是限于禁止修改《大明律》，并

---

① 《明太祖实录》卷二百五十三。

② 《明太宗实录》卷十(上)。

③ 《明太宗实录》卷二百三十六。

④ 《明会典》卷一百七十七。

⑤ 《明宣宗实录》卷五，“行在刑部尚书金纯都察院左都御史刘观大理寺卿虞谦等奏”。

⑥ 《明英宗实录》卷一百八十三。

⑦ 《明宪宗实录》卷一，“其递年一切榜文禁例尽行革去”一语也见于朱元璋的《御制大明律序》。

不包括利用权宜之计的定例越法行事。所以,朱元璋不许变乱成法的祖训,无论是出于对自身以权乱政的反省,抑或出自对于其后代任性胡来的恐惧,即使是从再好的动机出发,其效果也只是反映在各个皇帝于即位之初指天发誓要尊重成法,遵循以往惯例废除从前的条例,却无法约束其子孙后代超越法律处置案件的权力,特别是在其子孙在权力行使过程中不断体验了权宜行事的快感之后。当然,在皇帝即位这一新旧交替之际,作为废旧布新的时机,将过去所有的条例一股脑儿废除,其主观上或不无与民更始之意,而在国人看来也有除旧布新之感。只是陷入了循环往复之中,缺乏演变与突破。

明王朝中期之后,随着事例繁多的现象日趋严重,律例关系理论开始有了突破性发展。朝廷内部不断有人提出解决律例矛盾的问题,关于律例关系的认识也有所深化。譬如弘治元年九月监察御史吴裕以"革条例以遵旧制"为题上奏建议:"要将成化年间一应条例,斟酌轻重……量为存留。"实际是对帝位更迭中废除一切定例的惯例有所反思,三法司进行合议时肯定了吴裕的奏言,指出:"自成化元年以来,一应条例虽出于臣下之所建明,实本于先帝之所裁处,其间亦有深意焉。""所以救时之弊,亦皆辅治而行者,一概革去,虑恐百弊横生。"就是说,这些条例体现了统治者的意志,针对时弊具有"辅治而行"的积极作用,不应该一概废除。三法司的合议还对律例关系理论进行了重新概括,指出:"律例并行其来久矣。盖律者万世之大法,例者一时之权宜。例之为用所以辅律之不及者也。"其中将律例分别定义为"万世大法"与"一时权宜",似乎是朱元璋的老调重弹,后面却补充说"例之为用所以辅律之不及",对律例关系给予了重新定位。

弘治三年二月,在对礼科给事中王纶的奏言进行复议时,三法司更进一步全面论述了律例关系理论:"钦惟太祖高皇帝定律,以垂万世之法,信如四时不可易也。例则辅律,而贵在得中,难以执一。是以列圣继统,因人情之变态不常,定事例之轻重不一。有情重律轻者,虽徒流而发充军;有情轻而律重者,虽绞斩而准其收赎。其间有可弼世教、正人心者,自洪武年间行之以至今,虽百世可守也。"①

众所周知,刑部、大理寺、都察院等所谓三法司是当时的司法机关,其合

① 《皇明条法事类纂》附编第五十九条"斟酌条例"。《明孝宗实录》卷四十六所载略有不同。

议意见代表了国家法律部门的共识。这里除了继续坚持例以辅律的理念,还进一步阐述了其中的道理。指出,律体现的是天理,具有稳定不变的性质,例则体现了变化无常的人情。“因人情之变态不常,定事例之轻重不一”,对于“情重律轻”与“情轻律重”的条款进行调整是完全正当的。这里还以“贵在得中,难以执一”代替“一时之权宜”作为例的特性,特别指出:“其间有可弼世教、正人心者,自洪武年间行之以至今,虽百世可守也。”以“百世可守”的论断,彻底颠覆了例作为“一时权宜”的观点。从肯定“例之为用,所以辅律之不及者也”,①承认其具有补充法律空白的辅助作用,到肯定其可“弼世教、正人心”“虽百世可守也”,是多大的飞跃!

上述理论使得新型律例关系率先在刑事领域有了突破。根据三法司的建议:“凡有参议刑狱条例者,法司会议斟酌,须要熟思审处,务在精当,上可合于祖宗律意,下可通乎天下民情,然后明白修陈奏请上裁,著为事例。则刑狱以清,人心以服,而和气致祥矣。”②这一通过一定编纂程序解决律例矛盾冲突的主张,为《问刑条例》的编订奠定了思想基础。

在此基础上,经过几年的努力,第一个《问刑条例》终于在弘治十三年(公元1500年)完成,当时主持其事的是刑部尚书白昂。经过朝廷九卿会议,对于历年事例加以删定,挑选出经久可行者,计二百九十七条(据考实际是二百七十九条),《问刑条例》于是正式出炉。

据黄彰健考证,正德年间已经出现了律例合编形式的《大明律》附例,即胡琼《大明律集解》三十卷本。万历年间,《问刑条例》再次修订后,出现了将《大明律》与《问刑条例》合编的官方版本。律例合编意义重大,本书一开始曾说过,律例法体系是指以律、例两种法律形式为主构成的法律体系。《问刑条例》编订完成,并且分别附于《大明律》之后,熔律例于一炉,可以说是成功打造了律例法体系的核心部分。

(三)行政领域中例与令的运势消长

随着时间的推移,形势在悄然变化。尽管没有人宣布律令法体系的失

---

① 《皇明条法事类纂》附编《奏革幼军在逃等件重复不便事件》,参见《中国珍稀法律典籍集成》乙编第六册,科学出版社1994年版,第110页。

② 同上。

效，但在刑事领域，律例法体系已现雏形。而在非刑事领域，律例法体系的势头也在扩展。

明初，朱元璋及其继承人不断地以“著为令”的方式补充新的立法，类似记录仅《明太祖实录》中就有六十多条。有人据此认为，这说明诏令作为基本法律形式“在明朝凸显了其特殊地位，并由此生成了中国法制史上法律形式的重大演变”。① 其实，查宋元正史及《续资治通鉴》均可发现，“著为令”的记载在宋元文献中就频繁出现过。明初的这一现象，与其说是凸显了令的特殊地位，不如说是唐以后律令法体系危机的再现，表明僵硬的令典不能适应社会现实的急剧变化，而作为令典的补充立法以“著为令”的方式层见叠出，又影响到法律的稳定与统一。这既是唐代后期法制面临的问题，也是宋代几度探索没有解决的问题。

其实，我们更要注意到的一个现象是，明代不仅用“著为令”补充立法，还有以“著为例”作为补充立法的方式。

应该说明，“著为例”的记载也不是明代才出现的，宋代已经有了。在刑事方面，如马寻在襄州做地方官，正赶上饥荒年份，成群结队的百姓涌进富家抢夺粮食，狱吏以强盗定罪。马寻说：这是饥荒所迫，其情节与强盗不同。上报皇帝得到了“减死”的判决，“遂著为例”。②

南宋时的诏令中还出现了“条所不该载而可以为法者，创立新条。法不能该者，著为例”的规定③。就是说法律中原来没有的，可以通过创立新法条的方式加以充实，其中法律不能容纳的内容，则可以“著为例”。只是因为当时人们观念上还受到例是法的对立物之影响，“著为例”的记载还很罕见，在《宋史》中只是两例，以记载宋代历史为内容的《续资治通鉴长编》多了些，也仅为九段。

而检阅《明史》，“著为例”的记载增多到十二段，实录的记录就更多了，如洪武四年春正月丁未，上谓中书省臣曰：今天下已定，致治之道在于任贤。既设科取士，令各行省连试三年，庶贤才众多而官足任使也。自后则三年一

---

① 万明：《明帝国的特性：以诏令为中心》，载《学术月刊》2010 年第 6 期。

② 《续资治通鉴长编》卷一百七十五。

③ 《续资治通鉴长编》卷三百七十。

举,著为定例。①

洪武二十二年八月,兵部尚书沈溍言:"各处水陆递运之役,有司不量轻重,概给舟车,以致民力困弊。宜著定例:凡文武官赴任千五百里之外者给之。老疾军及军属、寡妇、故官之妻、子还乡者给之。"②

洪武二十三年夏四月丙子诏:免滁阳、定远、六合、长淮、天长、香泉、仪真、舒城、江都等监养马户田租。民田全免,官田减半征之。永为定例。③

我们知道,设科取士的科举制度由礼部掌握,帮助军人及其家属还乡的事务由兵部负责,对于部分地区免除租税的建议权在户部。这表明,上述的"著为例"是在非刑事领域的行政措施,也因此它往往不是从个案(如一个刑事案件)引申出来的,从开始就是一个抽象的条文,具有明确的立法意识。

检阅《明实录》会发现,明代各朝"著为例"的记载大体呈现由少渐多的趋势,如表1-2所示。

表1-2 明代各朝实录中的"著为例"记载统计

实录名称	太祖实录	太宗实录	宣宗实录	英宗实录	宪宗实录	孝宗实录	武宗实录	世宗实录	穆宗实录	神宗实录
著为例件数	3	0	3	8	9	8	12	21	4	23

当然,在数量上它还是比不上"著为令"。这是因为人们的语言习惯发生了改变,特别是如"著为令"这样的长期制度化了的语言习惯,会由于惯性而保存下来。譬如洪武四年十一月乙亥大都督府奏:内外卫所武臣不能约束军士致逃亡者众,宜立条章以示惩戒。于是定例:"凡小旗逃三人者降为军;总旗逃十五人者降小旗;百户逃十五人者月减俸一石,递减至四石以上,则追夺所授敕命,降充总旗。"诏从之,著为令。④ 这条记录前面明明在说"于是定例",可后面却以"著为令"结束,表明这里的"著为令"的"令"并非实指,而是

① 《明太祖实录》卷六十。
② 《明太祖实录》卷一百九十七。
③ 《明太祖实录》卷二百一十。
④ 《明太祖实录》卷六十九。

习惯用语。

类似的情况还有《明太祖实录》卷之一百六十二的记载。“定武臣袭职例：凡武臣卒，其子袭职子。幼者给以半禄，三年则以全禄给之。年二十则任以事。著为令。”前文明明说是“定武臣袭职例”，却以“著为令”结束，表明“著为令”的“令”实际是例。

文献中还有大量的所谓“著为令”记录，从上下文看其实也是定例。这里不一一列举。

所以，洪武永乐之后，尽管“著为例”的记录在数量上还远远不如“著为令”，但并不见得就反映了例与令的实际态势。

在比较例与令的态势时还要注意，例是一个系列组合，包括榜例、条例、则例、事例等。

榜例，以版榜的形式公布于众之例也，它从明初的榜文禁例发展而来。条例，包括《吏部条例》《责任条例》等。则例，存在有“给价则例”“准工则例”“繁简则例”“民田则例”“差粮则例”“给米则例”“起科则例”等多种。虽然调整的领域颇窄，几乎限于财政方面，但聚沙成塔，也不可小视。如果考虑到例所拥有的综合性优势，将榜例、条例、则例都算上，例在整体上对令早已取得了比较优势。

(四)明初事例的尴尬地位及其变化机遇

毋庸讳言，在明初诸例中，事例是个特殊的品类，它一直处于不受人待见的尴尬地位。这种情况与事例的历史有关。宋元两代，事例一词往往被赋予一种特殊含义，近似于今日流行语陈规陋习或潜规则。譬如宋代有所谓事例钱，又称市利钱，就属于陈规陋习而逐渐合法化了的行政惯例。宋代的《和籴事例》和《送还事例》大概也是这类东西，是官吏按照惯例取得的额外收入。有人拒绝接受事例钱，被看作是不贪财的好官。皇室成员接受官员的馈赠，也以“事例”称之。元代有所谓“搭头事例钱”，《元史食货志》载至正二年李宏陈言“江州茶司据引不便事”时指出：元朝茶叶专卖，“散据卖引”“每引十张，除正纳官课一百二十五两外，又取要中统钞二十五两，名为搭头事例钱，以为分司官吏馈赆之资”。① 反映了官吏利用职权，以“事例”做名目，中饱私

① 《新元史》卷七十二《食货志五》。

囊的情况。①

事例的历史污点使人们避之唯恐不及,所以极少使用。以洪武时期为例,实录提及事例的场合极其罕见。最早的一次是洪武二十七年九月形成的《旌表孝行事例》。当时,青州府日照县有个名字叫江伯儿的人,为了给母亲治病,先是本人割了肉,给母亲吃,“食之不愈”;又到泰山顶上,向神许愿,发誓说:“母病愈,则杀子以祀神。”既而其母病愈,竟杀其三岁儿子以祭神。地方官府将这件事上报,朱元璋闻报大怒,曰:“父子天伦至重,礼:父为长子三年服。今百姓无知,贼杀其子,绝灭伦理,宜亟捕治之,勿使伤坏风化。”遂逮伯儿,杖一百,谪戍海南。因命礼部定议《旌表孝行事例》行于天下。②

为什么称为《旌表孝行事例》呢?因为这个事例是对《大明令》的一个补充规定。旌表孝行的条文见于《大明令》,是对于孝子顺孙、义夫节妇、志行卓异者,以旌表门闾的方式加以表彰。而这个事例则根据朱元璋的指示,明确规定孝亲道德中的“割股”“卧冰”等类似行为,不仅排除在国家“旌表”之列,而且还要给予相应处罚。③ 它之所以被称为“事例”,可能是由于它是以上述案例为由头而形成的。

洪武实录还记载了议定“赎罪事例”之事。这件事发生在朱元璋执政的最后时期,洪武三十年五月甲寅,“命六部都察院等官议定赎罪事例”。其主要内容是对于官吏犯罪判刑的变通执行办法:“凡内外官吏,犯笞杖者纪过;徒、流、迁徙者以俸赎之;三犯罪之如律。杂犯死罪者自備车牛运米输邉,本身就彼为军。”另外还规定:犯徒、流、迁徙的平民,“充递运水夫”以代替原来的刑罚。还对于“运米赎罪”的具体数量标准做了规定。④ 明代的赎罪规定有律赎,有例赎,所谓例赎即由例规定的赎罪办法。

有必要说明,在有的历史文献中,也将赎罪事例称为赎罪条例⑤。这反映了当时事例与条例混用的情况。同时,也说明了洪武时期事例的地位:大

---

① 参见杨一凡、刘笃才:《历代例考》,社科文献出版社2012年版,第129~130页。

② 《明太祖实录》卷二百三十四。

③ 《明史》卷一百三十七《亨泰传》:亨泰议曰:“人子事亲,居则致其敬,养则致其乐,有疾则谨其医药。卧冰割股,事非恒经。割股不已,致于割肝,割肝不已,至于杀子。违道伤生,莫此为甚。堕宗绝祀,尤不孝之大者,宜严行戒谕。倘愚昧无知,亦听其所为,不在旌表之例。”

④ 《明太祖实录》卷二百五十三。

⑤ 《大明律》御制序:“杂犯死罪、徒流、迁徙等刑,悉视今定赎罪条例科断。”

概以钱抵罪这种规定,不大能够堂而皇之地摆上台面,所以用了事例这个在历史上就被铜臭玷污了的名词。而当感到赎罪事例不可少的时候,就将其正名为赎罪条例了。

再就是,洪武三十一年二月,朝廷制定了"吏员出身事例"。以九年考满为确定出身年限的标准:凡在京三考,或在京两考在外一考,或在京一考在外两考,一品二品衙门提控都吏从七品出身;掾史令史、典吏并内府门吏正八品出身;三品衙门令史从八品出身;典吏及四品衙门司吏正九品出身;四品衙门典吏、五品衙门司吏典吏、书吏俱从九品出身;六品至九品并杂职衙门吏典、都察院各道吏典俱除杂职。[①] 上述条文表明,其涉及的官吏等级不高。这是因为,在历来的统治者那里,低级吏胥被看作是既无法摆脱又不受待见的人员,所以将之资历积累升迁的相关规定称为事例。

而以上三条事例的记录都在朱元璋晚年。就是说,从明朝建立起二十几年的时间里,朱元璋虽然不断造出各种定例,事例的运用却是一段空白,清楚表明了事例处于一种不受待见的状态。

明成祖时期,上述情况也没有显著变化。在《明太宗实录》中有关一般定例的记录不绝于缕,而以事例为名的仍然不多。继"吏员出身事例"之后,又制定了有关官吏的"考核事例"。

> 吏部言:"官员九年考满给由,依职掌事例考核升降。近有历任三年或仍留视事未经给由考核者。令通历九年。本部议得:初考称职,次考未经考核,今考称职者,若初考平常,次考未经考核,今考称职者,俱请依称职例升用。盐运司判官考核事例,职掌未载,请依本司堂上官例。"[②]

在上述吏部奏言中提到了"职掌事例",可能指的是《诸司职掌》中的相关规定。大概"盐运司判官考核事例"在《诸司职掌》中没有规定,补充规定于此。此外,永乐年间还出现了"刑名事例"一语,是对于个别边缘地区犯人服刑的特殊规定。[③]

尽管如此,永乐皇帝却为事例的发展提供了机缘,这主要表现为他对"洪

① 《明太祖实录》卷二百五十六。
② 《明太宗实录》卷一百一十一。
③ 《明太宗实录》卷一百九十。

武事例”的重申，这为事例的成长乃至后来的泛滥打开了一个侧门。

根据记载，事情是这样的：周王朱橚，即永乐皇帝的兄弟，请求增添人役供自己使唤，永乐皇帝不好直截了当拒绝自己兄弟的要求，故打出他们共同的父亲“皇考”的名义，让相关部门查阅“洪武事例”作为决定的依据。然后下敕令给周王曰：“昔皇考时，诸王国所有匠作皆出护卫，有司无预。秦王愍擅用民匠，事闻命即改正，王所共知。今奏欲得青册匠，已敕该部稽洪武事例施行，报王知之。”①意思是当年父皇在位时，秦王擅自役使民间工匠，被发现后立即命令其进行改正，这是大家都知道的事情。现在你申请要增加役使的工匠，我已经让有关部门核查洪武年间的事例，告知你。言外之意是你看着办吧。

我们知道，朱棣是以不正当手段从自己的侄儿手里夺取了政权的。在众藩王中难负众望，不得不打出太祖以及维护祖制的旗号作为手段，这应该是其在处理藩王事宜时重申洪武事例的用心。这一事件之所以值得我们重视，是它变成了其后明代君臣的一种行为模式。以永乐皇帝援用洪武事例作为开端，这种做法就兴盛起来。除了皇帝欲借助先祖的亡灵以加强其发号施令的正当性偶尔这样做外，许多地方大员与朝中大臣也以遵循前代先例为由，为其对策主张的合理合法进行论证。

查阅《明实录》可以看到，除了上引的“洪武中事例”外，还有“永乐年间事例”“洪武永乐年间事例”“正统年间事例”“宣德年间事例”“宣德正统年间事例”“成化年间事例”“弘治成化年间事例”，如此等等。至后来还出现了高度概括的词语“先年事例”。显然，含义模糊的“先年事例”不能成为报告请示事项理由的标准用语，地方向中央与臣下向君主证明其主张的正当性时，仅仅含糊地提出“先年事例”是不够的。于是，伴随着“先年事例”一语有“先年奏准事例”与“先年题准事例”以及“查照奏准事例”等词组的出现，“查照某部奏准事例”以及指明某人奏准事例的说法也复不少。

这意味着皇帝的某一行政决定，即使当时仅是“就事论事”，或者“特事特办”，没有特别指示将之“著为例”或者“著为令”，后来也会有人出于自身的目的，加以援引，要求照此办理，使之成为效仿的先例。那些保存在朝廷的

---

① 《明太宗实录》卷二百一十一。

簿册中的奏准事例就更不用说了,它们不仅在提出对策建议的条奏中被援用,作为理据,而且在对于这些条奏进行审查时也会被核查其是否真实,有无适用的价值。这是一种简单有效的论证方式,也是节约行政成本的行为模式,所以受到人们的欢迎。事例日渐繁荣的原因就在于此。

我们知道,在处理臣下的条奏时,明代皇帝惯用的程序是批示相关部门"看了来说"。所谓"看了来说",除了对于条奏的事理是否正确加以审查,也包括了对于条奏中引据的事例是否存在以及是否适用加以核查。这是中央政府以六部为主的官僚机构的职能所在,所以他们会将奏准施行的事例加以记录,在需要时进行查证,对于其能否适用提出审查意见,提供皇帝决定采纳与否。而在取得皇帝批准之后,就又形成一个新的事例,成为后人援引的对象。事例层出不穷,日积月累,繁衍积累,成为庞大堆积。包括《明实录》在内的明代文献中事例一词与时推移逐步增加的势头就是这样形成的。

下表反映了明代各朝事例在实录中变化的趋势。需要解释一下,我们将实录中提及事例的件数作为指标,只是出于比较的目的,透过数字显示的频度看其趋势。显然,实录的记录是有选择的记录,而不是全部记录。另外,每个皇帝当政时间有长有短,每部实录与之相应卷数有多有少。所以,在总数之外再取一个年均值,比只看总数更能说明问题(见表1-3)。

表1-3 明实录中事例统计①

庙号	太祖	太宗	宣宗	英宗	宪宗	孝宗	武宗	世宗	穆宗	神宗	熹宗
在位时间/年	31	22	10	22	23	18	16	45	7	48	7
事例出现次数	5	9	40	106	183	164	86	371	68	515	122
年平均/次	0.2	0.4	4.0	4.8	7.9	9.1	4.5	8.2	7.5	10.7	17.0

① 表中数字来源于文学100数据库检索结果,本项目利用了该网站的数据,载www.wenxue100.com,最后访问日期:2021年8月21日。下同。

从表 1－3 我们可以看出，事例一词年均出现在实录中的次数，明代初期每年不到一次；而中期之后，一年平均出现四五件，甚至八九件。宣宗之后，到孝宗，实录记载的事例年均件数逐渐增加；而武宗稍降，然后，一直保持了较高的水平，似乎形成一个平坦的高地。这表明事例的应用渐广，不受人待见的尴尬地位发生了变化。

二、榜例:一种特殊的事例

榜例是一种特殊的事例。明代初期,朱元璋与朱棣以榜文的形式,随时颁布各种禁例,建立起以重刑恐吓为手段的统治秩序。中期以后,榜文禁例演化为所谓的“榜例”。榜文禁例及其转化的榜例,都可以说是一种特殊的事例。不同的是,榜文禁例以皇帝的任性严酷为特征,表现了专制统治的恶的一面;而其转化的榜例,则以公开性替代了既往例的秘密性,改进了例在人们心目中的形象。

事例与榜例在明前期是一种此消彼长的关系。我们在上一章中说到事例在明初处于人不待见的尴尬地位,有一个没有提到的原因,就是榜例的前身——榜文禁例在明初兴盛一时,使事例相形见绌。榜例后期的式微,既是其逐步融入事例的结果,也为事例的发展壮大提供了助力。联想到明初的情况,榜例与事例的此消彼长,形成鲜明对比,不禁令人感慨系之。

(一)明初的榜文禁例

明初榜文禁例的兴盛与朱元璋直接诉诸百姓的思想有关。由于他早年的生活经历,朱元璋对于官僚体制颇多疏离之感,他告谕群臣说:“从前我在民间时,见州县官吏多不恤民，往往贪财好色，饮酒废事，凡民疾苦，视之漠然，心里恨透了。"[①]所以他不信任官僚，而有着直接诉诸底层百姓的冲动。他制定明律后，恐小民不能周知律令的内容，命人将"凡民间所行事宜，类聚成编，训释其义，颁之郡县"，名曰《律令直解》。说："前代所行《通制条格》之书，非不繁密，但资官吏弄法，民间知者绝少，是聋瞽天下之人，使之犯法也。今吾以《律令直解》遍行，人人通晓，则犯法者自少矣。"[②]榜文禁例也是这种直接诉诸百姓的一种表现。

在明初，榜文禁例是榜文与禁例两种事物的合称。榜文从正面教导人们怎么做；禁例从反面告诫人们不得怎么做。但是两者有时又混在一起，以禁例为内容而以榜文为形式。其具体形态，可以分别为以下四种类型：

第一种类型是正面告谕，教导人们如何去做。这以明初的著名榜文——《教民榜文》为代表，虽然其中不无刑罚方面的规定，但绝大部分是关于如何处理民间事务特别是调解民事纠纷的规定，下面摘录其相关部分：

一、凡老人、里甲剖决民讼，许于各里申明亭议决。其老人，须令本里众人推举平日公直素所敬服者，或三名、五名、十名，报名在官，令其剖诀……

二、老人理词款，不问曾朝觐、未曾朝觐，但年五十之上，平日在乡有德行者，俱令剖决事务，辨别是非。

三、本里老人遇有难决事务，或子弟亲戚有犯相干，须会东西南北四邻里分，或三里五里老人、里甲剖决。如此则有见识多者，是非自然明白。

四、老人、里甲剖决词讼，本以便益官府，其不才官吏敢有生事罗织者，罪之。

五、老人有犯罪责，许众老人、里甲公同会议，审察所犯真实，轻者就便剖诀，再不许与众老人同列理讼。若有所犯重者，亦须会审明白，具由送所在有司，解送京来，不许有司擅自拿问。若有司擅自拿问者，许老人具由来奏，罪及有司。[③]

---

① 《明太祖实录》卷三十八。

② 《续资治通鉴》卷二百二十。

③ 《教民榜文》有独立刊本。参见刘海年、杨一凡总编：《中国珍稀法律典籍集成》乙编第一册，科学出版社 1994 年版，第 663 页。

这里通篇都是正面教谕事当如何如何，只是最后才出现了对于老人及官府违反相关规定进行追责的内容。

第二种类型是从反面加以约束的禁约，即明令禁止某行为，规定不得如何如何。如朱元璋曾命礼部颁学校禁例于天下：

一曰生员事非干己之大者，毋轻诉于官。

二曰生员父母有过必恳告，至于再三，毋致陷父母于危辱。

三曰军国政事，生员毋出位妄言。

四曰生员有学优才赡、深明治体、年及三十愿出仕者，许敷陈王道，讲论治化，述为文辞，先由教官考较，果有可取，以名上于有司，然后赴阙以闻。

（中略）

十曰江西、两浙、江东之民，多有代人诉状者，自今不许。

十一曰有罪充军安置。①

该榜文自一至十条都是禁约性质，即不得如何如何，只有最后第十一条才规定了“充军安置”的处罚措施。

第三种类型是既规定了禁约，又规定了对所禁止的行为如何处罚，比较典型的是告诫军功贵族的铁榜。为了防止公侯及其家人恃其有功，欺压良善，朱元璋于洪武五年六月制作铁榜申诫公侯。铁榜的内容是：

其一，凡内外各指挥、千户、百户、镇抚并总旗、小旗等，不得私受公侯金帛、衣服、钱物。受者杖一百，发海南充军；再犯处死。公侯与者，初犯、再犯免其罪，附过；三犯，准免死一次，奉命征讨。与者、受者不在此限。

其二，凡公侯等官非奉特旨，不得私役官军。违者，初犯、再犯免罪，附过。三犯，准免死一次。其官军敢有辄便听从者，杖一百，发海南充军。

其三，凡公侯之家强占官民山场、湖泊、茶园、芦荡及金银铜场铁冶者，初犯、再犯免罪，附过；三犯，准免死一次。

其四，凡内外各卫官军，非当出征之时，不得辄与公侯门首侍立听候。违者，杖百，发烟瘴之地充军。

其五，凡功臣之家管庄人等，不得倚势在乡欺殴人民。违者，刺面、劓

① 《明太祖实录》卷一百四十七。

鼻，家产籍没入官，妻、子徙至南宁。其余听使之人，各杖一百，及妻、子皆发南宁充军。

其六，凡功臣之家屯田佃户、管庄干办火者，奴仆及其亲属人等倚势凌民、侵夺田产财物者，并依倚势欺殴人民律处断。（后略）

这里，几乎每一条款都附有明确的刑罚处分，与法律条文的结构完全相同。

第四种类型是在相关法律后面列举对于已经犯罪进行处治的案例，通过处置严重犯罪的案件警戒后人再犯。在洪武永乐榜文中这类案例颇多，仅举一条为证。这条榜文的开端部分首先标明题旨："洪武二十三年三月初三日为诸司官吏弃毁簿害黄册等项及不立卷宗事"，然后列举官吏在行政过程中种种违法行为，在引用律文"弃毁官文书者死"后，申明："今后敢有簿书不清，卷宗不明，研穷至极，别无规避，止是怠于清理，以致前后错乱，字样差讹，理改以后可清者，杖一百，还役。若弃毁讹谬内府贴黄户口黄册，及弃毁钱粮刑名造作孳牧草料供给军需军饷军册者，斩，家迁化外。"这是此榜文的核心内容。为了落实这一榜文的要求，规定了公布方式："所在布政司都司备榜刊文如式，红牌青字，悬于公座之上，朝夕目擎，所在咸知，毋违是令。"后面附上了十五个案例：

一、南昌府刑房吏旧吴源、刘文德等，将火烧毁文卷及兵工二房，各处斩。

二、江宁县户房吏段必先、郑永孙、王会等，将本县积年文卷尽行烧毁，各处重刑。

三、太平府刑房吏陶胜等，放火将各房勘合文卷烧讫，凌迟处死。

（中略）

十五、海盐县民金杰、姜惟、蔡华等四十三名，隐匿本县备照黄册，惧追烧毁，俱各处斩。①

其意味很明显，不要以为朕是虚声恫吓，我是来真的，有实例为证。

---

① 《洪武永乐榜文》，参见杨一凡等编：《中国珍稀法律典籍续编》第三册，黑龙江出版社2002年版，第510～511页。

以上所列举,表明榜文禁例是一个性质复杂的复合体。有些榜例在形式上看起来属于分条列举的条例,但从内容上看也可以说是事例。因为事有大小之别,故制有繁简之分。对于功臣的训诫,虽然条举甚多,其实还是一事,就是不得居功自傲犯法。对于学校士子的训示也是如此。需要说明,这些系统性较强的榜例,毕竟是少数。多数榜文禁例是针对某一事,文字也简单到无须分条列举的地步。譬如以下一则榜例:

洪武二十五年九月十九日,为礼制事,榜文一款,内使剃一搭头。如有官民留一搭头者,阉割,全家发边远充军。剃头之人,不分老幼罪同。①

这可能是为了防止一般人在头型上与(在宫中服务的)内使混同。但是,对于如此轻微的行为,居然处以阉割之刑,并牵连家属充军,且株连到剃头之人,实在过分。反映了作为专制君主的朱元璋,往往心血来潮,小题大做,肆意重惩。

朱元璋当政期间,一方面制定并且反复修订《大明律》,另一方面又不依《大明律》而律外用刑,靠榜文治国,是有其特别想法的。他认为,虽然政权的稳定依赖法律秩序,但自己所处乱世,不能通过寻常之法达到国家治理的目标。因此他把精心制定的《大明律》留给其子孙后代,令其后世子孙依法办事,一字不可改易;而他则采用榜文治国,并且只作为在特殊形势下的特殊措施。故在洪武三十年五月将《大明律》颁行天下的同时,朱元璋宣布:"其递年一切榜文禁例,尽行革去。"②

令他想不到的是,在其死后,其明文废除了的榜文禁例又被其子朱棣(永乐皇帝)恢复。朱棣不仅恢复了朱元璋榜文禁例的法律效力,而且还变本加厉地颁布了一系列新的榜文禁例。略摘引几则:

为禁约事,永乐二年二月二十一日奉圣旨:朕自即位之初,首诏不急之务一切停罢,不得一毫妄用民力,期在休息,以臻太平。今后军民大小衙门非奉朝廷明文,敢有妄兴造作,擅用一军一民,及科敛财物者,处以极刑,家迁化外。

---

① 《洪武永乐榜文》,参见杨一凡等编:《中国珍稀法律典籍续编》第三册,黑龙江出版社2002年版,第510~511页。

② 《明太祖实录》卷二百五十三。

从内容上看，这个榜文重申永乐皇帝即位之初与民休息之意旨，禁止各个官僚衙门以及官吏，不经朝廷批准就妄自大兴土木，劳烦百姓，借机聚敛，盘剥军民，对于违反者居然要处以极刑，并将全家迁徙化外，这对于人民是件好事。以榜文的形式公开发布，不但是对于官吏的警告，也有动员群众监督之意。

还有一则：

为造言惑众事，洪武三十五年九月二十五日奉圣旨：如今有等奸诈小人，不思朝廷凡事自有公论，但不满所欲，便生异议，捏写匿名文书，贴在街巷墙壁，议论朝政，谤人长短，欺君罔上，煽惑人心。似这等文书，必有同商量写的人，也有知道的人。恁都察院便出榜张挂晓谕，但有知道有人曾写这等文书的，许他首告。问得是实，犯人全家处死；首告之人，官升三等，军民都与官职，赏银一百两，钞一千贯，仍给犯人财产。

这里的洪武三十五年，实际是在朱元璋身后，永乐皇帝即位，未来得及改元，而又不欲以其推翻的明惠文帝年号而形成的纪年。这一圣旨的宗旨是针对民间的匿名文书而发，鼓励知情者揭发犯罪，查实后给予揭发者重赏，而将匿名文书的制作者全家处死，财产没收，赏给揭发者。目的明确，就是不准人们议论朝政，特别是矛头向上，欺君罔上，煽惑人心。虽然其与当时的政局有着密切联系，即担心拥护惠文帝的势力起来反对自己篡夺政权的行为；但也不难看出其不惜以残酷的刑罚手段对付政治反对派的用心。

综括起来，洪武永乐年间的榜文禁例具有以下特点：

第一，任性随意，所发榜文不少是统治者别出心裁的结果。例如，朱元璋在洪武二十六年八月发布的榜文，据称是五城兵马司拏送到颜锁住等三十八名犯人，其罪状是违反了朝廷规定的靴鞋样式，“改做半截靴短靿靴，裹儿与靴靿一般长，安上抹口，俱各穿着，或卖与人”。由于此前“朝廷命礼部出榜晓榆，军民商贾技艺官下家人火者并不许穿靴，只许穿皮札?。违者处以极刑。”这些人被抓后，案件报到朱元璋那里，于洪武二十六年八月初三钦奉圣旨：“这等乱法度，都押去本家门首枭令了，全家迁入云南。”①虽然

① 《洪武永乐榜文》，参见杨一凡等编：《中国珍稀法律典籍续编》第三册，黑龙江出版社2002年版，第512页。

说在当时穿衣戴帽属于礼制不容僭越,但是毕竟属于日常生活中的细枝末节,无论如何,不应处以极刑。如此任意妄为,完全是轻罪重罚的表现。

永乐皇帝朱棣在定罪量刑方面也往往喜怒无常借题发挥。有官员上奏:“今后人民倡优装扮杂剧,除依律神仙道扮、义夫节妇、孝子顺孙、劝人为善及欢乐太平者不禁外,但有亵渎帝王圣贤之词曲、驾头杂剧,非律所该载者,敢有收藏传诵印卖,一时拿赴法司究治。”于永乐九年七月初一日报告朱棣,奉圣旨:“但这等词曲,出榜后,限他五日都要干净将赴官烧毁了。敢有收藏的,全家杀了。”①在帝制时代,对于民间扮演杂剧中亵渎帝王圣贤的行为,固然需要加以一定限制。其剧本的作者、出版者、贩卖者、收藏者,即使依照当时法律应当治罪,但也不能对于“敢有收藏的”就“全家杀了”吧。

第二,直言其事,不加文饰。这是朱氏父子榜文的另一特色。由于他们具有超越法律的权威,言出法随,除非得到授权,臣下只能原文照录,而不敢更改修饰,这就形成了口语满篇、语言直白的特点。其用意是要便于人们了解知道其意旨,但口语直接转化为文字,不仅啰嗦,也会词不达意,以至增加了人们理解的困难。为了加深读者对于上述榜文特点的了解,这里引据两件明代留存的文物,它们分别保存于山西应县与甘肃灵台县博物馆,是永乐年间关于贯彻钞法的榜文,其文本如下:

山西等处提刑按察司,近奉都察院为钞〔法〕事:永乐二十年九月十五日早,本院左都御史刘观同户部等衙门官,于奉天门〔钦〕奉圣旨:洪武年间,钞法流通不分新旧昏软,一般使〔用〕,军民买卖十分便当。如今街市上做买卖的,有等泼〔皮〕无〔籍〕之徒,不肯接钞,及有接钞的,〔只〕要新钞,将那昏软旧钞,〔拒〕不〔肯使〕用,故行阻滞钞法,好生无理。〔恁〕都察院便出榜去晓谕多人〔知〕道,那新旧昏软钞贯,务要一般行使,不许阻滞。敢有〔拿到那昏〕软不行使用的,许诸所在官司拿问。那正犯人〔就地处〕死,户下追钞,全家发边远〔充〕军。其中若有因行钞法,辄将〔铺〕面关闭,不做买卖,及有等泼〔皮〕无籍之徒,倚恃钞法,于〔各街市〕铺面并客商处强买强

① (明)曹栋:《南京刑部志》卷三《揭榜示以昭大法》。转引自杨一凡:《明代榜例考》,载《上海师范大学学报(哲学社会科学版)》2008年第5期。

贷的，拿住都一般治罪不饶。钦遵外，今将圣旨事意备云，〔谨右〕仰钦遵施行。①

这个文告通俗直白，似乎没有翻译就能理解。但是，如果将我们以括号形式补上的文字删除，对于口语中的含糊混杂不清之处不加解释，恐怕一般百姓未必完全理解。

第三，刑罚严厉。例如，洪武三十年二月十三日发布保护官船的榜文："奉圣旨：如今军卫多有将官用战船私下卖了，工部出榜去各处张挂。但有卖官船的，凌迟处死，家迁一万里。私买者同罪。"②笔者按：动辄把犯人凌迟处死，完全是草菅人命！

朱棣发布的榜文也显示了与乃父同样的特点：任性残忍。例如，永乐元年二月二十八日奉圣旨：

刑部出榜申明：但有被劫之家，左右前后邻人，东西各十家，南北各十家，都要出来救护捉拿。若是拿住贼人，不问几名，赏银五十两，缎子四表里，钞二千贯，仍给犯人家产均分。敢有坐视不相救护，将这四十家都拿到官，要他均陪被劫人家财物了，着一百斤大枷枷着，直等拿住强盗，方才放他。③

笔者按：责成居民集体防卫强盗抢劫，对于维护社会秩序或许是个好办法。但是，对坐视不救的邻居要用一百斤重枷示众，这是什么法制？——即使是虚声恫吓也足见其残忍。

总之，明初的榜文禁例是超越法律的君权体现，是朱氏父子个人意志的任性产物，其突出特征是蔑视法制。在重典刑乱的思想指导下，朱元璋采用非常规的手段打击政敌，用残忍的刑罚方式惩治犯罪，已经到了匪夷所思的地步。株连之广，残忍之至，前所未有。族诛、抄家、剥皮，可谓无所不用其极。朱棣也是如此，以株连十族杀掉反对其篡权的大臣，创造了历史记录。

---

① 转引自孙杰：《灵台博物馆馆藏"为钞法事"榜与明朝榜文制度》，载《史料研究》2014 年第 3 期。

② 以上均见（明）曹栋：《南京刑部志》卷三《揭榜示以昭大法》。转引自杨一凡：《明代榜例考》，载《上海师范大学学报（哲学社会科学版）》2008 年第 5 期。

③ （明）曹栋：《南京刑部志》卷三《揭榜示以昭大法》，美国国会图书馆藏明嘉靖刻本。转引自杨一凡：《明代榜例考》，载《上海师范大学学报（哲学社会科学版）》2008 年第 5 期。

当然,从另一方面看,某些榜文禁例也起到了维持社会秩序的作用。例如,《教民榜文》提倡在广大农村建立以年高德重的老人(耆民)为骨干的民间自治基层组织,以民间调解为手段解决利益冲突而避免诉讼。这对于大乱之后社会经济的恢复、社会秩序的重建,还是具有一定的积极作用。

(二)官僚体制与榜例的变化

明代的榜例有广狭两义。狭义地说,榜例是榜文中的案例或者判例。以洪武永乐榜文为代表的榜文,其中案例颇多。上文中那个附有十五个案例的榜文最为典型。其中被处以重刑者则不下百人,而且大都是法外重刑。广义的榜例则泛指一切张榜公布的定例,包括那些明文规定要"出榜晓谕""出榜禁约""揭榜""张榜""榜示""榜谕"的各种事例。这中间有的规定了对于某种犯罪的刑罚,也有的没有刑罚的规定,甚至相反,内容是免除对某些行为的惩处。

宣德皇帝之后,广义的榜例逐步增多。如在军政方面,行在兵部进勾军条例,其中之一是:"新勾军士依宣德元年四月榜例,限以半月收帮月粮,两月葺理居室,俟其安定,方许役之。"①其中提及的榜例就是一项有关做好征兵军士家属安置事宜的规定。

也有以宥免刑罚为内容的榜例。例如,"行在兵部奏,密云后卫百户张政、忠义左卫百户张旺,先避事逃。今援榜例自首。稽其逃已久,请罪之,以示惩。上曰既许自首,而又罪之,令不一矣。复其职"。② 文中所援引的榜例应该是一个关于自首免罪的文件。

甚至还有关于保护人民财产权利的榜例。如兼掌行在户部事兵部尚书张本言:"天下人民国初俱入版籍,给以户帖,父子相承,徭税以定。……仍依先行榜例,如每丁种有成熟田地五十亩之上,已告在官者,准令寄籍。"③这个榜例就是维护开荒农民既定权益的。可见榜例的性质与前的不尽一致。

这一变化与最高统治者的个人素质有关。

榜文禁例兴盛于洪武与永乐两代,是由于此时的当政者,朱元璋也好,

---

① 《明宣宗实录》卷五十七。

② 《明宣宗实录》卷一百五十。

③ 《明宣宗实录》卷六十九。

朱棣也好,都阅历丰富。他们自我感觉良好,认为自己不仅有能力统治天下,而且有资格做人民的思想教父。洪武永乐之后,从宣德皇帝开始,明朝进入了一个少年天子与短命皇帝轮换当政的时代:英宗朱祁镇(1427~1464年)即位时九岁,宪宗朱见深(1447~1487年)十八岁即位,孝宗朱佑樘(1470~1505年)十八岁即位,武宗朱厚(1491~1521年)十五岁即位,世宗朱厚熜(1507~1566年)十五岁即位,神宗朱翊钧(1563~1620年)十岁即位。即使他们之中有人可能早熟一些,以及宫中教育使之具有比常人更丰富的知识,但是与历经人世沧桑的朱元璋与朱棣之间的差距是无法抹杀的。他们生长在深宫,缺乏历练,不懂人情世故,不黯统治权术。[①] 自然,创制教谕性榜文的热情与能力都大不如前。故这一时期,榜例大多是对既往榜文的重申,或者引用过去的榜例作为处罚的依据。由皇帝以思想教父的身份对于臣民发布的教谕类榜文制作几乎绝迹。由此,榜例进入了官僚体制主导的时期。

我们知道,官僚体制以条条本本为据,以按部就班、照章办事为原则,由此榜例开始了制度化规范化的进程。其表现是:

第一,榜例的发起往往来自于官僚的建言而不是皇帝的心血来潮。

如宣德元年春正月甲子,严京城捕盗之禁……(蹇)义等议:凡为强盗者,许诸人及四邻擒捕。如无力擒捕者,许指实赴官陈告。捕鞫是实,犯人依律处死;原捕及首者,各赏钞一千贯,仍给犯人财产;为首者,官旗军校升一级;民及工匠人等优免差役一年。如同为强盗,其中有能自首及擒获者,免罪,亦给赏,仍给犯人财产。其四邻藏匿之家,知情容隐不首者罪同。上从其议,命揭榜以示中外。[②]

宣德二年六月丙寅,巡按浙江监察御史吴讷言……乞敕法司揭榜禁约:今后凡逃军、囚吏,除本身及其家被人杀害侵夺者,方许指实陈诉,余皆不许,诸司亦不得擅与受理。若果有冤抑,须自下而上陈诉。有越次者,准洪

---

① 在朱元璋的《祖训条章》中曾经说过:"盖创业之君,起自侧微,备历世故艰难,周知人情善恶。恐后世守成之君,生长深宫,未谙世故。"认为自己的人生阅历已经丰富到了没有什么人什么事是他看不透的,而他的后代子孙却不具备这种经历。

② 《明宣宗实录》卷一十三。

武中例,发回应理衙门问断……上命法司从其言。①

宣德三年闰四月丙申,行在都察院左都御史刘观奏:抽分场材木等料抽分,悉有定例。比来内外官员军民不循礼法,恃其豪横,凡物料当抽分者,或私隐匿,或妄称奏免。请悉禁止,违者罪之。场局官吏受贿纵容者,罪同。上从观言,命揭榜晓示。②

第二,只有个别榜例直接由皇帝批准生效,绝大多数经由官僚机构审议,代表了官僚体制的集体意志。

如弘治五年(1492 年)十月丙辰,“户部会议,各处巡抚都御史所陈事宜……乞行广东布政司出给榜文,于怀远驿张挂,使各夷依限来贡。如番舶抵岸,先赴布政司比对勘合字号相同,贡期不违,然后盘验起送。庶沿海人民不得常与外夷交通,以致起衅招寇。”议上,俱从之。③

“弘治十七年二月辛丑,礼部覆奏:礼科给事中葛嵩所言禁奢僭事,谓官民房舍、车服、器物之类,多不循理,虽累经禁革而循习如故,请如嵩所奏裁之以制。命礼部查节次榜例,通行申明禁约。”④

官僚体制以按部就班、照章办事为原则。讨论的情况固然具有官僚体制的弊病,如刑科给事中胡金所说的拖延缓慢与漫不经心:“中间或有敕多官会议者。然章下该部,必缓至数旬,积至数章,累至数事。……或云此见行条例,或云此泛言难准。甚至以人微而弃其言,以势重而附其说,谓之会议。”但是,也如该章奏“下礼部”后,礼部覆议所言的那样:“会议旧有成规。有半年一议者,有半月一议者,亦有五日内即议者。大要酌事势缓急而为次第。也有会一二衙门议者,有会部院省寺大臣并掌科给事中议者,有兼会公侯伯都督并翰林院詹事府国子监十三道御史议者,亦因事势轻重,而欲各伸所见也。”认为通过讨论可以拓展思维的空间,集中众人的智慧,这就使得榜例可以摆脱任性与随意,将个别官员以致君主的个人意见,变成官僚体制的集体意志,保障了作为法律的国家意志的连续性与统一性。

---

① 《明宣宗实录》卷二十八。
② 《明宣宗实录》卷四十二。
③ 《明孝宗实录》卷六十八。
④ 《明孝宗实录》卷二百八十。

第三，刑罚强度大大减轻。

榜例源于明初的榜文禁例，大多附有刑事案例而且刑罚奇酷。此即永乐皇帝曾经提到的榜例死罪①。《明宣宗实录》中也曾多次提到榜例重罪。不过，不同于乃祖的是，实录记载的都是他对于榜例重罪从宽宥免的行动。如《明宣宗实录》卷三十二记载“犯榜例重罪者俱宥死，并徒流笞杖罪悉如例输作，凡工匠死罪锁镣终身输作，徒流笞杖罪论年限输作。是日决遣八百余人。”又《明宣宗实录》卷三十九记载，“上阅行在三法司所上系囚罪状，谕之曰：凡人命及情罪重者如律。——及犯榜例死罪宥死，并徒流以下论轻重如例罚输作。凡工匠流徒罪以下各论年限输作。是日决遣四百余人”。

明英宗时期也有类似的个案。《明英宗实录》卷一百七十九记载：巡抚浙江等处大理寺右少卿张骥等，械送谕降反贼伪大王陈鉴胡等六十余人至京。法司奏鉴胡尝僭王号，而榜例首恶凶犯不赦，请并其党俱寘诸法。上命俱宥死，系锦衣卫狱，有司给粮，送其家口亲属宁家。

除了皇帝个性与品质外，官僚体制的广泛参与无疑也对刑罚残暴的抑制起了一定作用。例如，成化四年二月获市井赌博者四十余人，命枷项示众，仍榜禁之。有不胜苦致死者。刑科左给事中毛弘等奏：窃见近犯赌博枷项者几百人，然其中情犯亦有轻重。恐愚昧小民不知榜例一时误犯，致罪深可矜悯。乞敕法司并锦衣卫官番勘分为三等。于是将枷号三月改为一月。并且同意以后再有类似罪犯，如毛弘建议，区分轻重论罪。②

第四，榜例不再是直抒胸臆口语满篇，语言更加规范化。

广义的榜例是一种特殊的事例，即以版榜公布作为其特定形式的事例。当出自皇帝的个人意志时，他的每一句话都是神圣的天宪，丝毫不容改动。出自官僚体制之后，格式必须合乎既定规范，文字也要讲究措辞达意。

所有这些都使榜例缩小了与一般事例的差距。如上一章所述，事例的大部分都是经过臣下的建言，朝廷大臣的合议，皇帝的批准而形成的。如果其内容涉及有必要面向公众宣布，附以“出榜禁约”或者“张榜晓谕”的条

---

① 《明太宗实录》卷一百四十。

② 《明宪宗实录》卷五十一。

件,它同时也就是广义的榜例。事例与榜例的区别仅在于榜示与否,这就为两者的合流奠定了基础。

(三)榜例的特色及其式微

榜例作为一种别具特色的事例,最大优点是其公开性。

将皇帝或者朝廷的敕令张榜公布在历史上早已出现。在宋代,皇帝将敕令张挂在木板之上进行公布,称为敕榜或者榜敕,“赐酺及戒励百官、晓谕军民,则用之”。[①] 可算是明代榜例的前身。比较一下,榜敕与榜例的命义在一定意义上可谓天壤之别。“榜敕”的名称彰显了其出自皇帝敕令的高贵品格;而榜例则显然不那么在乎这一点。仅从榜例字面上看,似乎看不到它来自最高统治者的华贵外衣。明代人这样做,或许只因为榜例是榜文禁例的简称。但由此而使榜例归属于“例”的行列,这一降尊纡贵的做法,却成全了它为律例法体系开路的历史地位。

明初榜文虽然不是前无古人的创举,但是其广泛使用的频度却远远超越前代,发布的方式也花样翻新。公布榜文的载体质料有铁、石碑、木板、纸张,极其多样化。公布与悬挂的方式也不同:有的长川悬挂,保持永久;有的普遍悬挂,不分城镇乡村;有的限定张榜于京城或两京(北京与南京)。比较特殊的榜文禁例,有针对性地选择特定人群集聚的地方发布,或者张挂于仓场码头,或者张挂于官衙粉壁。为了特别郑重,有的以铁铸成,号称铁榜,以告诫军功贵族;有的以石镌刻,号曰卧碑,以训示国子监生。对于居民普遍的约束则张挂于大街通衢。还有特别的措施:“洪武、永乐、正统年间节次颁降榜文”时,“起盖榜房,置立板榜,常川张挂,使各处官吏军民人等,知所禁惧”。[②]

我们知道,明代以前形形色色的例,往往成为胥吏舞文弄法、营私舞弊、愚弄长官、坑害百姓的工具,原因主要在于其属于官府内部掌握,多数具有不公开的性质。除了官府中经管文件的胥吏,不要说普通百姓,即使是权力很大的官僚也未必掌握与通晓。所以,胥吏舞文弄法,其上级也只能任其上下其手而无法质疑反对,普通百姓更是束手无策了。

---

① 《宋史》卷一百六十一《职官志》。

② 《各处修理榜房及誊写洪武以来榜文张挂》,载《皇明条法事类纂》卷四十四。

榜例则不同，直接面向人民群众，用老百姓懂得的白话文，以版榜的形式公开地张挂于各种公共场所，让每个人看到，读了就懂得。胥吏想利用手中掌握的例再上下其手就不那么容易了。

总之，榜文禁例的优点是公开宣布，显示了统治者取信于民的意图，这一优点是其超越一般事例之处。如果拿榜例与事例比较，榜例无疑占有优势。就其影响而言，可以说榜例提高了例的品质，刷新了例的形象。

不过，对于榜例的效能问题也要分析地看。榜例往往以皇帝圣旨的形式颁行，这强化了榜例的权威性，但也使它具有了凌驾于法律之上的地位。为了维护最高统治者"言出法随"的权威，即使明显背离法律，也要兑现，这固然会收到取信于民的效果，但是有时也会出现负效用。

在下面的案件中，就显示了榜例的负面效果。

时有盗入贡夷人马者捕获，上命依榜例处决。户部尚书李敏言："盗马之人律止徒罪。"上曰："朝廷法令布于象魏，所以示大信于天下。盗夷马者寘之极刑，已有成宪。今群盗故犯处死何疑？"①

上面这个案例是有人盗窃了外国来进贡者的马匹。被抓获后，皇帝命令依据公布的榜例处决。有大臣提出反对意见，指出律有明文，盗马之罪最重也只是徒刑。皇帝怎么说的呢？他说，"朝廷法令布于象魏，所以示大信于天下。盗夷马者寘之极刑，已有成宪。今群盗故犯处死何疑？"这就引出了一个什么是"成宪"的问题。按理说，《大明律》是基本法典，才是所谓"成宪"；皇帝却认为，他颁布的榜例才是"成宪"。不按照做，就会失信于天下。这明显是认为自己的个人权威具有超越国家法律的地位。

上述案例不是偶然的。明代史籍中不乏彰显榜例威力的记述。如说"凡问私役军人者，俱照榜例重罪，以故人不敢犯。"②意思是处理私役军人这样的犯罪，由于是按照榜例处罚，所以才无人敢犯。这显示了榜例的威慑力。但反过来看，也表明了原来法律的失效，反映了榜例与国家的基本法律冲突会对法制统一造成伤害。

在实施榜例时如何处理它与国家常法和其他基本法律的关系，是关系

---

① 《明孝宗实录》卷二十。

② 《明英宗实录》卷二百二十三。

到能否维护国家法制统一和榜例实施效果的重要问题。如果榜例针对的是国家一时发生的紧急情势,或者某个地方出现的特别情况,或者基本法律没有规定的特殊问题,上述做法或许无可厚非。但在相反的情况下,榜例的效力如何,就不是一个简单判断的问题。所以,在榜例的适用方面,明代后来形成了如下的规定:"凡有殊旨、别敕、诏例、榜例,非经请议著为令甲者,不得引比。"①这就是说,榜例只适用于发布时所针对的特定对象和特定事件,如果在其他案件的司法审判活动中援引适用,必须经过一个特别的"请议"程序。这样才能既发挥榜例在应对紧急事态方面的作用,又避免对国家法制的统一造成大的影响。

当然,在人治而不是法治的形态下,其是否能够贯彻,取决于最高统治者的态度。明初,朱元璋当政,"事取上裁"。明成祖朱棣仍沿用朱元璋的做法。显然没有严格实行这一规定的条件。当然,也有个别的例子。史载:都察院论诓骗罪,准洪武榜例枭首以徇。(虞)谦奏:"比奉诏准律断罪,诓骗当杖流,枭首非诏书意。"帝从之。② 说的就是永乐皇帝事,可见皇帝偶尔也会做出从善如流的姿态。只有到明代中期以后,榜例被纳入官僚体制,开始改为以六部都察院为发布主体与实施机构,其实施才受到官僚体制的制约,使上述规定成为一个具有普遍约束性的制度。

从历史趋势看,明代的榜例,自明初的兴盛一时,经过中期的官僚体制化,到明代后期,逐渐式微。如果说事例在明初为人所不待见有榜例的影响,那么到了明代后期则反了过来。随着事例的兴盛,榜例则走向了衰亡。下面的统计表就显示了这一趋势。

从表2-1的数字看,如果将出榜禁约、出榜晓谕、榜示等字样都算上,以最后一行的合计平均值为标志,从明宣宗开始,榜例出现了由高峰逐步下降的趋势。自宣宗时期的年均7.8件,经过英宗(4.5件)、宪宗(2.9件)、孝宗(2.6件)、武宗(1.7件),逐年下降,至明世宗年均仅有1.3件,而到了明神宗时稍有反弹也不过恢复到了武宗时的年均1.7件而已。

---

① 《明史》卷七十二。

② 《明史》卷一百五十《虞谦列传》。

表 2－1 明实录之出榜晓谕、出榜禁约、揭榜统计

项目类别	明太祖	明太宗	明宣宗	明英宗	明宪宗	明孝宗	明武宗	明世宗	明穆宗	明神宗	明熹宗
在位/年	31	22	10	22	23	18	16	45	7	48	7
实录总卷数/件	257	274	115	361	293	224	197	566	70	596	87
榜例/件	0	2	12	13	10	4	2	1	1	0	—
出榜晓谕/件	0	1	2	9	2	9	8	12	0	4	2
出榜禁约/件	0	1	6	23	11	10	4	9	0	1	0
榜示/件	12	7	16	18	14	18	12	27	2	63	3
揭榜/件	5	2	42	35	29	5	1	8	2	14	5
合计/件	17	13	78	98	66	46	27	57	5	82	10
合计年平均/件	0.5	0.6	7.8	4.5	2.9	2.6	1.7	1.3	0.7	1.7	1.4

榜例的由兴盛一时而逐渐走向衰落是有深刻原因的。

第一，作为法令公布的形式，榜例不仅不属于不可替代的品种，而且与其他公布法令的形式相比也不具有优越性。

在中国古代法律史研究中，有一种成见，即认为统治者倾向于保持法律的秘密性，这是误解。实际上，法律保持秘密并不总是利于统治者。相反，法律的公开才对统治者有利。就此而言，法律的秘密性实际上是公开方式缺乏条件而自然形成的状态。随着纸张的发明与书写工具质量的改进，特别是随着印刷术的发明与进步，法律的秘密性自然会消失。明代在这方面相当明显地表明了这一点。明初朱元璋不仅让人编写《律令直解》，而且在《大明律》中明文规定讲读律令的制度。他编纂的榜文禁例合集《大诰》，也大量印制广为散发，达到“户有一本”的程度。印刷术的普及，使得法律汇编不仅有中央印制的文本，而且有地方官府印制的文本（如《皇明制书》就以镇江府丹徒县嘉靖刻本留存于现在）。还有民间书铺也是传播法律图书的一种力量。在此形势下，以皇帝名义张挂的榜文以及后来的榜例已经成为相形见绌的一种形式。由于榜例公布的地点有限，悬挂的时间难以持久，字迹未必清楚，所以人们触犯榜例，往往以“不知有例”或者“不知有禁”为自己辩解。有人当时就指出“榜示京师,外地不知;及到京师,方知有例”①,不能做到“通行晓谕”,反倒成了榜例的缺陷。

第二,榜例在某些方面有违官僚体制的运作规则。官僚体制是科层制,中央的指令一级传一级,而不是一竿子插到底。社会上好多事情,政府三令五申,人们却视若无睹,置若罔闻。以致榜文累下,犯者如故。言之谆谆,听者藐邈。在以榜文的形式出现时,朝廷的权威不免受到损害。“视圣旨榜文为虚文,沉匿而不张挂,以奏准事例为常事,高阁而不奉行”。② 本来的天高皇帝远,由空间距离形成的神秘感,有助于普天下大众保持对于皇帝的幻想。而以皇帝的名义发布的煌煌榜文,反而暴露了皇帝的真实面目。这就得不偿失了。所以,榜文后来被地方官府的告示所代替。

其实,官府的告示也早就产生。在宋代,很多做过官的文人文集中就收有自己做官的告示。由于中国地域辽阔,各地自然环境人文条件不同,风俗各异。地方官会面临特殊的情势,需要适用本地特点采取不同的施政方针。发布告示,就是将自己的施政方针以及为官抱负公之于众。有些名人,做官为人受到后人敬仰,其告示也被后人效仿。由于自古以来中国就是中央集权国家,地方官施政必须与中央政府保持一致,更进一步说,地方官的职责就是贯彻执行中央的政令,所以其告示的内容不能与法律相悖。文字风格虽然有所不同,语言文字也要符合规范,保持一定水准。明代中期,这一问题的技术方面已经得到解决。我们现在能够看到当时告示的一个范本,就是《临民宝镜》,编著者苏茂相,万历二十年进士,曾任刑部尚书,在任不到半岁而罢。《临民宝镜》载《大明律例》及其注释,每条后附有相关的审、断、判、议以及告示的文本。其所拟的告示,一方面保证了告示符合律条规定的精神;另一方面又在形式上具备了典雅通顺流畅的风格。文字规范,内容适用。其中不仅有“谕民各安生理”“禁奢侈以正风俗”的谆谆教诲,也有禁“脱漏户口”、禁“欺隐国税”的约束。“收养孤老示”“禁海边遗棺暴露示”显示了政府对于人民的体恤;“私宰耕牛”“均平市价”体现了政府对生产的关心。“禁止左道惑

① 《皇明条法事类纂》卷三十九,刑部类,“军民奏告词讼通政使司并该科看出革前不干己事及添捏虚情不该奏告者就于本后明白参出抄送到道详审立案不行例”条。

② 《皇明条法事类纂》卷五十,工部类,“作践城垣街道枷号例”条。

众示”“禁妇女寺观烧香示”“盘诘奸细示”“革盗贼窝主示”“通行钱法示”“清理军伍示”“禁私出外及违禁下海榜”等原来就是朝廷榜例的内容；“都察院题准戒谕考察黜退官员不许潜留京师示”，则以官府之名义，借助国家强制力，维护统治权威与社会秩序。它与以皇帝名义颁布的榜例一样，传达着朝廷的意图，起着异曲同工的作用。即使仍然会言之谆谆，听之藐藐，却无关君主尊严。这是它比榜例具有的优势。

值得注意的是榜例的衰微与事例的兴盛是互为映照的，其间不无因果关系。表 2－2 为明实录中关于事例的检索数据。

表 2－2　明实录中事例统计（数据库检索）

庙号	太祖	太宗	宣宗	英宗	宪宗	孝宗	武宗	世宗	穆宗	神宗	熹宗
在位/年	31	22	10	22	23	18	16	45	7	48	7
总数/件	5	9	40	106	183	164	86	371	68	515	122
年均/件	0. 2	0. 4	4	5	8	9	4. 5	8. 2	7. 5	10. 7	17

数据显示，从宣宗开始，事例在实录中出现的频度大体逐年增加，至宪宗趋于稳定，到神宗达到峰值。与前面榜例在明实录中的相应数据恰恰形成了此消彼长的态势。

三、事例与条例的修订

“条例”的含义是分条列举的例，由抽象化程度较高的若干条文组成。有的条例是通过立法程序一下子制定出来的。有的条例则不是这样，是在某一方面的事例有了一定积累之后，在其基础上才形成了条例。就是说，条例是事例升华的结果，而事例则是条例制定或者修订的基础。实践表明，事例的适用并不十分方便，特别是长期积累的日渐增多的事例，前后矛盾，不便适用，也有进行整理上升至条例的必要。条例修订后，在一定期间保持稳定，属于“常法”。条例使随时产生而累积起来的事例得以升华。

在明代，《问刑条例》《军政条例》《宗藩条例》的编订，分别代表了事例提升为条例的三种典型方式。

（一）事例与《问刑条例》的修订

明初朱元璋曾经以不得变乱成法的祖训，希望其反复修订的《大明律》能够与大明江山一样不可改易。如果他看到律例合编在一起的《大明律附例》，不知道会做何感想？《大明律》律文一字也没有修改，而其所有定罪量刑的规定却面目全非。或许，他不会为其子孙违背祖训而生气，反而为他们的灵活变通而高兴。

《大明律附例》是《大明律》与《问刑条例》结合的产物。它的出现意味着律例法体系的产生，它不仅适用于明代后期，而且影响到清代法制，是帝制时代最后一段时期法制的代表。自秦汉以来，律一直是历代王朝的基本法典，到了明代演变为前所未有的律例合编之新形态，是当年那些将例看作是法的对立物的人们无法想象的，由此不难看出《问刑条例》的重要性。

《问刑条例》的编订是明代律例关系思想发展的产物，也是刑事领域中的事例不断积累的结果。至今，在《大明律附例》中，在律文后附的条例里，还留有当年事例的痕迹(见表3－1)。

表3－1 《明律集解附例》中的事例

序号	事例名目	附例条文摘录	明律卷次及律目
1	拨置事例	各处郡王并将军中尉除机密重情……其余凡有奏请，务令长史司启王查勘参详，应该具奏，然后给批差人赍奏。违者该衙门将赍奏人员拿送法司，照依拨置事例问发边卫充军	《大明律》集解附例卷之一名例应议者犯罪
2	见任军职立功等项事例	纳粟军职有犯，若原系总小旗千百户指挥等官，遇例纳粟补官者，俱照见任军职立功等项事例施行。若由白衣纳粟授职者止照常例运炭纳米等项发落	《大明律》集解附例卷之一名例军官军人犯罪免徒流
3	凶徒执持凶器伤人事例	凡自首强盗，除杀死人命奸人妻女烧人房屋罪犯深重不准外，其余虽曾伤人，随即不复不死者，亦姑自首，照凶徒执持凶器伤人事例问拟边卫充军	《大明律》集解附例卷之一名例犯罪自首
4	夤缘奔竞事例	承差之人希望实授者，照夤缘奔竞事例降调带俸差操	《大明律》集解附例卷之二吏律选用军职
5	行止有亏事例	京官假托雇役名色受财卖放办事吏典者，官以赃论，吏原籍为民。……若旧吏索要顶头钱，事发问罪，不分得财多寡，俱照行止有亏事例革役为民	《大明律》集解附例卷之二
6	行止有亏事例	监生不分在监在历及各衙门办事官吏承差，不许倩人代替。违者俱问罪照行止有亏事例问革为民。其代替者别有职役一体问革	《大明律》集解附例卷之二

续表

序号	事例名目	附例条文摘录	明律卷次及律目
7	行止有亏事例	此条官员有犯者照行止有亏事例革职为民	《大明律》集解附例卷之六
8	不纳秋粮事例 罢软事例	各处劫豪大户，敢有不行运赴官仓逼军私兑者，比照不纳秋粮事例问拟充军。如掌印管粮官不即申达区处，纵容迟悮……三百石以上者比照罢软事例罢黜	《大明律》集解附例卷之七户律收粮违限
9	不谨事例	各处司府州县，每岁将解钱粮起数……若应解钱粮不即起解，因而别项那用，一千两以上者亦降一级，五千两以上者照不谨事例罢黜	《大明律》集解附例卷之七户律揽纳税粮
10	打搅仓场事例	在京刁徒光棍访知铺行，但与解户交关价银，輙便邀集党类数十为群，入门噪闹，指为揽纳，捉要送官……如有犯者听经该及缉事衙门拿送法司，查照打搅仓场事例发遣	《大明律》集解附例卷之七户律揽纳税粮
11	漕司事例	漕运米漂流万石以上……各该巡抚亦有漕司之责。系本境内漂失数多者，照漕司事例一体参究。出境不必概及	《大明律》集解附例卷之七户律转解官物
12	无籍之徒把持诈害事例	凡两淮等处运司中盐商人，必须纳过银两纸价方给引目守支。若先年不曾上纳，故挽守支年久等项捏词奏扰者，依律问罪。仍照各处盐场无籍之徒把持诈害事例发遣	《大明律》集解附例卷之八户律盐法
13	行止有亏事例	中盐官吏照行止有亏事例具奏定夺	《大明律》集解附例卷之八户律盐法
14	卖放正军事例	在京在外各都司卫所勾到新军官吏旗甲……如有指称使用等项名色勒要财物逼索在逃者，不问指挥千百户镇抚，俱照卖放正军事例，计一年之内所逃人数多寡降级充军拟断	《大明律》集解附例卷之十四兵律军人替役
15	卖放正军事例	中都山东河南各都司卫所掌印官，将原额京操班军实在正身照名查点督发赴班。……中间或有受财卖放者，以卖放正军事例从重论	《大明律》集解附例卷之十四兵律不操练军士

续表

序号	事例名目	附例条文摘录	明律卷次及律目
16	私役军人事例	五军围子手并皇城内外守卫军士及红盔将军,下班之日,其本管官员及守门内官把总指挥等官不许擅拨与人做工等项役使,违者参问。虽不系自己占用,亦照私役军人事例发落	《大明律》集解附例卷之十四兵律纵放军人歇役
17	十三年事例	为营官占军太多申明律例成宪以守画一事。……奉圣旨:是。李镗占役营军包纳月钱数多,该部查照十三年事例从重拟罪,毋得轻纵,以启效尤。钦此	《大明律》集解附例卷之十四兵律纵放军人歇役
18	送操事例	轮操军逃在京城内外潜住者,俱照奉宪宗皇帝钦定初犯打七十、再犯打一百,送操事例发落。官旗无力纳钞者,就在原问衙门单衣决打。若逃回原籍原卫者,以越关论	《大明律》集解附例卷之十四兵律从征守御官军逃
19	土俗事例	凡土官衙门人等,除叛逆机密并地方重事许差本等头目赴京奏告外,其余户婚田土等项,俱先申合干上司听与分理。……其妄捏叛逆重情,全诬十人以上,并教唆受雇替人妄告,与盗空纸用印奏诉者,递发该管衙门照依土俗事例发落	《大明律》集解附例卷之二十二刑律越诉
20	行止有亏事例	云贵两广四川湖广等处流官,擅自科敛土官财物,佥取兵夫征价入己,强将货物发卖,多取价利,各赃至满贯,犯该徒三年以上者,问发附近卫所充军。若买卖不曾用强,及赃数未满者,照行止有亏事例问革	《大明律》集解附例卷之二十三刑律在官求索借贷人财物
21	朝审暨五年热审事例	题为钦恤事。该本部查节年霜降朝审暨五年热审事例矜疑两项之外,开有词人犯再行问理。本部每年热审,查无有词,既经恤审相同,亦应比例量准再开有词勘问	《大明律》集解附例卷之二十八刑律辨明冤枉
22	诓骗情重事例	新题例 万历十八年三月题奉钦依,凡遇告讼人命……其件作受财,增减伤痕,符同尸状,以成冤狱,审出真情,赃至满贯者,查照诓骗情重事例枷号问遣	《大明律》集解附例卷之二十八刑律检验尸伤不以实

续表

序号	事例名目	附例条文摘录	明律卷次及律目
23	侵欺仓库钱粮事例	各处巡按御史都布按三司分巡分守官,查盘军器,若有侵欺物料那前补后虚数开报者,不论官旗军人俱以监守自盗论,赃重者照侵欺仓库钱粮事例拟断	《大明律》集解附例卷之二十九工律冒破物料

众所周知,在刑事方面,明代以明律作为基本法典。为了维持法律的稳定,朱元璋在反复修订明律之后,不准后世子孙再对之进行任何修改。但是他没有看到,即使经过他殚精竭虑地反复修改,律文中仍然存在大量需要填补的空白。举例说,明律规定,国家钱粮的缴纳过程中,禁止中间环节的代理行为,这就是对于揽纳户要加以治罪的规定:"凡揽纳税粮者杖六十。着落仓纳足,再于犯人名下追罚一半入官。"但是,他没有想到的是后来有些揽纳户,不仅公然触犯这一法律规定,还利用揽纳这一环节,进行欺诈犯罪,将农民应该缴纳国家的钱粮,据为己有。显然,这就不能还按照揽纳律条治罪。在律条不得修改的情况下,只有请示报告。诚如刑部尚书彭韶等所言:"刑书所载有限,天下之情无穷。故有情轻罪重,亦有情重罪轻,往往取自上裁,斟酌损益著为事例。"①此事例之所由起也。

上述的例子并不是孤立的。事例层出不穷,除了法律自身留有空白外,原因是多方面的。

首先,是我们前面讲过的榜文榜例。《明实录》中记录了很多依照榜例治罪的规定。由于榜例的权威来自皇帝,必然凌驾于法律之上,形成律外之法,很容易成为定罪量刑引用法条时的优先选择。

其次,案件形形色色,案情千奇百怪。客观上有必要针对法重情轻或者情重法轻的情况,进行重判或者轻判。各级司法官吏在审判活动中,基于对于案情细节的了解会提出从轻从重判处的意见,层层上报后往往得到上级的支持,最后报经皇帝批准,形成新的判例。

最后,一些行政部门的官员特别迷信刑罚强制的力量。他们在行政事务管理工作中遇到一些积重难返的问题,往往企图以超过当下法律规定的刑罚

① 《明孝宗实录》卷六十五。

措施解决问题。如果这一建议得到中央的支持,被皇帝批准,也会形成新的刑事规范。

随着时间的推移,刑事事例日趋繁多,更带来了越来越多的消极后果,如当时的建言之臣所说:“多有一事而二三其例者。轻重之间、各有一例、事体不一,人难遵守。”①“事同而援引或异,罪一而议拟各殊,官司得以任情迁就,吏胥得以高下其手。”②当存在上述情况时,司法者的行为模式可能有三种选择:一种是省事,随便找一个事例作为参照;另一种是逐利寻租,上下其手,给贿赂者提供方便;还有一种就是认真地查考,全面地衡量。而这是相当麻烦的事情。

我们还以前述的揽纳钱粮案件为例,成化二年四月,都察院接到地方上报的一个案件。山东济南府有一百姓借兜揽包纳为幌子进行诈骗活动,数额很大。由于诈骗的是本来要缴纳国家的钱粮,案件的性质有别于一般的诈骗,按照《大明律》的“揽纳税粮”条进行处理,也不妥当。为了正确适用法律,有关部门查找了该项犯罪的以往案例,结果查到了六条事例:

第一条是天顺元年二月十三日的榜例。当时,英宗皇帝发布圣旨,针对“把恃官府,搅扰仓场,诓骗财物,包揽粮草,以为营生。甚至坑陷纳户,虚费京储”的一干犯罪做出规定:“今后敢有仍前似此作歹撒泼、不遵法度者,许诸人指实告首,当房家小发边卫充军。”这显然是鉴于前述律文空白而做的补充。这与《大明律》规定的“凡揽纳税粮者杖六十。着落仓纳足,再于犯人名下追罚一半入官”比较,增加了对于犯者家庭成员发边卫充军的连坐处罚。

第二条是户部题准的一件事例,经皇帝批准:“今后官余军民人等,敢有(人)〔仍〕前诓骗,兜揽钱粮肥己者,事发到官,追问明白。将正犯人于所发仓场处所及人烟辏集去处枷号令三个月,满日照依先奉钦依内事理发落。”与前一榜例不同的是,规定了首先对于正犯“枷号”三个月的处罚。然后再按照第一条的规定“当房家小发边卫充军”。

第三条是工部题准的一个事例,其处分是将诓骗正犯“枷号”一个月发遣。它没有提出任何理由,就将户部题准的枷号三个月减轻为枷号一个月。

---

① (明)屠勋:《为应制陈言疏》,载《皇明经世文编》卷八十九。

② 《明宪宗实录》卷一百二十九。

推测起来可能是因为诈骗的标的物不同:户部主管的案件涉及的标的物是上缴国家的钱粮,而工部主管的案件涉及的标的物是工料之类,所以存在轻重的区别。但也可能是工部不知道户部题准的事例存在,于是出现了拟议处罚的岐义。

第四条事例形成于天顺二年闰二月,同样是英宗皇帝的圣旨,但其内容却是要求刑部、都察院将所有受到枷号处罚的人一律“免了枷号,照例发落”。据此,第二、三条规定都可以取消了,大概是考虑到枷号这种处罚太不人道,受刑者往往会中途死掉,所以不再适用。只是这个“照例发落”规定得有些模糊,大概是按照第一条当房家小发边卫充军办。

第五条是天顺八年正月二十二日,英宗去世、宪宗即位,按照惯例发布的恩诏,其中一条是宣布:“凡问囚犯,今后一依《大明律》科断……所有条例并宜革去。”即位诏书的这条规定,意味着家小充军、枷号示众等榜例事例统统都不存在了。而按《大明律》规定“凡揽纳税粮者杖六十。着落仓纳足,再于犯人名下追罚一半入官”,无疑轻了很多。

第六条则是成化二年,刑部根据新出现的情况,即在前项诏令公布后,好多人因见此等犯罪囚犯俱照常例发落,处罚减轻,于是“无籍之徒”再次活跃起来,为非作歹,犯罪大增。刑部题称,要对“送到揽纳粮草物料人犯,例该枷号一月,发遣充军”。然而,宪宗可能考虑到要维护即位时恩诏的权威性,没有批示照办,而是仍然坚持:“都免枷号,照例发落。”

这样,从天顺元年到成化二年,十年间共形成了六个轻重不同的定例。对于一个案件的处理,援引哪个不同的例,确实有“事同而援引或异,罪一而议拟各殊”的弊端。

这个案件最后是由都察院会同刑部、大理寺等掌印官在一起讨论,形成了一个折中的判决意见。一方面考虑到“包揽粮草物料之人,诓骗银物,坑陷纳户,法难容恕,理当惩治”,另一方面也考虑到“照依榜例,连当房家小发边卫充军,又行枷号三个月,不无立法过严”,于是建议分别情况,规定如下处罚:“如果诓骗纳户未曾完结,究问明白者,追纳粮草物料完足,免其枷号,仍照钦奉英宗皇帝圣旨榜例连当房家小发边卫充军;其查纳已完,不曾坑陷纳户者,照例发落。”①

不过,按照这个案件的处理模式,要翻遍簿书查找旧例比较对照,一事一议,实在不胜其烦。特别是如前所述一罪形成多个事例的时候,不仅影响司法的效率,而且难以杜绝司法腐败。官吏借机上下其手。如时人所说:“例宜少不宜多,有必不得已者以例附之。例多则弊生,而设律之本失矣。”“轻重之间,各有一例,事体不一,人难遵守。”②

事例日积月累,必然导致律例之间及此事例与彼事例之间出现矛盾冲突,这种冲突只能通过删繁就简,达到协调统一。因此,通过一定程序,将不同时期形成的事例进行整理,分别情况作出调整,使得一个案件出现后可以适用恰当的法条得出正确的判决,就十分必要了。

弘治四年,刑科给事中韩佑“以灾异陈十事”,其中一事即“定条例”:“乞将自成化元年以后见行事例,斟酌轻重,取其有补于法律所不及者,去繁从简,分为六目,与《大明律》并行,使天下臣民永为遵守。”③主张在整理审核平衡历来形成的刑事事例的基础上,制定“条例”,使之与《大明律》互补并行。随后,弘治五年七月,刑部尚书彭韶等建议:“宜选属官,汇萃前后奏准事例,分类编集,会官裁定成编,通行内外,与《大明律》兼用,庶事例有定,情罪无遗。”④紧接着,弘治六年五月,大理寺左少卿屠勋应诏言十事。其一是“慎立法以革繁例:乞敕刑部会同都察院备查见行事例,除常例外,其前项充军枷号等例、务须斟酌其首从之轻重、所犯之数次、得赃之多少、议处停当:何者当存存之,何者当革革之,何者未备增损之,何者例该不分亲属,何者例该亲属殊科,必使情法相当,允协于中,明白开款,具奏定夺,通行问刑衙门遵守。其余繁琐难行者、并宜革去”。⑤

关于这次《问刑条例》修订的情况,历史记载不多。现在可以加以推测

---

① 参见《皇明条法事类纂》卷十五,“揽纳粮草物料坑陷纳户充军免枷号”条。后来形成了《大明律》的一条附例,即内府钱粮及内仓场粮草并各处军需等项,不拘起运存留,但有包揽诓骗银一百两粮二百石以上,不行完纳,事发问罪,责限三个月以里完纳者,照常发落。过期不完者,尽其财产倍纳,发边卫充军。经年不完者,仍枷号一个月。

② (明)屠勋:《为应制陈言疏》,载《明经世文编》卷八十九。

③ 《明孝宗实录》卷四十八。

④ 《明孝宗实录》卷六十五。

⑤ 《明经世文编》卷八十九。

的是,作为基础性工作首先对于历年事例进行了系统整理,其成果应该就是《条例全文》。《条例全文》书名见于明史艺文志故事类。《条例全文》虽然以条例为名,但从内容看,实际上是事例的汇编,故其题名之义在于显示该书是《问刑条例》所依据的事例之全文也。它是成化、弘治年间条例题奏文本的汇编,按年月先后编排,记载了天顺八年(1464 年)至弘治七年(1494 年)共三十一年间六部、都察院等部院题准奏准的事例,约一千二百余条。① 其书残本分别藏于天一阁、北京图书馆等地。天一阁藏部分已经作为天一阁政书出版。此外,《中国珍稀法律典籍集成》也将成化二十三年与弘治六年两卷收录其中。《条例全文》每个事例的本文都基本保持了其形成时的原貌,包括题奏的机关与官员的姓名,题奏的时间,题奏的主题即为某某事,题奏处理的经过程序,如果经过部院甚至更高级别的审议,还将审议的原文照录。皇帝最后批准的时间地点与批语也颇为详尽。

在此基础上,对于历年事例加以删定,挑选出经久可行者,计二百九十七条(据考实际是二百七十九条),形成《问刑条例》,并在弘治十三年由当时主持其事的刑部尚书白昂,将朝廷九卿会议的结果上报皇帝,弘治皇帝对于其中六条提出再议的批示。“九卿执奏,乃不果改”,好在皇帝没有强迫大臣们改变意见。《问刑条例》于是正式出炉。

《问刑条例》的条文来源有三种。

第一种是来自于实际的具体案例,如:“军职年七十以上、十五以下,及废疾,犯该杂犯死罪者,运碳纳米等项发落,免发立功”,②这一条是从一件“强割田禾谋故人命”的案件派生出来的。被告罗瑄,年七十以上,“问得罗瑄犯该受财枉法满贯绞罪,照例发边方立功”,但是,该人系残疾,到边方不能履行职务。故主管部门有此建议。奉圣旨:“是。钦此。”③按:此条事例原文六百余字,经过删繁就简,成为三十八个字的抽象条文,可以适用于以后类似被告的处置。

---

① 杨一凡:《明代中后期重要条例版本略述》,载《法学研究》1994 年第 3 期。

② 《问刑条例》,参见刘海年、杨一凡主编:《中国珍稀法律典籍集成》第二册,科学出版社 1994 年版,第 221 页。

③ 《皇明条法事类纂》卷四,名例类,第十九条“军职七十以上、十五以下,及废疾,犯该杂犯死罪者,纳米赎罪免其立功例”。

第二种是来自于臣下的建言,如:“太常寺厨役为事,但系讦告词讼及因人连累,问该笞、杖罪名者,纳钞仍送本寺着役。徒罪以上及犯奸盗诈伪并有误供祀等项,不分轻重,俱的决做工,改拨光禄寺应役。”[①]其源可在《皇明条法事类纂》卷一查到。成化十年闰六月太常寺掌寺事郎万等提出,原来该寺厨役犯罪后往往拨到光禄寺充役,导致太常寺厨役减少,每遇祭祀,缺人差用。他建议将罪犯仍然留本寺服役,经过刑部核议后,认为,可以根据实际情况,只将重犯改拨光禄寺应役。对于轻犯则留在本寺。得到批准:“具题。奉圣旨:是。钦此。”[②]这条七十余字的条例似乎长了些,但原来的事例原文却七百余字。相形之下还是简化了。

第三种是皇帝的上谕,如:弘治元年四月初二日,节该钦奉圣旨:“罢闲官吏在京潜住,有擅出入禁门交结的,门官仔细盘诘,拿送锦衣卫,着实打一百,发烟瘴地面永远充军。钦此。”[③]此条事例原文见《皇明条法事类纂》附编168条“禁约擅入禁门,及教唆词讼诬告十人以上并写本状,俱书姓名不干己事立案”。其原来的字数多达一千八百多字,此为文件最后的上谕[④]。

大约有二十余条类似“上谕”,一直保存于《明律集解附例》中。其中,名例篇为三条,卷一为四条,卷二为二条,卷五与卷八各一条,卷十为三条,卷十八为二条,卷二十二与卷二十三各一条,卷二十六为二条。

除此之外,《问刑条例》的修订大多是建立在刑事事例的整理,即“以前后奏准事例分类编集”为基础。经过整理,那些还保留着背景材料与具体案情的案例,被抽象化为普遍适用的条文。不仅其本身是否适当受到反复审视,而且它与相关律文的关系,它与相邻例文的关系,是否存在矛盾冲突,也被一一审查比对,以便使得整个律例体系形成一个和谐的整体。而经过再三甄别,那些没有被选中的事例,或者由于过时不再适应当下的形势,或者由于

---

① 《问刑条例》,参见刘海年、杨一凡主编:《中国珍稀法律典籍集成》第二册,科学出版社1994年版,第227页。

② 《皇明条法事类纂》卷一,名例类,第十三条:“太常寺厨役纳钞赎罪其犯奸盗诈伪及有误供祀等项照旧的决做工改拨光禄寺应役例。”

③ 《问刑条例》,参见刘海年、杨一凡主编:《中国珍稀法律典籍集成》第二册,科学出版社1994年版,第227页。

④ 《皇明条法事类纂》附编第一百六十八条:“禁约擅入禁门,及教唆词讼诬告十人以上并写本状,俱书姓名不干己事立案。”

自身的合法性正当性问题,失去了法律效力。

显然,如果没有事例作为基础,特别那些在实践中其效果得到检验的事例作为基础,《问刑条例》的质量就不可能得到保障。

(二)事例与《军政条例》的修订

《军政条例》初颁于宣德四年六月。《军政条例》是有关军政管理方面的法律规定,以清理军伍、勾捕逃军为主要内容。

《军政条例》的修订比《问刑条例》的修订要简单得多,主要原因是构成《军政条例》的事例原生形态就是比较抽象的条文,后来修订《军政条例》时就是将其汇总整理合编在一起。

明朝的军队是卫所建制。民出一丁为军,形成“军户”。父死子继,相承为业。军士逃亡,到原籍追捕。追捕不到,户内取补。清理军籍,追捕逃亡,勾捕丁壮,补充军伍,成为一项繁重的任务。

在此前,就出现了清理军伍的事例,见《明宣宗实录》者有:(1)洪熙元年九月,宣宗即位,尚未改元。行在兵部尚书张本奏:兵政未清,请分遣大臣各处清理,并列清理事例八条。① (2)宣德三年二月,“复以新定清理事例十一条,通前八条,榜示天下”。② (3)宣德四年八月,由行在兵部进《勾军条例》。在原来的清理军伍定例十九条基础上,复增例二十二条,通前奏请颁行。③

第一次是在洪熙元年九月,制定了八条清理事例。主要内容是围绕逃军问题采取的一系列措施:第一条是清理军伍的中心内容,规定:各处逃军,榜文到日,限三月内自首,与窝家及里邻人等俱免罪。再限一月收拾盘费有司差人管解不许迟延。若限内不首,被人禽获到官,逃军并里邻人等依律治罪,就点亲属里邻人等管解窝家收发附近卫所充军。鉴于窝藏逃军关系清理逃军的成败,本条还规定了对于窝家的处罚。以下各条则是补充性的规定。例如,第二条规定了逃军正身未获,先将户丁解补。第三条规定了清理出来的逃军不许指以告状为由故意迁延生事,扰害良善。第四条规定了如果丁尽户绝,地方政府必须具由类造文册差人具奏,提供官吏里邻人等不致卖放军役

---

① 《明宣宗实录》卷九。

② 《明宣宗实录》卷三十六。

③ 《明宣宗实录》卷五十七。

重甘保结文状。不得敷衍了事,提供伪证。第五条规定了各处有司起解逃军及军人军丁,务要量地远近,定立程限,依限管送各该都司卫所交付;不得拖延。后面各条还对清理解送逃军过程中的口粮以及违纪违法责任的追究进行了规定。

应该指出,这些事例已经在实际上构成了一个比较完整的条例,并且是以榜文的形式公布。反映了事例、榜例乃至榜文的相关性与相似性。

第二次是在三年后,由于清军效果不那么理想,宣德三年二月,又派出各路御史、给事中前往四川、河南、浙江、湖广等地进行清理。其增定的十一例,内容也主要是针对各种各样的逃军现象采取的措施,由于经过了几年的实践,举出的问题更具体,针对性更强。其中指出逃军种种情弊:“军逃还乡有诈为死者,有更名充吏卒贴书倚官害民者,有为僧道生员者,有投豪势官民为家人佃户行财生理者,有隐其丁口寄于别户并于外境立民籍者,”针对这些现象,除允许犯者“自告改正”外,还分别规定了相关政策措施,由清军使者按照统一的标准,在全国执行清军工作,显然,这既有利于工作的规范性,也保证了这些的事例的推行。

第三次是在宣德四年八月,由行在兵部进《勾军条例》。主要内容包括勾军之人的选用标准,新勾军士的安抚措施,对于军士的家庭优待政策,以及逃军的惩治,直至如何防止官吏借机扰民等都有详细的规定。

三次加在一起,已经达到了三十多条。这里没有提及是否全文公布的问题。可以看出,前后几次分别制定颁布的事例不仅有不同的侧重,而且,个别地方也不无相互冲突之处。显然,通过编订消除矛盾,达到全面系统化,很有必要。

这个《勾军条例》实际就是后来的《军政条例》。这个条例由于以陆续发布的事例为基础,所以编订工作比较容易。而根据形势的变化,以及事例执行过程中暴露出来的新问题,补充修正增加新的事例,是符合管理规律的,也显露了通过事例而逐步达到系统立法的做法的优势。

当然,宣德时期编订的《军政条例》在其后实行过程中,还经过了多次修改,如英宗执政时期,曾于正统元年八月十二日颁布了军政榜文十四条。正统三年又颁布了《计议事例》(包括所定改调卫分事例)四条。

(三)事例与《宗藩条例》的修订

《宗藩条例》属于礼制方面的规定。由于皇帝必须以“亲亲”的精神处理与其他宗族成员的关系,按照亲疏远近的不同,进行封赏,赋予其特权,保持其地位,而这些享有不同身份与特权的皇亲国戚,会依仗自己与皇帝的密切关系,追求自己利益的最大化,事例于是成为讨价还价的筹码。有了先例,攀比者可以以此作为口实,向皇帝要求得到分内或者分外的赏赐;而皇帝要拒绝其过分的要求而又不伤感情,最好也能找到先例作为理由。

明太祖曾经制定过《皇明祖训》,作为后世子孙在特权分配上所遵守的规则。但是,百年之后的世道变化已经没有办法按照原来的规定实行了。《宗藩条例》的议定始于嘉靖四十一年十月御史林润的建言。林润指出:“顾时有所必变,势有所必通。国初支庶不繁,定制因略。今麟趾螽斯其丽不亿视昔时数百倍矣。”各个王府人口的繁殖已经使得禄米供给困难,有的省份“借令全输已不足供禄米之半,况吏禄军饷皆出其中乎?”危机在于“官司困于难供,宗藩病于不给,天下无可增赋之理,而宗室蕃衍无休时,是可不为寒心哉!”禄米供应困难其实只是冰山一角。还有其他种种问题有待讨论。于是经首辅李春芳主持,“集廷臣奏上议处王府事宜六十七条”,将涉及宗藩管理方面的诸多办法,统统整理了一遍。嘉靖四十四年二月,诏为书颁行,赐名《宗藩条例》。其条目包括修明宗范、宗支奏报、奏报格式、查参玉牒、亲支袭封、进封亲王、亲王袭封、追封亲王、郡王承袭、初封禄米、住支禄米、追封郡王、诸子争袭等。

《宗藩条例》的体例与其他条例不同,它不是以条文式的规范形式构成,而是以一个一个的事例构成。一般来说,每条事例都有两个部分。第一部分是“查得某某年”关于某某事,某某人的题奏,及处理结果,或一件,或几件。第二部分是“前件臣等议得”:对于该事项的利弊得失的分析,以及如何处理的建议。

举例来说,“私收净身”条。前半部分是正德年间三件事例:一是正德二年十月,某王奏,缺人守门,而乡人某曾经净身,现在已回原籍,请求取回守门。礼部得奏,查无事例。题覆上报皇帝,皇帝批示:不准。二是正德四年,礼部议得,私自净身之人投托王府事例,经过再四申明,仍然有违犯现象发生,建议对于王府收用私自净身之人处以重罪。奉皇帝圣旨:是,钦此。三是正德十六年,皇帝曾经下诏,命令各地抚按官对于各个王府有上述行为的严加禁治。根据这三件事例,在后半部分提出了大臣们集议的结论:“前件臣等议得,历年遵奉禁约,私自净身之人,及投托王府事例,已经申明再四,但行之既久,不无玩弛。今后如有违例奏请者,一概不准。仍将长史等官参究。其净身投托男子一体照例问罪。”这就形成了《宗藩条例》的一条。

对于这个《宗藩条例》,后来提出严厉批评的是张居正,他几乎全面否定了《宗藩条例》。一方面指出了其方法的不当:“集议之始,未暇精详。中间彼此矛盾,前后抵牾。或减削太苛,有亏敦睦;或拟议不定,靡所适从。”另一方面指出了其具体问题:“或一事而或予或夺,或一令而旋行旋止。或事与理舛,窒碍难行;或法与情乖,轻重失当。徒使奸猾得以滋弊,有司无所持循。”还毫不客气地列举了未妥之处九项,结语则曰:“诸如此类,尚不可以悉数。”①

这样批评前人的举措,虽然足够坦率,在政治上却招人嫉恨。勇于任事的张居正似乎没有想到官场规矩。不过,也在客观上说明了《宗藩条例》的修订确实存在严重的问题,更反映出处理宗藩问题的复杂性。在张居正的建议下,礼部又重新搞了一个《宗藩要例》,替代了《宗藩条例》。

综上所述,事例上升为条例的途径可以概括为三种。一是以《问刑条例》作为典型代表,是从具体案件抽象为一般性条文。二是以《军政条例》为典型代表,是将抽象条文集中起来编辑而成。三是以《宗藩条例》为典型代表,是对于既往的具体事例进行选择,作为今后遵循的先例。比较起来,成功的是《问刑条例》。它开辟了一种模式,后来几次修订,都是走的这条路子。《军政条例》的修订由于原来事例就是以条例的形式出现,打下了后来修订的基础,也差强人意。问题比较大的是《宗藩条例》,这不仅因为其修订方式不太对路,也是由于用法律调整本来属于“礼制”调整的皇亲国戚关系存在难度。

明代主要的条例就是以上三种。最后,附带说一下《吏部条例》。

《吏部条例》系吏部奉敕纂修,于弘治十一年(1498年)七月刊行。它的内容针对的是官吏管理过程中的违纪问题。《吏部条例》辑官吏违碍事例九

---

① (明)张居正:《请裁定宗藩事例疏》,载《明经世文编》卷三百二十五。

十七条,就天下诸司大小衙门官吏、监生、知印、承差等人员考满、给由、丁忧、为事、闻丧事宜及违背者应受参问和如何处罚作了具体的规定。

明代官员以及吏胥,三年或者更长时间任满,进行考核,称为考满。由所在衙门将其任期之内所经历处理的事迹缘由原原本本的填注考语,出给公文。谓之给由。给由逐级申报上司,最后达吏部,作为升迁的依据。《给由纸牌违碍事例》规定,“不填字号,漏用印信,墨污有迹,破损及遭风水湿,无告官文凭,俱参问”。《给由官吏违碍事例》规定,“给由官吏,前考三十六个月,次考及三考亦历三十六个月。前考若历三十七个月,次考、三考俱历三十七个月,准理。若多历少历者,俱参问”;“在外有司大小官员,今后三年、六年,俱要赴部给由。虽有专责差占,三年、六年亦要一次赴部给由。违者送问,仍照《繁简则例》,降一级”;“官患病三个月者,将该支俸粮住支。调理痊可之日,照旧支给。同署官僚,毋得扶同坐视旷职,虚费钱粮。事发,通行查究如律”。

古代,父母死后,子女按礼须持丧三年,其间不得行婚嫁之事,不预吉庆之典,任官者必须离职,称“丁忧”。《丁忧起复官吏违碍事例》规定,“服制以闻丧日为始,不计闰二十七个月。或少守,止二十六个月者,送问。假如闰正月初二日闻丧,就作二月初一日起扣算,二十七个月服满。不除闰月算者,参问”;“官吏、监生人等给批,除水程外,违限一年之上者,送问行查”。

《听选官吏并阴阳、医生人等给假等项违碍事例》规定:“起送阴阳、医生,公文内俱要本学官、生并里老、合干府州县保结。数内欠少者,驳查。其前官老疾致仕,无奏词者,案候。”《听拨吏典违碍事例》规定:“办事吏典恃顽不肯办事,私自在逃,若开逃一年之上不复役者,为民。”《除授给由官员违碍新例》规定:“今后新官到任,比对本部文凭字号,期限相同,方许到任管事。如字号期限不同,即系诈伪,拿送合干上司究问。”

据《吏部条例》前的吏部题奏,首议者是清选官王价,他言称,官吏“考满给由、丁忧、为事、闻丧、扣俸、附过等项,吏部先年悉有旧例通行”,但未得到有效实施,往往是“起文给批,各无定式,及至到部,查驳不同,多至参问。中间虽有中途患帖,十无一实”。据此提议:“乞敕吏部,通将先年行过旧例,重新逐一开款明白,备写定式,通行天下大小衙门。”经英宗皇帝允准,吏部会同各部、都察院、通政司、大理寺等衙门,抄出先年旧例六十四件,吏部又增补了现行事例,纂修为《吏部条例》,包括《给由纸牌违碍事例》二条,《给由官吏违碍事例》四十条,《丁忧起复官吏违碍事例》三十三条,《听选官吏并阴阳、医生人等给假等项违碍事例》十六条,《听拨吏典违碍事例》三条,《除授给由官员违碍新例》三条。颁示天下大小衙门施行。从内容上看,《吏部条例》的规定所涉及的都不是特别重要的事项,而是官吏管理中的一些细节问题。不过从中可以看出条例与事例的关系是多么密切:在上述场合,条例就是若干事例的汇集。

四、明代的会典编纂与事例的华丽转身

《问刑条例》《军政条例》《宗藩条例》的修订使刑事、军政、礼制方面的事例得到整理,上升为“常法”。而在行政领域,只有《吏部条例》,且仅涉及官吏管理工作的细枝末节。整个国家机构行政方面事例有待系统整合,而这一任务是通过会典的编纂完成的。

明代正式颁布的会典有两部,第一部始修于弘治十年,完成于弘治十五年(没有颁布),至正德四年重新校订,正式颁布,被称为《正德会典》。全书一百八十卷。收入“四库全书”。第二部会典是在《正德会典》基础上重修而成的,全书二百一十四卷,它于嘉靖年开始,至万历年告成颁行,故称《万历会典》。《万历会典》虽然未被《四库全书》收录,却是后来《明会典》的通行本,它进一步将事例系统化,并且打造了一个比较完整的律例法体系。

(一)《正德会典》的编纂与事例的整合

在明代法制建设中《明会典》的编纂占有重要地位。《明会典》一方面是用以对明初《诸司职掌》的修补,另一方面也是为了对于此前历年累积的事例进行整理。开始的时候是以《诸司职掌》为主导,后来则变为以《明会典》为主导。

《诸司职掌》是一部行政典籍，它制定于明初。朱元璋“以诸司职有崇卑，政有大小，无方册以著成法，恐后之莅官者罔知职任政事施设之详，乃命吏部同翰林儒臣仿唐六典之制，自五府六部都察院以下诸司，凡其设官分职之务，类编为书”。① 这表明作为皇帝的朱元璋，之所以编订《诸司职掌》，是以其作为明代各级管理机构依法行政的依据。他虽不愿意法制束缚自己的手脚，却要以成法约束官僚机构以及其中的官吏，让他们循规蹈矩。事实上《诸司职掌》确实起到了这个作用。所以，在颁布多年之后，很多官僚衙门已经找不到这本书了，有人还郑重其事地建议：“重刊诸书，颁布中外，俾知遵守。”②

不过，也有许多人认为，重刊没有必要。随着时间的推移，形势的变化，明朝的制度已经发生了改变，《诸司职掌》已经不能原封不动地照搬照用，应该加以修订，使其更加完备。最有代表性的是明英宗吏部尚书兼翰林院学士李贤，他说：“臣等伏读《诸司职掌》，系洪武年间所修，彼时制度尚未有定，以后渐加增损，与前或异，若不重新编纂刊正，难于考据遵行。”所以他的建议是“令各衙门查照洪武、永乐以来更定在京衙门并官员职名等项，逐一备细明白，开报本院。委官数员，仍照旧式类编为书，完备进呈。官为刻印，颁与各衙门遵守施行，是亦皇上继志述事之一端”。③ 这里李贤所谓“仍照旧式类编为书”，说的是仍然采用《诸司职掌》原来的体例，也意味着“重新编纂刊正”仅是内容的充实完善。

也有的人主张完全抛开《诸司职掌》，重起炉灶。如宪宗成化六年春，翰林院署院事侍读尹直就提出建议，认为：“典章制度必大备于文明之朝，著述纂修当不废于承平之世。验之今日，实维其时。”“虽有《诸司职掌》一书，然遗漏尚多，更革不一，或事同而例异，或名有而实无，百年于兹未有定制。欲示治平之永则，合粹典章之大成。”他建议在国初的《诸司职掌》的基础上编纂《大明通典》。注意，这个《大明通典》在名称上与后来的《大明会

① 《明太祖实录》卷二百二十六。

② 《明太宗实录》卷三十六。

③ 《明英宗实录》卷二百八十八。

典》仅一字之差。

下令编纂《大明会典》的弘治皇帝基本上采纳了上述建议。他在上谕中赞颂了明太祖创业定制的伟大贡献:"宏纲众目,极大而精,"也肯定了后继者的改革措施"皆因时制宜,或损或益"。他将这次法典编纂目标确定为"一以祖宗旧制为主,而凡损益同异据事系年汇列于后,梓而为书,以成一代之典"。① "汇列""以成一代之典",是书名定为《大明会典》的缘由。

而在编纂体例上则确立了"会典本职掌而作"的方针。弘治上谕没有提及《诸司职掌》,但当时确立的会典"凡例"却规定了"事类纲目一依《诸司职掌》",使《正德会典》的结构与《诸司职掌》基本相同,规定了"凡(《诸司职掌》)旧文皆全录",以及"凡纂辑诸书,各以书名冠于本文之上",只是六部之前增加了宗人府一卷。所以在《正德会典》之中处处见《诸司职掌》书名。

各个部分的框架结构也是如此。以刑部为例,它全盘照搬《诸司职掌》,分为宪科、比科、司门科、都官科。宪科除相关律令外,内容还有问拟刑名、除拨官吏、会计粮储、月支俸给等,并增加了检尸、打断、相视等名目。比科包括了相关律令以及类进赃罚,收买纸札,处决重囚,详拟罪名,岁报罪囚等皆是《诸司职掌》原有项目,唯"律令"后增加了计赃时估、审录罪囚等目。司门科包括律令,编发囚军、皂隶、狱卒、营造等皆是《诸司职掌》原有项目。都官科包括律令,提调牢狱、拘役囚人、申明诫谕、官吏过名、类填勘合、抄札应合、抄札、狱具等皆是《诸司职掌》原有项目。唯"律令"后增加了囚人罪名等名目。

尽管如此,这个历史上的第一部会典仍然体现了一种创新的精神。

首先,会典之义,是"会聚于一",它解决了"累朝典制散见迭出"的问题。由于事例是因事立制、因时立制的产物,今天一个决定,明天一个条款,逐个看起来合情合理的规定,放到一起却显得杂乱无章,甚至可能互相冲突。执行者可以上下其手,任意妄为。根据事例编订的各种专门条例,分门别类地对于事例加以整理,提高了立法质量,但仍然存在分散而不便掌握,矛盾而不够统一的问题。会典编纂通过"会于一"的方式:"发中秘所藏《诸

① 《明会典》卷首,弘治皇帝敕谕内阁。

司职掌》等诸书，参以有司之籍册，凡事关礼度者，悉分馆编辑之，百司庶府，以序而列，官各领其属，而事皆归于职，”对于此前所有事例进行系统清理，全面审核，能够彻底消除矛盾，有利于各个职能部门各司其职各负其责，提高行政效率。

《正德会典》“采辑各衙门造报文册及杂考故实，则总名之曰事例”，这一做法，在搜集整理以往文册的基础上，给各种权宜立制形成的规范确定了一个概括的名称“事例”。它还给出了事例的范围：“事例出朝廷所降，则书曰诏、曰敕。臣下所奏，则书曰奏准、曰议准、曰奏定、曰议定。或总书曰令。”①这就将上列洪武典籍之外的所有因时制宜，原情设法的权宜之制，不管是皇帝的诏、敕，还是经过皇帝批准的来自行政机构的建言献策等所有措置，全部归类于“事例”这一概念之下。按照这一说法，事例分为两大类：一类是皇帝的诏敕，一类是经过皇帝批准的奏议。后边这类又可细分为四种：一是臣下提出的建议为皇帝批准（奏准）；二是臣下提出的建议经过部议后报皇帝批准（议准）；三是臣僚的集议报告皇帝后作出的决定（奏定）；四是经过臣僚集议后由皇帝作出的决定（议定）。在会典中，除了某年某月诏敕，某年某月奏准、议准、奏定、议定等表述方式外，还可以将之表述为某年某月令。“或总书于令”这一含糊语句，将在会典正文中俯拾皆是的“某某年令”也包括在事例之中。所谓“或总书于令”，翻译成为现代语言就是“另外一种表达方式”。意思是说，称某某年“令”，不过是事例的另一种叫法。这一定义不仅为整合明代各个时期形形色色的事例起了重要作用，而且在调和例与令的关系方面，缓解了两者的对立，模糊了彼此的界限，使令的消亡有了转圜的余地。

《正德会典》的内容：一是洪武典籍，首为《诸司职掌》，其次是《大明律》、《大明令》、明《大诰》等。二是事例，事例达五百余目，有的事例之下仅录一条。大多数事例之下每一处收录有多条。据检索，《正德会典》有奏准的事例三百二十七条，议准的事例三十条，奏定的事例四十九条，议定的事

---

① 《弘治间凡例》，载《明会典》卷首。需要指出，关于事例的分类，仅列举了奏准、议准、奏定、议定，而没有题准。这可能是将题准混同于奏准与议准中了。《正德会典》没有题准形式的事例，而《万历会典》通过题准形式形成的事例则多达一千一百四十六条。

例十三条,题为某某年令的事例为三百六十三条。

《正德会典》对于事例的整合是长期历史过程水到渠成的结果。此前就有人指出“一应条例虽出于臣下之所建明,实本于先帝之所裁处”。即臣下的建议得到了皇帝的批准,它们就不再只是内容上适宜,而且在程序上取得了权威的认可。可见在事例之前分别冠以“题准”“奏准”“钦依”“圣旨”等,以说明其不同来源,而又将这些不同来源的文件统称为事例,不是一朝一夕的事。《明会典》将其总括为事例的好处在于,包括事例在内的所有定例,其地位明显低于律令,这样,律例关系上下先后次序自然形成,律例法体系的结构就不再发生问题了。

(二)《万历会典》与律例法体系的确立

《明会典》的第二个正式颁布的文本是《万历会典》。《万历会典》是对《正德会典》的重新修订,重新修订工作可分为嘉靖与万历两个阶段。

嘉靖年间的会典修订的重启,源于嘉靖皇帝发现了《正德会典》存在的一些细节错误。他希望予以纠正,要求将会典所载各司事例,再行检查校勘。① 不过还有一个原因,就是事例随着时间的流逝又积累了很多。即“自弘治十五年纂修之后,至今二十有八年,典礼之因革,事例之增损,又复烦多”,所以要将“弘治十五年以后至嘉靖七年续定事例,照前例查出纂集,校勘停当,写成上进,续修附入”。②

后来的事实表明事例的系统整理是本次会典修订的重点。在正式下达修订会典的上谕中,明确指示:“所载事例”,要“详细校勘,如有差误,明注其傍”“自初修书以后,典礼因革,事例增损,亦令检明纂集,俱送史馆润色改正”“正德以后事例,亦宜续修附入,以成完典”。③ 可以说无一不涉及事例。

而修订的宗旨则是:“其体例一遵旧典,不必立异更张,但要正其差讹,补其脱漏,其修书后二十八年之事,务要悉心考究。凡损益同异,具事系年,条分类列,通前粹为一书,以成一代完典。”

---

① 《明世宗实录》卷八十六。
② 《大明会典》皇帝谕内阁(嘉靖朝)。
③ 《明世宗实录》卷八十六。

嘉靖这次重修大明会典的工作，自嘉靖七年启动，历时二十余年，于嘉靖二十九年五月完成。① 但是，嘉靖皇帝这时候却已经对国事失去了兴趣。所以，会典修订完成后，一直被束之高阁。

嘉靖死后，明穆宗时，都御史孙应鳌提议在编纂《嘉靖皇帝实录》的同时，将嘉靖时期四十五年间的见行事例，作为大明会典的组成部分续修进去。穆宗同意了这一建议。不过，事后也没有了下文。

到了万历年间，《明会典》的修订进入了一个新阶段。这与明代的著名改革家张居正有密切的关系。对此，已有人做过论述，这里再做些补充。②

我们知道，当万历皇帝即位之时，还是一个少年。张居正作为内阁首辅，执掌了朝廷的大权。他推行了一场改革，其在国家行政方面，中心内容就是在政府机关对于官吏实行考成法，以提高行政效率。万历元年，张居正奏折明确地提出了其改革建议：

> 臣等窃见近年以来，章奏繁多，各衙门题复，殆无虚日。然敷奏虽勤，而实效盖鲜。言官议建一法，朝廷曰"可"，置邮而传之四方，则言官之责已矣，不必其法之果便否也。部臣议厘一弊，朝廷曰"可"，置邮而传之四方，则部臣之责已矣，不必其弊之果厘否也。某罪当提问矣，或碍于请托之私，概从延缓；某事当议处矣，或牵于可否之说，难于报闻。征发期会，动经岁月，催督稽验，取具空文。虽屡奉明旨，不曰"着实举行"，必曰"该科记着"，顾上之督之者虽谆谆，而下之听之者恒藐藐。鄙谚曰，"姑口顽而妇耳顽"，今之从政者殆类于此。欲望底绩而有成，岂不难哉？③

张居正早就想要改变这一局面。嘉靖皇帝当政时，他就曾上《便宜六事》，内有《重诏令》一款，经吏部题复，"欲各衙门皆立勘合文簿，事下各抚按官，皆明立程限，责令完报"，却没有收到实效。

现在新皇帝继位，张居正掌权，他要励精图治，首先想到的是利用已经颁布的《明会典》。他以《明会典》的相关规定为根据，力求将之落实作为考成法的中心环节，确立时限，明确责任，逐项稽核，作为政绩标准，可以说是

---

① 《明世宗实录》卷三百六十。

② 原瑞琴：《张居正与万历〈大明会典〉纂修》，载《江南大学学报》2013 年第 2 期。

③ 《请稽查章奏随事考成以修实政疏》，《张居正集》奏疏三。

抓住了官僚疾患的要害,也表明了他将国家行政法制的健全作为改革成败具有决定性作用的抓手。

张居正死于万历十年,而会典完成于万历十五年,但张居正对于会典的贡献仍然不可抹杀。首先是他确定了将《明会典》的修订作为法制建设的根本,以及将会典修订成为"以定一代之章程、垂万世之典则"的宏伟目标。重视典制的价值,要将改革的成果载之于典册,使之长期起作用,无疑也是张居正的动力。其次是他提出了体例创新的指导思想。如上所述,《正德会典》的体例问题很大。嘉靖皇帝在修订时却仅以补充资料为事,要求完全遵循旧的体例。"其体例一遵旧典,不必立异更张,但要正其差讹,补其脱漏"。《万历会典》则在重修凡例中除了"遵奉敕谕、将弘治嘉靖两朝旧本、校订补辑。及嘉靖己酉以后、六部等衙门见行事例、分类编集、审订折衷"之外,还明确提出,要对编纂体例加以改变:"体例宜有变通,事目不无增损,务期考究详确、不失敕旨折衷之意。"最后是在《万历会典》修订过程中,为了使主事者能集中精力,张居正推荐许国等人专任副总裁,专管纂修事,张居正死后,万历十一年四月,许国被任命为大明会典总裁。《万历会典》题为申时行等修,实际上申时行只是由于时为首辅而列名于前,长期主持其事的是许国,而他是张居正以"事必专任乃可责成,力不他分乃能就绪"为由荐举来专司会典编纂工作的。

不过,张居正之死对于《明会典》的编纂还是产生了一定消极影响。除了许国(万历十一年四月)外,还相继有王家屏(万历十二年十二月)、王锡爵(万历十三年六月)被任命为会典总裁。① 其编纂方针难以避免有所更改。单从事例研究的角度看,《正德会典》在《诸司职掌》《大明令》等洪武典籍之后列事例一条或者数条,事例显得相当醒目。而到了《万历会典》则将事例统统放在一起,一方面删掉了《诸司职掌》等洪武典籍;另一方面其后作为标目的"事例"二字也被删除,不再那么醒目,这是一个遗憾。

与《正德会典》比较,《万历会典》的体例更加规范和完善。《正德会典》的不足之处突出的是给人以政书汇编的印象。《四库全书提要》说《正德会典》:"大抵以洪武二十六年《诸司职掌》为主,而参以祖训、《大诰》、

① 《万历皇帝实录》卷一百三十六、一百五十六。

《大明令》、《大明集礼》、《洪武礼制》、《礼仪定式》、《稽古定制》、《孝慈录》、《教民榜文》、《大明律》、《军法定律》、《宪纲》十二书。"《万历会典》完全彻底地废除了这一体例,改为"从事分类,从类分年,而以凡字冠于事类之首"。① 将各个书名全以年份代替,《大明令》称洪武元年,《诸司职掌》称洪武二十六年。对于《御制大诰》《大明集礼》《洪武礼制》等书,也是仅称年份,不用书名。这样,就与其他各类按刊布年份排列的事例体例一致,不再具有特殊的地位,不仅改变了会典犹如典籍汇编的外部形象,而且将《大明令》的条文与各个时期形成的其他事例平等对待,可以说是彻底割掉了律令法体系留下的尾巴。

此外,《万历会典》还有几点较《正德会典》有改善之处。一是《大明律》乃颁降全书,而律所未备者累朝以来复有《问刑条例》。旧以律文分载四科、而条例俱载问拟刑名之下割裂参差。"今以律例总载于前。例用近年议定题奉钦依者。次则总括所犯罪名、又次则事例、以类列焉"。它将"律例"全文收录,后附相关事例。在刑事领域确定了三者的位次。

二是会典事例旧惟编年,条件繁多,不便观览。《万历会典》"从事分类、从类分年、而以凡字冠于事类之首",这不仅分类更加细致,而且突出了"事""类"在结构中的地位,并以"凡"字显示了其具有的普遍性品格。

三是各种校正补充。会典款目事件有遗漏当补者(如常朝无御门仪之类),有重复当并者(如粮储税粮草料刍草之类),有次第未当者(如官制列选官后之类),有增目未尽者(如马政军政之类),有合提纲而列为目者(如推升列选官下之类),有应立目而止附载者(如官舍比试之类),有应合而分者(如朝觐考察水马驿之类),有应两载而未备者(如殿试附科举之后而策士另载之类),今皆增补厘正。其有字义未妥者皆更之(如吏部贡举改为访举,《诸司职掌》改为责任条例之类)。②

最后说明一下"题准"。《正德会典》关于事例的分类中列举了奏准、议准、奏定、议定四种,没有涉及"题准"。在会典中也没有出现题准的事例,大概是与奏准、议准混同在一起了。《万历会典》凡例中虽然没有提及"题

① (明)申时行等:《万历会典》书首,《重修凡例》。

② 《万历会典》重修凡例。

准”,但是会典中题准成为主要形式。据统计,奏准为八百五十二条,议准为六百二十三条,议定为四十六条,奏定为四十九条,而题准则高达一千一百七十三条。盖题准之所以在事例中占据优势,是由于臣工条奏事宜往往被皇帝以“该部看了来说”,批转给主管部院,由主管部院提出审核意见,以题本的形式报请皇帝批准。此之谓“题准”。所以它是形成事例的主要途径。

(二)《明会典》的特点与会典事例的性质

在学术界,存在关于会典性质的争论。与史学界将会典定义为典制史不同,在法律史学界倾向于将会典定义为法典。有主张为综合性法典者,也有主张是行政法典者。依笔者的观点,会典的性质不应一概而论。特别是不应该将《明会典》与《清会典》笼统论之。由于七部会典(明代二部,清代五部)各有特点,体裁形态不断变化,结构与内容不完全相同,所以其性质也就不能一言蔽之。

就《明会典》而言,其特点是礼法兼容,事刑并存,典例一体。

第一,礼法兼备。《明会典》以国家六部及其他机关分目,而礼部在明代的两部会典中均占有相当大的篇幅。如表 4 – 1 所示:

表 4 – 1　六部在明代两部会典中各占卷数统计

项目	《正德会典》卷数	《正德会典》起止	《万历会典》卷数	《万历会典》起止
吏部	14	2 ~ 15	12	2 ~ 13
户部	26	16 ~ 41	29	14 ~ 42
礼部	64	42 ~ 105	75	43 ~ 117
兵部	20	106 ~ 125	40	118 ~ 157
刑部	21	126 ~ 146	20	158 ~ 179
工部	19	145 ~ 163	29	180 ~ 208

其中,礼部卷数远高于其他五部,其占六部总数之比分别为 39%(《正德会典》)与 36.6%(《万历会典》)。我们知道,唐律的特点之一是德礼为政刑之本,但其表现是礼制精神寓于法条之中。《明会典》的礼制内容是在法制条文之外。两者并立,显示了《明会典》的兼容并蓄,也意味着不能将之简单地以法典视之。

第二，事刑并存。《明会典》以国家机关事务的管理活动为规制的内容，正如上述；同时又将定罪量刑的刑事规范详列其间。如表 4－2 所示：

表 4－2 刑部在两部明会典中的细目一览

《正德会典》刑部	《万历会典》刑部
二十一卷（卷 126～146）	二十卷（卷 158～179）
宪科：职制、公式、仪制、人命、名例、盗贼、诈伪、斗殴、伸冤、问拟刑名	十三司职掌（卷 158）
比科：户役、田宅、仓库、课程、钱债、市廛、类进赃罚、收买纸札	名例律 吏律：职制、公式 户律：婚姻、户役、田宅、仓库、课程、钱债、市廛 礼律：仪制 兵律：宫卫、关津、邮驿、军政、廄牧 刑律：人命、盗贼、诈伪、斗殴、犯奸、杂犯、捕亡、断狱 工律：营造、河防
司门科：宫卫、关津、邮驿、军政、廄牧、营造、河防、编发囚军	罪名（卷 159～179）
都官科：捕亡、婚姻、犯奸、杂犯、断狱 提调牢狱	编发囚军、五刑赎罪、拘役囚人 问拟刑名、详拟罪名、朝审、热审、决囚、恤刑 伸冤、检尸、打断、相视、提牢、狱具、勘事、抄扎、献俘 岁报罪囚、计赃估值、类进赃物、类填勘合、收买纸札、申明诫谕、官吏过名、朝觐纠劾、漕运理刑
囚人罪名、申明诫谕	

第三，典例一体。典例二字合为一词在历史上大概形成于唐代。《唐会要》卷二十三记载，咸通十二年七月侍御史李溪曾经引经据典证明自己行为的正当。声辩说："今若受罚，是违典例。"《唐会要》卷六十一记载，元稹任监察御史。劾奏徐州节度使王召，在传送故监军使孟升丧柩还京时，存在"有违典例"的问题。这里的典例，应该是典章礼制。

明代"典例"一词在初期意义似乎也是如此。如《明会要》卷三十五：嘉靖时，给事中刘世扬弹劾詹事顾鼎臣污佞，说："今日詹事即他日辅臣。"被嘉靖皇帝责问："詹事进辅臣，出何典例？"①这里的典例指的仍是典章礼制。不

① 参见《明史刘世扬传》。

过,在一些特定的场合,典例已经有了会典与定例的合称。如被封为沈王的恬焌奏称:世子珵尧妃栗氏病故,继选内助张氏亦故,乞选娶继妃。礼部覆议中有"合准其请,仍著为定例,以补典例之所未备"之语。① 礼部覆题礼科都给事中薛三才的上奏也说:"本部向遵会典钦例,其有典例开载未备者,合依科臣所奏,酌议以请。"②这里,典例显然就是会典与钦例(钦定之例)的合称。

这里说的典例一体,作为《明会典》的特点,是相对清代《乾隆会典》典例分开来说的。到了清代乾隆年间编纂会典将典例一体作为缺点,将典例分开作为清会典的编纂方针。其利弊得失且留待下编评说。

其实不仅典例一体为《明会典》独具的特点;相对于清朝《乾隆会典》而言,事刑并存也是《明会典》的特点。这是将会典定性为综合性法典者应当注意的。

关于"会典事例"的性质及法律效力,也应该持一种审慎的态度。

在《正德会典》的编纂过程中,作为素材的事例都是见行事例,《万历会典》同样是将"节年题准见行事例、分类编集、呈送堂上官校勘明白"作为编纂会典素材。这就决定了会典事例基本具有法律效力。但是,从《正德会典》到《万历会典》,编纂过程历经几十年,由于形势的变化,也有可能使原来属于见行事例范围具有法律效力的事例,失去见行事例的资格,不再具备法律效力,此其一。其二,在会典的编纂过程中,主持工作的总裁换了几任,是否坚持了同样的方针,也是一个问题。譬如,万历十三年被任命为会典总裁的王锡爵,在《拟续修大明会典成进呈表》中就有"体之重者虽微必录,令之善者虽寝亦书"之语。③ 后一句话意义十分明白,就是说事例中那些好的,即使已经没有了法律效力,不再适用,也还是要收进会典之中。他的这一想法当然不是孤立的。在注重会典的实用性的同时,也注重会典的文献性,在会典的编纂队伍中不乏其人。明清会典随着持续的编纂,越来越趋向文献性,就是证明。

---

① 《明神宗实录》卷二十九。

② 《明神宗实录》卷二百八十。

③ 王锡爵:《拟续修大明会典成进呈表》,载《增定国朝馆课经世宏辞》卷二。

(四)会典编纂与例替代令

无论如何,会典的编纂为事例的整合以及例取代“令”提供了历史的机会。

从律令法体系到律例法体系的转换,如果从结局看其差别,那就是例取代了令的地位。我们上面说过,《大明令》是明朝的基本法典之一,“著为令”一度是明代统治者补充立法的经常性手段。例的优势,并没有使令彻底消失。不过,《明会典》的编纂却使这一问题得到了巧妙的解决。令终于为会典事例所取代。

先看《正德会典》。它在“凡例”中说:“采辑各衙门造报文册、及杂考故实、则总名之曰事例。”又给出定义:“事例出朝廷所降,则书曰诏、曰敕。臣下所奏,则书曰奏准、曰议准、曰奏定、曰议定。或总书曰令。”[①]这不仅将皇帝的诏、敕,以及经过皇帝批准的建言献策等,全部归类于“事例”这一概念之下,而且还规定了例与令两个概念的通用,以“或总书曰令”这一含糊语句,将在会典正文中俯拾皆是的“某某年令”也包括事例之中。意思是说,称某某年“令”,不过是事例的另一种叫法。[②] 这一定义为整合明代各个时期形形色色的事例起了重要作用。而且为律令法体系转化为律例法体系铺平了道路。

不过,《正德会典》还拖了律令法体系残存的一条尾巴,就是将《大明令》作为经久之制的“常法”保持了下来;而到了《万历会典》,则消除了包括《大明令》在内的“洪武典籍”的特殊地位,使之与其他事例完全平行并列。办法是在编纂过程中采取“类事编年”的方法,将《大明令》称为洪武元年令,与各个时期形成的其他事例平等对待,这就割掉了律令法体系留下的尾巴。[③]

综上所述,事例的成长是一个复杂曲折的过程。它曾经蒙受着历史的不洁,缺乏先天的优势,为人所不待见。然而,在刑事领域的事例,终于升华为《问刑条例》,在此基础上实现了律例合编,律例一体,奠定了律例法体系的基石;而在非刑事领域,事例则因节省行政成本的品质,而得到了成长的动

---

① 《弘治间凡例》,载《明会典》卷首。

② 一些论者举出了很多的证据证明,令这种法律形式在明代仍然存在。这当然是不容否认的事实。不过,更多的令转化为了例,以致令逐步消融在例之中,更是一个事实。

③ 当然,《大明令》的内容在《万历会典》中没有消失,而是以洪武元年令的名目存在。

力。凭借《正德会典》的定义,它的范围得以扩展;而《万历会典》则彻底送别了《大明令》,意味着律例法体系在与律令法体系的比拼中胜出。而在这一过程中,事例由不受待见,经过华丽转身,而终于大行其道。

五、事例汇编文献

明代还有一些事例汇编文献留存到了今天。事例汇编开始出现的时间是在明代弘治年间,无疑反映了当时事例的兴盛。似乎可以这样说,事例之结集与条例之编订是事例发展到一定阶段后形成的两个平行的溪流,至会典的编纂成功则汇为一条大河。而事例的原型,其具体形态如何,还要通过现存的事例汇编文献才能了解。当然,随着年代的推移,现存事例汇编文献中也存在一些需要考证的问题。所以,在介绍性文字之外,在这一章我们也做些考证工作。

(一)事例汇编文献举例

事例汇编的分类可以从多个角度进行。譬如从编辑者的身份看,有的出于官方,有的出于半官方,有的纯属私人。从目的分类来看,私人编辑,有的是由于个人雅好,有的是为满足社会需要,面向广大读者,增广普通人的知识。官方文本,有的是为其他立法进行资料准备,但也存在别有用心者。譬如《武宗实录》记载,正德年间,兵科给事中屈铨奏请刊定正德元年以后见行事例,以六部为序,编集成书,颁布中外。据实录作者揭露,就是为了讨好专权的宦官刘瑾。时刘瑾所行新例,皆变乱成宪,擅作威福,天下侧目重足。而铨乃助瑾为虐,承望风旨,故有此奏。[①] 屈铨是上了《明史》阉党传的人物。此书现在不存,也许根本没有编成就死于胎中了。至于半官方编辑的,目的更加多元化。

由于编者不同,用途各异,编辑的体例自然多样化。有的是按照事例形成的时间某年某月某日的先后进行编排,这是最省事的办法。有的是按照事例的主管部门吏、户、礼、兵、刑、工六部分类,然后或者按照形成的时间,或者按照事务的种类编排。有的全书只是在某一方面(如军政管理的内容),自然与上述那些囊括国家各种事务的综合性文献体例不同。有的则是专门供给某类人的需要,所以挑选的事例相当严格,对于收录的事例也摘其要点,与事无巨细有闻必录的编辑风格迥异。按理说,汇编性文献对于所辑事例应该保持原状,而不可以对事例文字进行加工修改。但在实际上却不完全都是原文照录,有的进行了删略摘录的工作,所以繁简程度不同。

根据目前掌握的情况,明代的事例汇编类文献留存到今天的不多。计有《节行事例》《军政事例》《嘉靖事例》《工部新刊事例》《皇明条法事类纂》等。这里我们举出几个有代表性的文献加以介绍。

先说霍冀的《军政事例》。《军政事例》又称《军政条例类考》。编者霍冀,系嘉靖甲辰进士,曾拜御史,派往浙江请军,后巡按河南,巡抚宁夏戎事,总督三边军务。隆庆时晋兵部尚书。《军政事例》一书曾经收入北京图书馆古籍珍本丛刊[②],前有薛应旂序,题为《军政事例序》。全书各页之中缝,皆有《军政事例》卷一、卷二、卷三、卷四、卷五、卷六等字样。这是此书名为"军政事例"之由来。

该书又被人简称为"军政条例"。这是由于其"总目"前冠以"军政条例类考"[③],且其卷一至卷四的性质为"条例"的缘故。其中:卷一为军卫条例53条;卷二为逃军条例26条;卷三为清审条例63条;卷四为解发条例25条。以上四卷共计167条,皆是各个时期制定的有关军政方面的成法,条文结构完整,文字简洁,用语规范,应该是摘自官方文献。各卷的后部附有

---

① 《明武宗实录》卷六十。

② 杨一凡等总编:《中国珍稀法律典籍续编》第四册,黑龙江出版社2002年版。

③ 《明史》"经籍志二",载《军政条例类考》,系谭纶编。

《大明会典附考》,亦是条文的形式,有的几条,有的十几条,摘自《明会典》的相关规定,共计32条。所以,只有卷五、卷六的内容才是军政事例。卷五的"军政事宜考",载各个时期的官员,包括巡按陕西御史杨秦、巡按浙江御史郑濂、巡按福建御史包节、巡按广东御史陈储秀、巡按浙江御史李春芳、巡按直隶御史何沾、巡按陕西御史王佩、巡按河南御史许宪、巡按河南御史喻茂坚以及兵科给事中冯亮等人相关事宜的题本。文首均有"题为某某事"字样,以表明题本的主旨。由于这些上奏没有皇帝是否批准的记录,故仍然属于臣工的建议,以此定名为军政"事宜",应该说是适宜的。

卷六的"军政事例考",载都察院与兵部的相关题本,包括对于某些臣僚上奏的覆奏。这些题本中引述有原来条奏的内容,及主管部门对于条奏审核的意见,还都提出了相应的建议,一般文后皆有某年月日奉圣旨"是钦此"的字样,表示它们得到了皇帝的同意,应该属于正式的事例。这也是与上一卷"事宜"的区别。

全书最后刊载的是本书编者霍冀的题本、兵部就此题本的覆奏,以及皇帝的批准。阅读全文,可知霍冀奏本共六部分。每一部分都有小标题,第六部分的小标题是"明禁例以一法守"。核心内容就是建议重新编订一部更加完整的《军政条例》:"将《军政条例》,查自宣德以来及我皇上嘉靖元年以后钦定事例,通行备细查出,或旧例有所当更,或新例有所当入,逐一因事搜检,随宜酌议,各要条款切当,而人俱易晓,情罪适均而法可久行。伦次参附,括成一书,刊布大小清军衙门,一体永为遵守。"兵部的题本表示同意这一建议,认为霍冀的建议"委于军政有俾"。希望皇帝重视。"相应拟议,合候命下,臣等将现行条例通行备细查出……檃栝成书,移咨工部,支送官银前来刊刻颁布。"应该指出,霍冀条奏的六个部分,以及兵部覆议的题本,在整体上是得到了嘉靖皇帝批准的。因为文后有"嘉靖三十一年三月二十八日,奉圣旨:依议,钦此"的字样。[①] 然而结果却没有了下文。人们可能会奇怪,霍冀的建议得到皇帝批准后为什么不了了之?这就不能不联系到当时的朝政为严嵩所把持。这位以写"青词"而得宠的首辅,并不以军政为意。

---

① 参见杨一凡等编:《中国珍稀法律典籍续编》第四册,黑龙江出版社2002年版,第448页。

信奉"无为"道教的嘉靖皇帝大概也没有真的把此事放在心上。所以,该书最后由霍冀任两浙巡抚御史时的同僚作序并加刊印,因此不是明朝官方编订的《军政条例》正式文本。

《军政条例》之所以值得我们重视,是由于本书能够使我们更加直观地了解事例与条例的区别与联系。大体而言,事例之前身,即臣工的条奏,未经皇帝批准,称为事宜;臣工上奏之题本,经过皇帝批准,所形成的文件,称为事例。事例经过编订的程序上升为"一体永为遵守"的"常法",名曰条例。条例制定之后,还会有事宜之条奏,进而形成新的事例。如果进入编订程序,可以与先前的条例合在一起,则会形成增订本的条例,否则只能以事例存在。霍冀将原来的《军政条例》依次分解为军卫条例、逃军条例、清审条例、解发条例,按照其间的逻辑关系,层层递进,我们通过比较,看到了现存弘治时期编订的《军政条例》体例的简陋。同时,又在卷五、卷六编入了他认为应该增订进《军政条例》的事宜与事例,使我们充分看清楚了三者的关系以及各自的形态。

下面我们介绍《工部新刊事例》,它属于事例汇编中的负面典型。这是在南明王朝朝不保夕、民穷财尽之时,为筹措修缮宫殿、陵庙费用而制定的。众所周知,崇祯十七年(1644年)四月,大顺农民军攻克北京,明思宗上吊身亡。五月初三,福王就任监国,五月十五日,正式即位称帝,以明年为弘光元年。弘光政权是个危机四伏摇摇欲坠的政权。其建立之后,阉党当权,面对夺取了大半个中国的强敌,他们置之不理,却追求享乐,任意加派盐酒杂税,为筹措扩建宫寝的经费,公开卖官卖爵,选用文武官员都有定价。史籍记述,诏行纳贡例:廪生纳银三百两、增六百两、附七百两。立开纳助工例:武英殿中书纳银九百两、文华中书一千五百两、内阁中书二千两、待诏三千两、拔贡一千两、推知衔二千两;监纪、职方,万千不等:皆以助军兴也。时为之语曰:"中书随地有,都督满街走;监纪多如羊,职方贱如狗。荫起千年尘,拔贡一呈首;扫尽江南钱,填塞马家口。"①

《工部新刊事例》佐证了上述记载。它收录了当时颁行的捐纳事例23种,其名目有《光禄寺署丞监事例》《光禄寺典薄例》《鸿胪寺丞署、序班例》

① 《明季南略》卷五"南都甲乙纪(续)"马士英请纳银。

《上林苑监署丞录事例》《营缮所所正例》《两殿中书例》《杂职吏典加纳例》《都司首领例》《布政司首领例》《府首领例》《援考例》《恩岁贡考定府首领县佐贰者加各官纳银例》《省祭乞年例》《廪增附青衣等生纳银入监并俊秀纳儒例》等。上列《工部新刊事例》分别对监生、生员、廪生、贡生、俊秀等人员，捐光禄寺署丞和监事、光禄寺典薄、鸿胪寺署丞和序班、上林苑监署丞和录事、营膳所所正、武英殿和英华殿中书舍人、都司经历和断事、布政司理问和经历、按察司经历、府经历等官职应缴纳的银两数，对恩贡、岁贡生考定府经历或县丞、主薄后，加官至布政司理问和经历、按察司经历、都司经历和断事、州同知、州判官等官职应缴纳的银两，对杂职吏典捐县丞、主薄以及卫经历加官至京经历等应缴纳的银两数，都有详细的规定，显示了南明政权的腐败，也为明朝的事例留下了不光彩的一笔。

明朝创“开纳”事例鼓励人们向政府贡献钱物而换取功名利禄以致购买官职。各种历史发生的特殊状况，包括水旱灾害导致灾民需要赈济、洪水泛滥造成河床需要修复、外敌威胁需要备战、城墙坍塌需要修理，乃至修宫室、筑陵墓，只要是政府财政拮据，都会出现举办“开纳事例”的动议，而且在皇帝那里非常容易得到批准。户部、工部与兵部轮流申报开办，甚至出现两部在分配事例银方面的纷争。从明代中期开始到明王朝垮台，开纳事例不止，加深了政治腐败，激化了社会矛盾。前面所述的《工部新刊事例》更是突出例子。这是事例的消极一面，不可忽视。

还有一些事例汇编文献流传日久，歧义纷呈，其中有些问题需要考证，以明真相。由于涉及考据，行文难免繁琐，请读者见谅。以下我们重点考证三部事例文献汇编。

(二)《节行事例》名义考

《节行事例》是一个官方读物。该书原是《皇明制书》中作为“附录”的一本书。《皇明制书》是北京图书馆古籍珍本丛刊中的一种。其标点本收入杨一凡、田涛主编的《中国珍稀法律典籍集成续编》第三册。根据书中所辑事例以正德十三年五月十二日为最晚，且是全书最后一条，可以推定此书的编订时间在其之后，且距离时间不会太长，应该是武宗正德年间的作品。

我们推测，它之所以称为《节行事例》，可能指的是它提供了《皇明制书》的一个节本。这个节本，考虑了刚刚进入仕途的官吏的需要，节录了

《诸司职掌》中的品级、吏员、俸给、考核等相关规定,此外就是《洪武礼制》《礼仪定式》等内容。鉴于多个版本的《皇明制书》收录有《节行事例》,虽然没有序跋明示,也推断这本书应该是一个官方编印的读物。

之所以对于该书“名义”进行考证,是因为过去有读者将之误为“诸节所行礼仪之书”。虽然这也不无根据,但《节行事例》的内容实际上大大超越了礼仪的范围。它一方面辑录了洪武年间颁行各种出使礼仪,另一方面也收录了在京在外官员资格俸给、吏员资格、新官到任仪注、官吏更姓给由、丁忧起复等项事例规定。其中有的事例出自洪武礼制,归礼部掌管;也有的事例出自《诸司职掌》,归吏部掌管;还有的属于其他方面。

看来,误解可能与对书名“节行”两字字义的理解有关。按书名中的“节行”一词是个多义词,一是各种节日所行的礼仪程序,又有德行操守之义。如“壬戌,大学士张璁以杨一清去任,请简求节行道义足以服人者,置之内阁以为首臣”。[①] 其中“节行”一词就是指道德操守。二是“节录”的意思。

私见以为,将节行之意释为节录的意思或许更妥帖。节的本意有省略、简略的意思,如用于节选的场合。历史文献中对于官方文书加以摘录谓之“节文”,《宋刑统》《唐会要》《宋会要辑稿》《续资治通鉴长编》等书为了不致文字冗繁,往往对于敕文加以删节,载其节文。其例俯拾皆是,不胜枚举。

其实,在明代其他文献中,《节行事例》也用于完全与礼仪无关的场合。查阅明人文字,如韩文《题为钦奉事》,中有“及查照节行事例,严加禁约,各照行盐地方,不许私自越境发卖”[②]之语。杨一清在《为调度官兵预防虑患事》中则有“已经行各镇总兵官查照原行差人哨探套贼多寡远近先行回报,仍照节行事例互相策应”[③]之言。而梁材在《议覆陕西事宜疏》中则谈论的是钱粮的处置:“其征收违限,住俸参题降级,悉照节行事例举行。如遇灾伤减免,方许该道查呈巡抚议处发补。”[④]这里的“节行事例”都是节选了部分事例的文字。

---

① 《明世宗实录》卷一百五。
② 《皇明经世文编》卷八十四。
③ 《皇明经世文编》卷一百十七。
④ 《皇明经世文编》卷一百五。

由此而言,《节行事例》一书乃是节选常用的见行事例,供某些官员参考。根据内容推断,其对象可能是初入仕的官员。故其中不乏薪俸、品级等规定,又有包括新官到任仪注等各种礼仪。还有官吏认祖归宗变更姓氏,因病因事请假销假等规定。其实,如果考虑到科举制下的官员,除了派往地方基层历练外,也有相当一部分人担任各种出差任务,本书之有关礼仪的规定也是当一个合格官吏的必备常识。

《节行事例》在事例汇编中的特殊性在于它并非原封不动地照抄档案,将一个事例一字不漏地全文照录。其照录的只是《洪武礼制》《诸司职掌》(包括吏员资格、繁简则例、官吏更姓给由丁忧起复等项)中那些比较规范的文字,对于原来篇幅较长文字繁多的事例,则是突出重点,摘抄精华。节行之"节"的意义在此。

(三)《嘉靖事例》作者考

《嘉靖事例》是国家图书馆保存的一个明代抄本。作为国家图书馆前身的北京图书馆,在20世纪编纂的《北京图书馆古籍珍本丛刊》(书目文献出版社1998年版),将其列入史部政书类第五十一种影印出版。几乎同时,北京图书馆出版社还影印出版了《明抄本嘉靖事例》(全四册)的单行本。两个本子都以范钦作为该书的编者。范钦是宁波天一阁主人,明代著名藏书家。他是否编过这样一本书本来不值得深究,但由于这本书题名为《嘉靖事例》,成为明清事例研究中的一个不可回避的问题,笔者不得不在这里花些笔墨辨明真相。

《嘉靖事例》所收文献,辑录了明嘉靖八年(1529年)至十九年(1540年)间,朝臣所上题奏经过皇帝批准形成的事例八十三件,凡20余万字。内容与盐法、茶法、钱法、商税、鱼课、军粮、边饷、禄米、香钱、荒政等有关,涉及的领域十分广泛,所以受到学界的重视①。

认真考察本书收录的这些文件,不仅每一件都对嘉靖时期一些官员的建言进行了引述与评论,提出了自己的意见,而且在结尾处都明确地提及了其最终结果。一般都以"某年某月某日本部尚书梁等具题,奉圣旨"云云结

---

① 《嘉靖事例》的各篇内容都属于题准的事例。《正德会典》关于事例的种类没有提及"题准"。《万历会典》的事例则多数以题准的形式出现,计一千一百四十六条。

束(只有少数几件不在结尾而在文件的开头)。这里的关键词是“具题”,表示了他是这个题稿的负责人。这个“具题”的“本部尚书梁”是谁呢?就是嘉靖时期户部尚书梁材。所以,此书的文件无一例外全部都是梁材撰写的题稿。

梁材在《明史》卷一百九十四有传。略谓:梁材,字大用,南京金吾右卫人。弘治十二年进士。授德清知县,迁刑部主事,改御史。出为嘉兴知府,调杭州。迁浙江右参政,进按察使。嘉靖六年拜右副都御史,巡抚江西。甫两月,召为刑部左侍郎。寻改户部,遂代邹文盛为尚书(时在嘉靖七年十二月)。“材初为户部,值帝勤政,力袪宿弊,多见从。及是屡忤权幸,不得志。”嘉靖十七年,考尚书六年满,遂令致仕。明年,户部尚书李廷相罢。帝念梁材廉勤,大臣亦多荐者,乃召复故官,加太子少保(时在十八年)。三掌国计,砥节守公如一日,帝眷亦甚厚。归,旋卒,年七十一。隆庆初,赠太子太保,谥端肃。当嘉靖中岁,大臣或阿上取宠,材独不挠,以是终不容。自材去,边储、国用大窘。世宗乃叹曰:材在,当不至此。梁材有文集,题名为《梁端肃公奏议》,十六册,明万历三十七年刊本,书首有序。惜国内无存,而只有日本国立公文书馆的内阁文库有藏。

梁材不仅有着高超的理财能力,而且还是个清官。据网上的材料,在其故乡南京市秦淮区武定桥畔,紧邻夫子庙核心景区,尚建有一座“廉轩”,楹联曰“国计三持堪大用,朝疏五上栋梁材”,将其大名嵌入联内,以褒扬梁材清廉勤政的精神。人言“揭底怕老乡”。一个主管中央财政的高官,在其家乡有此口碑,足以证明他的清廉不是装出来的。

为了验证文件出自梁材的手笔,我们认真查证了《嘉靖事例》各个文件形成的时间。其中:嘉靖八年 20 件,九年 24 件,十年 8 件,十四年 10 件,十五年 8 件,十六年 4 件,十八年 2 件,十九年 4 件,题奏时间不明确者 3 件。对照梁材的履历,他于嘉靖七年十二月被任命为户部尚书,嘉靖十七年被撤职,第二年又恢复任职直到嘉靖十九年。这与文献记载时间完全符合。而文献于嘉靖十一年、十二年、十三年,出现了三年时间的空缺,也与梁材任职期间因丧母回乡守制三年经历相符。

《嘉靖事例》出自梁材的手笔,还有一个极其有力的佐证。就是书中有九篇题稿被收入《明经世文编》卷一百二十至一百六十。它们是嘉靖七年正月的《革徐淮二仓内臣疏》,嘉靖八年四月的《会议王禄军粮及内府收纳》,嘉靖九年五月的《议处陕西四镇边储》,嘉靖十年五月的《议处郧阳流逋》,嘉靖十四年八月的《议灵州盐裸抵补宁夏屯种》,嘉靖十五年六月的《覆议茶马事宜》,嘉靖十五年九月的《运发延绥修边银两及查勘宁夏边防疏》,嘉靖十五年十二月的《驳议差官探矿》,嘉靖十九年三月的《议处茶运》。只是篇名加上了一个"疏"字。再就是结尾处没有"某年某月某日本部尚书梁等具题,奉圣旨"云云的字样(下详)。

《明经世文编》收录梁材的作品为五卷十五篇。除上述九篇外还有六篇(《议勘光禄寺钱粮疏》《复议节财用疏》《查革仓场内臣疏》《议覆陕西事宜疏》《准放折俸等项支用疏》《议处通惠河仓疏等》),为《嘉靖事例》所未有。这表明《明经世文编》并非选自《嘉靖事例》,而是另有其出处。《明经世文编》在收录梁材的上述文字时,均标明其谓《梁端肃公奏议》。这说明它很可能是选自梁材的文集《梁端肃公奏议》。区区十五篇不算太多,但是,一个人占有《明经世文编》五百卷中的五卷,其分量已经十分罕见,足证《明经世文编》编者对其文字的重视。

而对于我们来说,其重要性在于它证明了《嘉靖事例》全部文本的著作权人就是梁材。

范钦是一个值得尊敬的人。他是嘉靖时进士,累官兵部右侍郎,其历史杰出之处在于其作为明代著名藏书家,"喜购书,筑天一阁藏之",将丰富的古籍遗留给后世,至今仍受其遗泽。这样一个藏书家,对于书籍的爱惜之情不容置疑,对于著书之人尊重之心也应该不容置疑。而梁材又是他的同时代人,生年比他略早,应该是他尊敬的长辈。他对于著书署名的规矩不会不懂。明代这方面的惯例,可以成书于明代末年的《明经世文编》为例,这是一个众人著作的合集。每一卷的开始,先署主编之名,然后是具体负责参选人的名字,最后是作者的名字。《明经世文编》在收录梁材文字的五卷中,在卷首大书《梁端肃公奏议》的题名已经显示了作者尊称的情况下,仍然郑重其事地在下面署上梁材的大名。如果以此为例,那么,无论是在什么情况下,将完全是由梁材一人撰写的《嘉靖事例》,仅仅署上编者范钦之名,而把作者梁材置之于外,范钦会这样做吗?我断然认为不会。

结论只有一个,就是所谓《嘉靖事例》范钦编之说,不会出自范钦本人,必是妄人所为。显而易见的破绽是，由于书内每篇的署名都是其“作伪”的证据，迟早有一天会露出真相。这只会影响范钦的名声，并不会为范钦的名誉加分。像范钦那样德智健全的人是干不出这种事情的。

《嘉靖事例》与范钦的联系或许是由于它曾经为天一阁所藏。遗憾的是，我们翻阅天一阁书目没有得到丝毫线索。说到这里顺便指出，在天一阁旧日藏书中，与事例相关的抄本还有不少。《天一阁书目》中有骆兆平著《天一阁明抄本闻见录叙》一篇文字，指出：“天一阁多明抄本，这是天一阁藏书组成中的一大特色。”①其中见于著录的有：

（1）《刑部近题事例》明嘉靖十六年刑部稿。蓝丝栏抄本。见刘目。

（2）《刑部纂集事例》一卷，蓝丝栏抄本。见刘目、薛目。罗振常天一阁藏书经见录云：“所载乃正德嘉靖弘治三朝事。”

（3）《法司近题事例》一卷抄本。见阮目。

（4）《近题事例》一卷，抄本。见阮目②。

就是说，加上上文提到的《六部事例》，仅仅在天一阁一处保存的“事例”抄本就有五种之多。此外，与之类似的各种名目的例，包括条例、新例、榜例等，还有十三种。如果将题本、奏议、集议等十二种也算上，那么就是二十种。可惜都已散佚。

历史上有些事情是很吊诡的。譬如《嘉靖事例》这本书，如果不是以这样的书名出现，抑或没有以范钦的名誉作为招牌，可能早已散失无存。内容与其相同至少是相似的《梁端肃公奏议》只剩下一本远藏海外日本，就是明证③。如果它不是题为《嘉靖事例》，也不会被《中国珍稀法律典籍续编》收入，可能根本不会被以研究明清事例为课题的笔者所见到。

（四）《皇明条法事类纂》之谜

对于明代事例进行研究，不能忽视《皇明条法事类纂》一书。作为明代

---

① 骆兆平：《新编天一阁书目》，中华书局1996年版，第267页。

② 骆兆平：《新编天一阁书目》，中华书局1996年版，第290页。

③ 说到这里，有必要提醒读者，线装书局在《明代基本史料奏议卷》中所载的《梁端肃公奏议》完全是从《明经世文编》中扒下来的。不仅《梁端肃公奏议》如此，还有好些书如此。笔者想，这样做时应该在书前声明一下，否则，人们可能误以为这就是与日本国立公文书馆的同名藏书是同一本古籍。

法制文献,它原本是个抄本,长期流落于日本,辗转以影印的方式回到祖国。该书“正编”五十卷,分8类175目,实辑各类事例1043件。“附编”不分卷,共辑各种事例216件。这样一部汇聚了明代成化弘治年间三十余年将近一千三百件事例的专集,在明代事例汇编中可以说是首屈一指。

不过,《皇明条法事类纂》又被称为“一部充满了疑问的明代古籍”,该书充满了作伪痕迹,而被人们怀疑是部伪作。

首先,人们发现《皇明条法事类纂》卷首的“御制序”是拼凑而成的。①“御制序”中的“盖我孝宗皇帝尝命儒臣戴金奉敕编纂《皇明条法事类纂》,辑累朝之法令,定一代之章程,鸿纲纤目,灿然具备”是《万历会典》序称颂孝宗皇帝的话,只是将原文“尝命儒臣纂述大明会典”改成了“尝命儒臣戴金奉敕编纂《皇明条法事类纂》”;而“逮我世宗皇帝入承……乃复下诏重修,续自成化弘治壬戌迄己酉,载在秘府,未及颁行,儒臣纂辑条格以续职掌之后,未底于成,继志述事,命官开局”云云,采自《正德会典》序,原文是“迨我英宗睿皇帝复辟之时、尝命内阁儒臣、纂辑条格、以续职掌之后、未底于成。”就是说“御制序”除了诸如“重写永乐大典二万二千二百十一卷后,纂辑成编《条法》为五十卷”这样莫名其妙的话,基本上是明代编纂制定的两部会典的御制序拼接而成。这样,御制序宣称“孝宗皇帝尝命儒臣戴金奉敕编纂《皇明条法事类纂》”云云就成了地地道道的谎话。

其次,该手抄本前还有清代著名学者朱彝尊、钱大昕、孙星衍、陈文述、洪颐煊等人收藏或阅读《皇明条法事类纂》的题记或跋文,据考也统统属于伪造。在这些学者的文集中根本找不到这些文字的丝毫影像,也没有其他证据能够证明这些学者看过这部著作。②

最后,是关于作者的疑问。这部篇幅浩繁达百万字以上的著作,在每一卷前都明白无误地署明为“监察御史戴金编次”,书的总目之前还有“戴金奉敕编次”的字样,但在《明实录》《明通典》《明史刑法志》等明代典籍中对于这件事情竟无一语述及,明代各种版本目录著作也不见著录。所以不少

① [日]仁井田陞:《旧钞本皇明条法事类纂私见》,载《东洋学报》第二十七卷第四号。

② 李剑雄:《一部有价值但也充满了疑问的明代古籍——海外遗籍〈皇明条法事类纂〉评介》,载《历史教学问题》1987年第1期。

研究者对此表示怀疑。据史籍记载,作为监察御史的戴金,湖广汉阳人,正德甲戌进士,历官中外三十年。嘉靖初,升任广西道监察御史,历任两京太仆少卿,应天府尹佥副都御史,大理寺卿,兵部尚书等职。其卒年是嘉靖二十七年。戴金以什么资格主持其事?为什么现存有关戴金的传记资料没有一字涉及?

显然,如果不能弄清这些问题,将妨碍我们利用该书的资料进行进一步研究。笔者认为,打开上述疑问的关键在于此书出于何种目的编于何时。对此有两种见解。一是张伯元,他在对勘《条例全文》与《皇明条法事类纂》后认为,《皇明条法事类纂》是对《条例全文》的重新整理,而两书都是为弘治十三年所编订的《问刑条例》所作的准备。故而《皇明条法事类纂》应该编成于《问刑条例》颁布的弘治十三年以前。二是戴金在正德年间中举,活动于嘉靖时期。弘治时期尚未出仕,不可能与此书有关。他说:"既然《条法》编录于《全文》,《全文》又早在弘治十三年前就已经编好了,称戴金为编者显然是不可能的。"①

但也有论者不同意这种看法,如吴启琳。他认为《皇明条法事类纂》确实是对《条例全文》进行改编而形成的,但是却不一定完成于弘治年间。《条例全文》一书在嘉靖年间仍然存在,证据是戴金在《整顿盐务奏疏》中曾经引用"条例全文"。那么也就"不排除在嘉靖年间,人们依然可以对数十年前的《条例全文》进行再编的可能性"。而且,这个人完全可能是戴金。并且他推断,《皇明条法事类纂》的抄录可能完成于戴金去世的那一年即嘉靖二十七年。② 遗憾的是他没有提出过硬的证据证明这一论断。而且,对于戴金为什么在去世之前改编《条例全文》也语焉不详。

争论双方孰是孰非,笔者查阅《明世宗实录》,发现了一条对此提供帮助的史料。这一材料见于《明世宗实录》卷一百八,记的是嘉靖八年十二月之事:"四川巡抚都御史唐凤仪言:臣往年曾将法司相传辑录《条例全文》誊一部,计六十四卷,始天顺八年,乞弘治七年,所载皆列圣因时沿革之政令

---

① 张伯元:《皇明条法事类纂与条例全文的比较考述》,载《法律史论集》第一卷,法律出版社 1998 年版,第 527 页。

② 吴启琳:《〈皇明条法事类纂〉成书年代及作者考》,载《历史档案》2010 年第 3 期。

也。今重修会典,请得增入。诏:送史馆采择。”

这条史料告诉我们:《条例全文》是“法司相传辑录”而成,其收录的内容起止时间是“始天顺八年,乞弘治七年”,这与张伯元所见的《条例全文》完全相同。这一信息表明嘉靖年间《条例全文》尚在,至少是在唐凤仪那里有一个他本人“誊录”的抄本。这一抄本被送到朝廷,呈送皇帝,作为重修《明会典》的参考,被皇帝下令送到史馆参考采用。也表明《条例全文》一书当时已经相当珍稀。否则的话,不要说唐凤仪会因多事而找不自在,皇帝也不会为此而专门下诏送史馆“采择”。

我们知道,重修《明会典》是根据杨一清的建议重加修订的,其建议得到嘉靖皇帝的首肯是嘉靖六年十月间事。① 嘉靖七年三月,皇帝下诏,“诏儒臣重校《大明会典》,订正谬误,增入续定事例”。嘉靖八年四月丙寅,正式命官开馆纂修。关于这次“降敕”的相关内容,《明世宗实录》记载如下:

大学士杨一清等言:大明会典一书,诚国家典礼所系,昨已奉旨,令诸司纂集近来条例,送翰林院重订,仍乞赐敕命官开馆纂修,以成盛典。上从之。乃降敕曰:“……先令六部都察院通政使司大理寺等衙门,各委属官,将所载各司事例,再行检查校勘,若有差错,备细贴注明白,送史馆改正。仍将弘治十五年以后至嘉靖七年续定事例,照前例查出,纂集校勘停当写成上进,续修附入。”②

唐凤仪上书请求将《条例全文》供修会典参考,显然是对皇帝降敕的响应。得到皇帝的肯定则是它适应了要“将所载各司事例,再行检查校勘”的需要。

毫无疑问,这对于怀疑戴金是《皇明条法事类纂》编者的一方不利。因为他们的推理逻辑是:《皇明条法事类纂》与《条例全文》都是为弘治十三年所编订的弘治《问刑条例》所作的准备。而在弘治十三年,戴金尚没有出仕,所以,戴金不可能是《皇明条法事类纂》的编纂者。而上述材料证明,《条例全文》不仅为《问刑条例》的修订,而且还能为嘉靖时期重修《明会典》提供参考,既然《明会典》的重修使《条例全文》又获生机,与之具有同样

① 《明世宗实录》卷八十一。

② 《明世宗实录》卷一百。

内容的《皇明条法事类纂》也会有同样的价值。这样来看，活动于嘉靖年间的戴金将《条例全文》加以改编，就不是绝无可能。

问题是唐凤仪献书与戴金有什么关系呢？

原来，根据实录的记载，唐凤仪当时是四川巡抚，而戴金当时是四川巡按。两人不仅同在四川长期共事，而且保持着密切的联系，他俩曾经合写了一份关于处理当时四川少数民族事宜的奏折，即"巡抚四川都御史唐凤仪巡按御史戴金会奏议处芒部七事"。[①] 还不止一次地同时为皇帝传令嘉奖："嘉靖八年三月，都御史唐凤仪、御史戴金，能奉庙谟，抚安夷众，功当首论。上命……赐唐凤仪、戴金银币有差。"嘉靖八年十月，两人再次同时得到皇帝的赏赐[②]。

嘉靖九年五月"召巡抚四川右佥都御史唐凤仪回院管事"[③]，唐凤仪离川。而据《明史·四川土司》列传的记载，戴金嘉靖九年四月还在四川。唐凤仪奏送《条例全文》是在嘉靖八年十二月。那么，以两人的关系论，戴金是完全可以知晓唐凤仪送《条例全文》给朝廷之事的。他完全能够从唐凤仪那里借阅《条例全文》，誊录保存一份也不是不可想象的。既然唐凤仪献书得到皇帝的重视，表明了《条例全文》的价值仍在，则戴金将《条例全文》重新整理，使之成为类似《皇明条法事类纂》那样的作品也就不足为怪了。

看来，吴启琳关于"不排除在嘉靖年间，人们依然可以对数十年前的《条例全文》进行再编的可能性"的观点是正确的，他肯定戴金作为编者的结论也是成立的。

不过，他断定"《皇明条法事类纂》的抄录完成于戴金去世的那一年即嘉靖二十七年"[④]却有可商之处。戴金仕途颇顺，曾经做到大理寺卿，又升任兵部尚书，于尚书任上致仕。如果书成于嘉靖二十七年，就完全可以用"兵部尚书"衔，因为我们看到浙江天一阁藏现在还藏有嘉靖年间刻的戴金的著作《戴兵部奏疏》，就是以其最后也是最高官职兵部尚书作为题名的依据。后人可以这么做，戴金本人也有理由将兵部尚书冠于自己名字之上。

---

① 《明世宗实录》卷九十九。

② 《明世宗实录》卷一百六。

③ 《明世宗实录》卷一百一十三。

④ 吴启琳：《〈皇明条法事类纂〉成书年代及作者考》，载《历史档案》2010年第3期。

如从招徕效应考虑,署以"大理寺卿"也会比监察御史更增加全书的吸引力与可信性。之所以用监察御史头衔,不是因为戴金曾经做过监察御史,而是因为其编书时就在监察御史任上。而将监察御史之衔冠于其名之上,则不仅显示了戴金实事求是的态度,还明确告诉了我们编书的时间,即在其任监察御史期间。

总之,《皇明条法事类纂》的编者署名戴金,似乎不应轻易否定。由于该书的每一卷都白纸黑字地写着,必须有确凿的证据才能将其推翻。仅仅以其生年隔代不足以否定戴金对该书的著作权。

那么,作伪者又是出于什么目的呢?假托皇帝作序,冒充学者题词,看来作伪者的目的就是抬高该书的身价。人们要问,该作伪者既然为了提高该书的身价而作伪,为什么不在作者的职衔上做文章呢?现成的方案摆在那里:戴金做过兵部尚书,做过大理寺卿,特别是后一职务与法制关系密切,正是编纂《皇明条法事类纂》这种典籍的角色,甚至胜过作伪者赋予戴金"儒臣"的名义。对于这一问题最简单的答案,就是"监察御史戴金编次"这几个字署于底本每一卷的前面,与全书结为一个整体,无法更改。这反过来恰恰证明了该书之真。

可能是作伪者没有充分认识到该书的内在价值,就只能在外部包装上下功夫。于是我们看到,在卷首杜撰了一篇御制序后,为了与序中的"孝宗皇帝尝命儒臣戴金敕编纂述《皇明条法事类纂》"相呼应,将戴金原来署于各卷卷首的"监察御史戴金编次"改为"监察御史臣戴金奉敕编敕"。[①] 然而,这却引出了更大问题。既然是"奉敕编次",皇帝还做了"序",怎么会没有刻印,只是一个稿本?如果因故来不及印刷,这个稿本又怎么会从宫中流出,又怎么会被那么多学者阅读赏识题跋?这就需要再编一个谎言。

于是我们看到:该书卷首目录之前题作"大明文渊阁钞写永乐大典条法事类纂总目",把重写《永乐大典》的事情引了进来。《永乐大典》编纂于永乐年间,所谓"重写永乐大典",是由于嘉靖四十一年宫中发生了一场大火,使嘉靖皇帝为这部书的安全感到担心。他决定将《永乐大典》再抄写一

① 李剑雄曾经对"奉敕"编纂国家法典这样重大的事情,明代官方正式典籍中竟无一语记载表示疑问,实际上,奉敕编敕并不是原来各卷卷首的原署。

个副本,并且与正本分别保存。即使一部被火,还会有一部得以保存。这一工作在嘉靖四十一年启动,至穆宗隆庆元年四月,前后耗时四年八个月,终于完成。此即重写《永乐大典》。

大概作伪者认为重写《永乐大典》会为将谎话说圆提供一个机会。假设这部书稿存在宫内,要想将其抄写出来,必须机缘巧合,那么,嘉靖年间重写《永乐大典》可能是一个好时机。

于是,不仅有了"大明文渊阁钞写永乐大典条法事类纂总目",而且目录之末又题写了"大明文渊阁钞写进本条法事类纂总目终"。这是作伪者画蛇添足吗?否。如果与所谓御制序中的"命官开局,重写永乐大典二万二千二百十一卷后,纂辑成编条法"联系起来,你会发现两者遥相呼应,都意在证明一件事,即《皇明条法事类纂》与重写《永乐大典》有关。

关系何在?作伪者对于《永乐大典》再三提及,生怕人们忽视了它与重写《永乐大典》的关系,但却不把两者的关系明确告诉我们,欲言又止。那是为了什么?原来,作伪者只是要用暗示手法,让读者把书的来历与另一个故事联系起来:

清嘉庆年间,徐松以翰林院编修出任"全唐文馆"提调兼总纂官,利用职务之便,在签注《永乐大典》中"唐文"的时候,将包括《宋会要》在内的一批资料亦签作"全唐文",命书吏录出。两者多么类似:一是编纂《全唐文》从《永乐大典中》查找资料,一是为防火灾保安全重写《永乐大典》;一是借名抄写了《宋会要》,一是抄写出《皇明条法事类纂》。它暗示我们,《皇明条法事类纂》从朝廷流落出来,就是《宋会要辑稿》成书方式的重演。当然这样说是错的。因为在时间上,这个明代故事发生在《宋会要辑稿》成书之前,故应反过来说:《宋会要辑稿》成书是重演了《皇明条法事类纂》的故事。在明眼人看来,这是该笑掉大牙的事情,所以不可以说明白。联系该书前伪造的清代著名学者朱彝尊、钱大昕、孙星衍等学者的题记或跋文,似乎可以判断作伪者所要达到的目的,就是要在熟悉徐松的抄书故事,同时又是这些学者的学术拥趸中寻求该书的买家。凡是熟知徐松故事的人,看到"重写永乐大典"几个字,就会想到《全唐文》怎样成就了《宋会要辑稿》。于是这部书的来历也就不言自明。当然真正的明眼人除外。

由于一定先有徐松抄写《宋会要》之事,才会有其后的附会。所以,我们将此书作伪包装的时间定在清嘉庆中或嘉庆后。据说此书在光绪年间为一日本人市井攒次郎在我国得到,后来由日本陆军步兵大佐竹中安太郎寄赠日本东京帝国大学(今东京大学)附属图书馆收藏。时间应该不错。

综上所述,可以得出这样的结论:《皇明条法事类纂》一书,确实如张伯元所说,是在《条例全文》基础上的重新改编。《条例全文》一书成于弘治年间,为"法司相传辑录",不仅应纂修《问刑条例》之需要而成书,而且也服务于弘治十年开修《明会典》的需要①。嘉靖年间,重修《明会典》,该书被唐凤仪献于朝廷,用作参考。戴金见此书的内容仍有一定价值,于是根据皇帝的"降敕",重新设定体例,将《条例全文》改纂为《皇明条法事类纂》一书。《皇明条法事类纂》共计五十卷,在卷五十尾部注明"毕"字。由于编者时为四川巡按,故每卷卷首都署名"监察御史戴金编次"。清代晚期,该书的稿本重现于世,经过其书所有者用学者题跋、皇帝作序等作伪方式包装,以图出手,此时徐松抄《宋会要》一事已经广为人知,故作伪者故布疑阵,移花接木,可惜技术不高,弄巧成拙,处处露出马脚,将好端端的一本书弄得让后世疑窦丛生。

《皇明条法事类纂》还有一个令人遗憾的问题,就是很多条目"有目无文"。据统计,其正编部分有二百多条属于这种情况。一卷之中,少者七八条,多则十几条,最多者达到了十九条(卷九)。这些条目的文字哪里去了?这是曾经一度令人十分疑惑的问题。

《皇明条法事类纂》原本是个抄本,长期流落于日本,辗转以影印的方式回到祖国,并收入《中国珍稀法律典籍集成》。经过校点整理之后全书面目一新:抄写潦草的字迹变成了清晰的印刷体,没有断句的字里行间加上了标点,又对于卷首的目录与文中的标题互相参照进行了校补,并且对于正编附编的所有条目全部加上了编码。从而为学术界对于此书的利用提供了方便,也为我们解决上述问题创造了条件。经过研究我们发现,原来这些条目的文字大部分保存在五十卷之后的附编②中。

---

① 杨一凡在该书《点校说明》中曾经指出:《皇明条法事类纂》截至弘治七年,可能与弘治十年下诏修订《明会典》而为了会典进行的材料准备。

② 刘海年、杨一凡主编:《中国珍稀法律典籍集成》(乙编第四、五、六册),科学出版社1994年版。该书将五十卷后的文字,命名为附编,刊载于第六册。

应该说明,最早发现这一问题答案的就是张伯元[①]。遗憾的是,他似乎不太重视这一发现对于《皇明条法事类纂》一书的意义,由于当时他把关注的重点放在了要证实《皇明条法事类纂》是对《条例全文》顺序的重新编排。所以他只查出大约94件正编"有目无文"的条目,可以在附编中找到。

后来,南京大学张建民也发现了正编有目无文的文字在附编之中。他编辑了一个对照表,几乎将附编全部内容都确定了其在正编中的位置[②]。不过他没有提及张伯元先前的工作,更加遗憾的是他似乎不知道杨一凡教授主持整理的校点本,因而也没有利用这一校点本。他利用的是原来抄本。史学界与法律史界的隔阂与此也可见一斑。他的发现由于是发表在"以书代刊"的文集中,不大为法律史界所知。笔者也是在完成此项任务后才得知他的工作。

以下是笔者利用《中国珍稀法律典籍集成》点校本核对得出的更加全面的结果。现将附编的材料出处做成一表附后,以方便学者查阅(见表5-1)。

表5-1 附编条目与正编条目对照

附编条目编码	内容	在正编的卷次条目编码	条数/条	备注
1~15	兵类	卷25(9~24)	15/16	附编8号包括了两条(卷25之第16、17条)
16~19	吏类	卷9(22~25)	4	
21~26	吏类	卷9(26~31)	6	
28~34	吏类	卷9(33~39)	7	
35	户类	卷18(13、14、15)	1/3	附编35号在正编中分为三条(第13~15条)
36~48	户类	卷18(16~28)	13	
49~54	礼类	卷21(22~27)	6	
56~65	礼类	卷21(28~36)	10	
67~72	名例	卷3(19~24)	6	

① 张伯元:《皇明条法事类纂与条例全文的比较考述》,载《法律史论集》第一卷,法律出版社1998年版。

② 参见张建民:《影钞本皇明条法事类纂未分卷文书初考——皇明条法事类纂考校之一》,载冯天瑜主编:《人文论丛》(2001年卷),武汉大学出版社2002年版;又见张建民主编:《武汉大学历史学集刊》第2辑,湖北人民出版社2006年版。

续表

附编条目编码	内容	在正编的卷次条目编码	条数/条	备注
75～87	名例	卷3(26～38)	13	
89	名例	卷3(40)	1	
90～106	兵类	卷27(17～33)	17	
107～120	吏类	卷8(24～41)	14	
122	吏类	卷8(37)	1	
124～125	吏类	卷8(38～39)	2	
128～129	吏类	卷8(40～41)	2	
130～143	兵类	卷28(24～36)	14/13	附编137号在正编中分为第27、28条两条
145～147	兵类	卷28(35～37)	3	
149～160	刑类	卷45(18～29)	12	
161～168	刑类	卷39(17～26)	3	
171～172	刑类	卷39(27、28)	2	
173	刑类	卷39(30)	1	
174	户类	卷14(20)	1	两条内容一致而题目不同
175～185	户类	卷14(21～31)	10	
186～192	户类	卷11(22～38)	7	
194～200	吏类	卷11(32～38)	7	
201	刑类	卷35(14)	1	
203～207	刑类	卷35(15～19)	5	
208	刑类	卷35(20)	1	两条内容一致而内容不同
209～215	刑类	卷35(21～27)	7	

上表体现了《中国珍稀法律典籍集成》点校本的方便。附编本来是一堆没有时间顺序也没有类别划分的材料,《中国珍稀法律典籍集成》点校本为其文字做了编码。本表利用了这些编码,所以显得眉目清楚。这样,我们看到附编的全部文字215条中,198条都可以在正编目录中找到位置;只有第20、27、55条等计17条,在正编各卷前目录中没有查到其题目,不能确定它们在全书中的位置。附表5－2如下:

表5－2 附编条目未见于正编者明细

编号	题目	形成时间
20	惩戒旷职以理军政	弘治六年五月 日
27	查考为事官吏监生	成化十四年八月二十四日
55	防患弭灾事	成化三年四月二十四日
66	建言兵备声息等事	弘治十一年三月初九
73	军职舍人在任生事者发原籍当差例	成化十九年十二月十三日
74	军官有犯先行拘审重刑羁候例	成化二十一年三月初六
88	戒武职以正邦宪	弘治六年五月 日
121	谨奉册宝上皇太后尊号	成化二十三年四月初九
123	责成效以革奸弊	弘治元年三月初七
126	太子太保吏部尚书等题为陈言革弊等事	弘治四年正月十九日
127	立储诏条	弘治五年三月初八
144	兵部奏准刑部充军囚犯事	成化元年三月
148	军丁解送到卫不许连解发千户所取财将新军逼迫逃窜	弘治四年四月初十
169	奏乞恩分豁军政禁革刁顽等事	弘治元年九月十四日
170	奏建言民情事	弘治元年九月十四日
193	武职拣选	成化十三年八月初一
202	礼部尚书邹等建言民情事	成化十年十二月十九日

而在正编中有目无文的条目,文字真正遗失了的仅只38条。列表5－3如下:

表5－3 正编有目无文的条目未见于编者明细

卷二 16~25	卷三 25、39	卷九 32、34
卷十一 24、31	卷十四 32、33	卷十七 12
卷二十 8、9	卷二十九 5、6、7、19	卷三十 25、26、27
卷三十一 4、20	卷三十五 20	卷三十七 6、7
卷三十九 18、19、29	卷四十四 11	

上述可见,不仅可以补上正编有目无文各个条目的缺文,而且为我们了

解编者在编纂过程中采取的方法与遇到的困难提供了一把钥匙。可以这样设想,编者所做的第一步是根据事例的内容将重要的挑选出来。这中间淘汰了相当一部分事例。将《条例全文》与《皇明条法事类纂》比较,可以发现其中有一部分事例为《皇明条法事类纂》所不载。①

编辑的第二步是进行分类,写成目录,然后由书手抄写内容。前五十卷有目有文的部分就是这样形成的。而在书手抄写的过程中遇到问题,把握不定,编者也将之悬为难题的,则另置一处。集中起来就是现在的附编。

另外就是编纂体例。《条例全文》以年分卷,以月日先后排序,是原始资料的简单排列。与其所服务的编纂大明会典的任务毫无关联。而《皇明条法事类纂》按照《大明律》的编目,将其分为名例、吏部、户部、礼部、兵部、刑部、工部七大部分。每一部分又以律条的条目为中心,将《条例全文》中与之相关的事例分门别类地放在一起。在律目之下,将所系事例按形成的时间先后排列。编者这种做法是花费了相当大的功夫的。当然其中也遇到了不少困难。《皇明条法事类纂》现行版本存在的混乱就是明显的体现。相信经过杨一凡教授主持的整理工作会使这部书得到更充分的利用。

① 这项工作已由杨一凡指导王若时整理完成(未刊)。

下编　清代事例

一、清代例制的形成与演变

清代延续了明代的律例法体系,除了继承《大明律》的《大清律》,还有形形色色的定例,包括了条例、则例与事例。条例,主要指清律所附条例(以下简称清律附例)。除了清律附例,单行条例还有《科场条例》等。则例,指中央政府行政六部的则例,但也不仅限于中央六部,大部分院司府寺等机关也制定有则例。它们虽然由明代继承而来,但也有不同。譬如清代则例中的部院则例,是政府各个部门行政规范大全,细致而全面,是清代的一大发展。事例特别是会典事例更是蔚为大观。清史专家王钟翰说:“须知有清一代300年间的政治制度,大约例之一字,可以概括无余。”①这反映了清代用例的广泛性。

(一)清初重例的历史社会原因

清代重例的原因何在?毫无疑问,与它借鉴了明代法制有关。同时,更是由于满族确立其在全中国的统治之前,处于一个刚刚进入法律文明门槛的历史阶段,尚没有摆脱习惯法的深刻影响。换言之,是清初的社会历

① 王锺翰:《清会典的官制史资料价值》,载《书品》1992年第2期。

史条件使例在清代得以顺利发育成长。

满族的前身是生活在白山黑水之间的女真部族,刚刚由原始部族迈进法制文明的门槛。《清史稿》记载:“清太祖嗣服之初,始定国政,禁悖乱,戢盗贼,法制以立。”说的就是努尔哈赤建立国家时的情况。继承了努尔哈赤事业的皇太极,在法制建设方面也没有走得太远:“太宗继武,于天聪七年,遣国舅阿什达尔汉等往外藩蒙古诸国宣布钦定法令,时所谓‘盛京定例’是也。”所谓“盛京定例”是什么形态的法律,现在已经难以确证。不过,顺治年间曾经重提盛京定例,其内容则与户口编制有关:“甲申谕户部、盛京癸酉年定例,凡系本家奴仆开户另造者许其编入。其系各户长同造一户者,许其编出。”①《康熙实录》还记载:“凡犯过失杀人者、旗下照盛京定例,鞭一百,赔人。”《清史稿》记载:“至过误杀之赔人,窃盗之割脚筋,重辟减等之贯耳鼻,强盗、贪官及窝逃之籍家产,或沿自盛京定例。”②这表明《盛京定例》还包括了刑法的内容。当时的立法水平决定了定例的性质:“嗣复陆续著有治罪条文,然皆因时立制,不尽垂诸久远。”③仅是为应对所面临的形势,而没有考虑到长远的需要,也就很难想象其具有长远的效力。法制简单乃至简陋:“清太祖、太宗之治辽东,刑制尚简,重则斩,轻则鞭扑而已。”④由于缺乏深厚的历史文化沉淀,造成了其法制的不发达;好处则是没有受到中原法律传统的约束,保持着原始部族的淳朴形态。

满族的崛起及其法制的建立与满文的关系密切。根据《满文老档》的记述,在没有文字的蒙昧阶段,全靠努尔哈赤的聪明才智,引领满族走出文明的混沌状态。“初我国未深谙典故,诸事皆以意创行。……惟我太祖天纵聪明,因心肇造,所行皆与古圣贤同符默契。”⑤后来努尔哈赤更是通过创造满族文字,使满族由习惯法时代迈入了成文法时代。一方面,他“把一切常例定为制度”,把以前的先例固定下来;另一方面,又“以其意制订至今未有先例之规则”,运用自己的意志补充了先例中的空白。从而奠定了法制

① 《顺治实录》卷六十。
② 《清史稿》卷一百四十二《刑法志》一。
③ 《清史稿》卷一百四十二《刑法志》一。
④ 《清史稿》卷一百四十三《刑法志》二。
⑤ 《清太宗实录》卷十二。

的基础。后来,皇太极又对于老式的满文加以改进,使满文趋于完善。例如,与我们在引论说过的汉族早期法制历史一样,成文法有了民族文字的助力,犹如破土的竹笋,加速成长。《盛京定例》就体现了这一成长的成果。

法律史界曾经对于清初是否存在一部《崇德会典》问题出现争议。张晋藩先生依据《清太宗实录稿本》第十四卷记录的为“登基后议定会典”五十多条,以及其上标有的“当在会典”字祥,认为存在一部《崇德会典》。对此有人提出不同意见。笔者也认为,仅凭现在的证据,尚不能肯定存在能够称得起“会典”的东西。也许,那仅是一个不尽成熟的建议,抑或一次没有成功的尝试,给后人留下的只是一组由既有的法律条文组成的素材。不过,据张晋藩先生考证,这五十多条文字,其内容是略经修订的天聪朝重要谕令的汇编,其中有二十三条是天聪朝颁布过的政令。包括了“禁和硕亲王以下压买本固山猪只令”“禁违制宰杀牛马骡驴令”“八家出痘互相看望条例”“禁跳神、算命令”等。[①] 这一发现集中勾勒出来的画面,显现了当时满族建政之初法制达到的水平,值得我们重视。

我们从这些文字记录中可以看到,有些规范属于民间细故,是国家法典从来不屑一顾的,却被郑重其事地列入法律,如:“鹅鸭鸡只、院内晒挂衣服及合包内银子、地里田禾穗子、园中菜蔬、斧子、镰刀、院内堆的草木,若有偷窃者,举首的人赏银三两,本主问应得之罪。有猪入人田禾者,每次每猪罚银五钱,送三次不听,至第四次告于牛录,将猪与地主。骆驼、牛、马、骡、驴入人地者,每匹罚银一两,仍赔粮。绵羊、山羊入人地者,罚银二钱。”

熟悉古代诸如乡规民约一类民间规约内容的人,或者读过明代日用百科全书中的“乡约体式”的人,会发现这些规定似曾相识。[②] 在古代法律秩序中,这是乡村民众自发起来保护自己财产安全,维护基层社会秩序的举措。将这些规定上升为国家法律,以国家法律维护基层百姓的日常生活需要,不能不说其具有一定的人民性。它们不被重视,没有得到应有评价,完全是由于清初入关前后清政权的残暴行径,遮蔽了早期满族国家法律的民

① 张晋藩:《清〈崇德会典〉试析》,载《崇德会典》(户部则例)及其他,第 24 页。

② 参见刘笃才:《民间规约与中国古代法律秩序》,社科文献出版社 2014 年版,第 94 ~ 99、124 ~ 129 页。

间性。

类似的规定还有不少,如:"凡养的牲畜,被别人家犬咬死,将肉交付犬主,令彼赔偿。二人相争,有不是者打鞭子扎破衣服,令彼赔偿。死的牲畜肉,若分卖与人,本主问应得之罪。肉给举首之人,肉类的银子入官。""驼骆、牛、马、骡、驴有走失者,在边里得者与银一两,边外得者与银二两,城里得者与五钱。此数事许该管牛录断决。大事须送刑部问理。"

文中虽然出现了国家机关"刑部"的字样,但却不能完全排除其来自民间习惯。在人类社会早期,由于处理损害赔偿关系而形成的民间纠纷,往往通过民间调解的方式加以解决。其反复运行而逐步形成的某些规则,经过国家法律的规范化、成文化,而变得明晰与确定。这是早期国家法律的重要来源。

后面的规定也显示了当时当地的所谓法律不过是习俗的条理化。如:"凡遇出痘时,不许扎糕、煮酱、淋灰水;死人烧纸,又六月一个月,其别的月初一、初二不许烧;人出兵后,不许上坟。以上的事,应该忌之。今后有不遵者,问罪。"①

另外,即使是充满了贵族等级味道的条款所规制的事项,其内容也是经济社会水平相当不发达的情况。譬如说:"自汗及诸贝勒,以至小民,凡祭祀筵宴、殡葬及市卖等,只许用山羊、豕、鸡、鸭、鹅牲畜。有屠猪为市者,可屠公猪。若屠母猪卖之,按例治罪,并令赔偿。"②

很难想象,一个像样的贵族与猪的买卖关系如此密切,至少说在中国古代历史上极其罕见。

有的条文则反映了自然经济条件下,对于借贷关系的排斥:"凡人不许开当铺,不许借银。借粮的止许一年有利,若年多许本粮有利,不许利上起利。"

还有以下的规定,它们反映了农耕社会人们对于大小牲畜的重视:

凡人祭神、还愿、娶亲、死人、上坟,杀死货卖宰杀牛、马、骡、驴,永革不许。马、骡生与人骑乘者,牛、驴生与人役使者,绵羊、山羊、猪、鹅、鸡、鸭生

① 辽宁大学历史系:《清太宗实录稿本》,1978 年 10 月内部排印本,第 12 ~ 13 页。

② 《满文老档》第八册,天聪元年九月至十二月。

与人吃者。今后许绵羊、山羊、猪、鹅、鸡、鸭还愿、祭神、娶亲、死人、上坟宰杀买卖。母猪不许杀,若杀卖者问应得之罪,仍赔猪入官。若违令将马、牛、骡、驴还愿、祭神、娶亲、上坟杀死货卖者,或家下人,或部下人举首,将人断出,赔杀的牲畜与原告,或傍人举首,赔牲畜与举首者。牛录章京、拨什库因失于稽查,问应得之罪。设大宴时许杀,有群牛的贝子、大人,亦不可侈费。

这是一个经济处于低水平运转的社会,需要节约一切资源,所以供神祭鬼都要贯彻俭省的方针。

综上所述,这些被记录下来的成文规条,反映了入关前的满族社会是一个由自然经济主导的农耕社会。庄稼与牲畜是相当重要的社会财富。买卖与借贷关系都不很发达。人们过着朴素简单的生活。婚丧嫁娶,祭祀烧纸,柴米油盐、鸡鸭鹅狗,皆属必须重视的事务。奖励拾遗,赔偿损害,买卖公平,甚至不登大雅之堂的养猪杀肉之事也成为煌煌大法的内容。如果这就是《崇德会典》的内容,那么,这部会典在我国法制史上真是不可多得的文明初始阶段的典型。

不难看出,这是一个惯例还有其约束作用,但习惯又已经不再起主导作用的时代,这种特有的形态,使得因时立制、以例为主的立法方式,成为人们所乐见的一种方式。据《满文老档》的记载,满族当年曾经将"协议诸事,公断是非"的原则"著为常例"①,从中不难看到"议事以制"的影子。努尔哈赤甚至准备将此作为确定谁来接班的条件,曰:"继朕而嗣大位者,毋令强梁有力者为也。以若人为君,惧其尚力自恣,获罪于天也。且一人纵有知识,终不及众人之谋。今命尔八子,为八和硕贝勒,同心谋国,庶几无失。"他还叮嘱八贝勒:"尔八和硕贝勒内,择其能受谏而有德者,嗣朕登大位,若不能受谏,所行非善,更择善者立焉,择立之时,若不乐从众议,艴然变色,岂遂使不贤之人,任其所为耶!"②这一类似政治遗嘱的内容,似乎意味着当时还没有完全形成君主个人专制的制度。

诉讼程序上众议公断的规定是其处于法制原始阶段的明显特征。努尔哈赤在听讼方面确立了以下的程序:"凡听断之事,先经扎尔固齐十人审

① 《满文老档》第四册,乙卯年。
② 《清太祖实录》卷八,天命六年七月至八年十月。

问，然后言于五臣，五臣再加审问，然后言于诸贝勒。众议既定，犹恐冤抑，亲加鞫问。"为了保证众议公断，实行审判公开，天命元年谕贝勒大臣曰："兹播告国中，自贝勒大臣以下有罪，当静听公断，执拗不服者，加等治罪。凡事俱五日一听断于公所，其私诉于家，不执送而私断者，治罪不贷。"①

这种"人命重案，不可独断之，当由公众论断"的司法制度，是其政权初建时期"众人皆聚之，共议国政，商办国事"的民主议事制度运用到重大案件审判中自然形成的结果。（天命元年）上谕议政大臣五人曰："凡事不可一人独断，如一人独断必致生乱。国人有事当诉于公所，毋得诉于诸臣之家。"在疆域扩大之后，还把"同堂公断"的制度扩大到对于汉人的统治，使之成为常制，谕众汉人时也说："诸凡案件，不可独断。上自八王，下至守堡，皆集于衙门，共同审理。"②以致有的贝勒，如阿巴泰，以此作为取信邀宠的特质，奏言："臣无他能，谨识上谕。自今以往，凡事誓从公断而已。"③这并非偶然，大贝勒也把它作为"指天发誓"的一项内容："臣请与诸贝勒、八大臣暨审事各官，共矢诸天地，殚心襄赞；一切刑名从公听断。若不践此言，甘受严旨，并膺天谴。"④

清初法制除了内容的朴素性与原始性外，以"谕"为立法之常用形式，同时又有誓与约作为其补充形式，也是一个特点。

谕是口头宣布的指示。开始是因为没有文字。后来出现了文字，口头指示才由文字记录下来，有了文献记录的所谓"上谕"。但是，文字毕竟是小众掌握的工具。书写识认都殊为不易，更多的信息是靠口耳相传。领袖头目的口头指示是现场面对面直接发出的。与此相适应的立誓定约，成为谕的补充形式。约，则往往以一呼百应的形式，将群众的呼应作为显示它以大众同意作为成立的基础。

所以在《满文老档》中可以看到这样的语句："立碑为誓""立书为誓""相互结盟，总为誓言""遂拜天地誓之""约誓""立誓言""联盟制誓""盟

---

① 《清史稿》卷一百六十五，《刑法志》三。

② 张锐智：《盛京满文档案中的律令》，见《中国珍稀法律典籍集成》（丙编第二册），科学出版社 1994 年版，第 10、33、35、47～49 页。

③ 《清太祖实录》卷五，天命元年正月至三年十二月。

④ 《清太宗实录》卷八，天聪五年正月至三月。

誓立法""盟誓议和"等。誓言往往写成书面文字保存于档案。下择引几则典型的誓言:

如蒙汗之委任,今后我卓礼克图定将忠勤效力。在军旅,则严加管束号令而行。居乡村,则不为贼盗,忠正为生。

蒙汗之恩,我阿岱任职后,不盗不伪,孜孜不倦,竭尽所能,管辖任事。

我汤古岱唯赖汗赐给总兵官之职赏,若行盗骗,必因己之罪而贬之。当竭尽所能管辖任事。

我巴都虎唯赖汗之颁赐,及家养之牲畜、耕种之粮谷,不怀盗骗奸宄恶虐之心。外出各处或身居乡间,皆尽以忠正。若违此言,必因己身之罪而贬之。①

此外,就是"约"的效力受到强调。如责人以"尔违禁约",罚人谓"违背前约,画地为牢"。② 有记载说:"先是,行猎时,诸贝勒所射之兽,令从者约誓,勿隐伤痕,勿行争夺,争主亦不许对质矣。"③还有一则"共议定约"的记述:

是日,以天聪汗为首,土谢图汗、孙杜棱及达赖楚呼乐、僧格和绍齐及大小诸台吉等,共议定约:"……无论何人遇来归逃人,则送交所指之主。送交后,其逃人在二人以上十人以下,取其一人,如只一人,则即取之。十物取一,二十物取二,均按数取之。满洲人若往科尔沁阿巴噶地方犯罪,按科尔沁阿巴噶法处理。科尔沁阿巴噶人至满洲地方犯罪,按满洲法处理。在两国中间犯罪,按各自法律处理。阿衮之科尔沁、阿巴噶、敖汉、奈曼、喀尔喀、喀喇沁、土默特诸台吉若有行窃者,罚马百、驼十,属下人行窃,则杀盗窃者,执其妻子与之,不准赎回。所窃多少牲畜,遣使者加倍罚之,其馀牲畜,台吉等取之。"④

---

① 以上誓言引自《满文老档》第七十五~七十八册。

② 以上引文页次均出自张锐智:《盛京满文档案中的律令》,载《中国珍稀法律典籍集成》(丙编第二册),科学出版社 1994 年版,第 12、14、19~20、22、31、49、82、84、88~89、93、107、111、129 页。

③ 《满文老档》第十四册,天聪二年十二月。

④ 《满文老档》第三十七册,天聪五年四月。

这使我们联想到我国春秋时"约誓以相信"的精神。这至少表明,在清朝立国前就存在这样的传统。有些法或者是在上者的口头指示(谕),或者是人们彼此的相互约定(约),它们未必表现为身份的平等,但却是建立在同意的基础上,建立在个人承诺的基础上的一种约定。立誓的频繁出现还意味着精神上的约束力量比物质上的刑罚力量更重要。人们以内心的信仰作为信用的保证。

凡此种种,表明了清朝政权初期还处于原始法制的状态。可以说,清初法制的成长等于把在中原大地有史以来从"议事以制"开始的法律文明演进过程重演了一遍。所以,"议事以制"与"因事立制"的定例才有可能大行其道。这构成了例被广泛应用的历史的文化的基础。

(二)顺治时期对明制的沿用

清兵入关后建立了全国统一的政权。其后,清代的例制开始了自己的演变路径。

我们在前文说过,明代后期律例法体系已经确立。律与例,前者是稳定的法典,后者体现了灵活的措置。清初统治者由于历史条件的限制,对于律典的功能尚不熟悉,所以顺治即位后,以定例为主要的立法方式。查《顺治实录》中"著为例"的记录,俯拾皆是,如:

谕民间丧葬,毋出正阳门。著为例。①

丁亥。赐和硕亲王以下、甲喇章京以上、固伦公主以下、多罗格格以上、及内三院、六部,锦衣卫、都察院、理藩院各衙门冰。著为例。②

谕刑部,殴杀人命,据律应抵。或偶相互殴,误伤杀死者。杖四十。赔一人。如素有雠怨,因而殴杀者,仍依本律,确招奏请定夺。永著为例。③

丙子。定内三院官制。每院设学士一员。侍读学士一员。侍讲学士一员。侍读一员。侍讲一员,著为例。④

壬午。宴武进士于兵部。赐一甲一名,袍一甲胄,带鞬、腰刀、弓、箭等

---

① 《顺治实录》卷十五。

② 《顺治实录》卷十六。

③ 《顺治实录》卷三十九。

④ 《顺治实录》卷四十二。

物。其一二甲银各十两,三甲银各八两。著为例。①

准江南高淳县岁输漕粮一万六千八百五十石,改征折色。著为例。②

类似的记录在《顺治实录》中出现之频繁,举不胜举。文多不备引。

《顺治实录》一般是两月一卷。而在其中,"著为例"的记录,虽然不是每卷都有,但也是几卷就出现一次。例如,卷六十五、卷七十、卷七十八、卷七十九、卷八十、卷九十、卷九十三、卷九十四皆有"著为例"的记录,而在卷九十五则为两条,卷一百二则为三条。其中顺治十三年六月,居然一月就出现了两条。

清初,为了适应统治整个中原地区的需要,出于稳定的考虑,确定了司法上照旧适用旧律的原则。顺治元年,摄政王多尔衮下令"问刑衙门准依明律治罪"。这对于稳定法律秩序不无裨益;但也使那些熟知律例法体系的汉臣感到大惑不解。他们希望劝说清统治者赶快制定清朝自己的法律,以改变原封不动地利用胜国之法的现状。顺治二年二月,刑科都给事中李士焜奏言:"古帝王制律轻重有伦,情罪允协。今者律例未定,止有杖决二法。重者畸重,轻者畸轻。请敕部臣,早定律法。"得到的回答却是:"修律官参酌满汉条例,分别轻重差等,汇成一编进览。"想以条例代替清律的编订。直到这年五月,刑科给事中孙襄提及,修律一事无须过于郑重其事,"但取唐律明律、订其同异,删其冗繁,即足以宪百王而垂后世。似无事过为纷更。"这才算摸准了统治者的心思,原来修律并非难事,可以把明律照搬稍事改动即可。解决了其畏难的思想。也正是采取了这样的修律方针,很快就完成了《顺治律》的编订工作。顺治三年五月,《大清律》成,世祖御制序文曰:"朕惟太祖、太宗创业东方,民淳法简,大辟之外,惟有鞭笞。朕仰荷天休,抚临中夏,人民既众,情伪多端。每遇奏谳,轻重出入,颇烦拟议。律例未定,有司无所禀承。爰敕法司官广集廷议,详译明律,参以国制,增损剂量,期于平允。书成奏进,朕再三覆阅,仍命内院诸臣校订妥确,乃允刊布,名曰《大清律集解附例》。"

中国法制史教科书上一般都把"详译明律,参以国制"作为清代法制建

① 《顺治实录》卷四十六。

② 《顺治实录》卷六十一。

设的指导方针,实际上它仅仅是《顺治律》的制定方针。《顺治律》是清代国初的法律,在清律中算不上典型代表。这八个字仅代表了清初的定律方针,并不能够代表整个清朝统治者的法制建设方针

据考,《顺治律》的条文基本是照抄明律。当时,清统治者正在全力以赴处理逃人问题,于是写进了《顺治律》之中。不知道什么时候却被删掉了。大概他们觉得处置逃人还是以定例的方式更好。清初,从顺治到康熙,实际的方针是沿着《盛京定例》的路子走。兵科都给事中魏裔介曾经奏言:"明罚敕法,设为刑律,所以使民知而不敢犯也。今天下各衙门止有律书一部,锁闭深藏,小民不得与闻,故犯法者甚众。"①这说明,《大清律集解附例》颁布后并没有大力推广。清律更没有成为定罪量刑的依据,拟罪违律的情况比比皆是。如江宁巡按刘今尹坐拟罪违律降一级调外用②;陕西按察使郑清坐承问犯官不依律问罪,降一级、调用。③ 满族将领违背军纪仍然按照鞭刑定案。④ 不仅刑科有"今律例久颁、未见遵行"⑤之奏,皇帝上谕也有"引用律例,多有未惬"之责。⑥

(三)康熙至乾隆时期例制的演变

康熙时期,对于清律的修订,采取的是回避态度。康熙将功夫完全下在了《刑部则例》之修订上。康熙六年,下旨要刑部"酌定见行则例,详晰分款,陆续进览"。经过十余年的工作,康熙十八年《刑部则例》颁布,共二百六十四条。其类目大体沿袭了《顺治律》的律目。《刑部现行则例》的制定与颁布,一方面总括了其在刑例方面的成就,另一方面也反映了康熙对于制定律典的踟蹰不前。不管怎样,《刑部现行则例》是有清开国以来第一次大规模的修例活动,也是清代统治者系统制定自己法典的尝试。如果说在这之前,清统治者基本是袭用明代法律作为自己治理国家的工具,那么,这部法律则是以自己的统治经验作为制定法律的依据。这样一个重要的举措,

---

① 《顺治实录》卷八十八。
② 《顺治实录》卷三十七。
③ 《顺治实录》卷四十。
④ 《顺治实录》卷四十六。
⑤ 《顺治实录》卷五十四。
⑥ 《顺治实录》卷九十四。

而以“则例”为名,也可见其对例这一法律形式的重视。

《刑部现行则例》是清入关后自身统治经验的总结,它虽然在结构上参考了明律,但并没有以六部为框架。其分目是:名例、职制、公式、户役、田宅、婚姻、仓库、课程、钱债、市廛、祭祀、仪制、宫卫、军政、关津、厩牧、邮驿、贼盗、人命、诉讼、受赃、诈伪、犯奸、杂犯、捕亡、断狱、营造。长短繁简颇为随意。到了康熙三十四年,清朝廷将《现行则例》分别载入《顺治律》各条之后,仍然着眼于条例内容的改进:有清、汉文义互相参差者通加改正;或罪有本律而例系重复者即行删除;或名目事款旧有今无及旧无今有者,酌量增删;或一款应分两条或数条同属一款者,悉与分并;如此等等。根据《读律存疑》进行统计,后来的《大清律例》有七十二条采用了《刑部现行则例》的例文(部分条文经过了修改删并)。

康熙时期立法的另一个重要成果是《清会典》的编纂。康熙九年四月,江南道御史张所志疏言:“会典一书,一代制度攸关。理应编辑昭示中外。”礼部议覆:“应如所请,令各部院衙门将太祖高皇帝太宗文皇帝世祖章皇帝时定例,及见行事宜,查明送内院纂修,颁行天下,永远遵行。”皇帝表示了同意,但是,并未立即启动会典的编纂工作。直到十几年后,康熙二十三年四月才正式任命了总裁副总裁等,开始纂修《清会典》。在上谕中,也特别强调重点在于例的整理:“逮朕御极以来,恪遵成宪,率由弗渝。——顾其条例事宜,多散见于卷牍。在百司既艰于考稽,而兆姓亦无由通晓。今命部院大小等衙门,各委属员,详加察辑,用成会典一书。”历经六年,康熙二十九年三月,《清会典》告成。从清初开始的定例,经此一役,整理工作大功告成。

康熙后期,出现了一些对于定例加以汇编的半官方乃至私人的出版物。陆海编的《本朝则例类编》,陆海还编了《本朝续增则例类编》;鄂海辑有《本朝则例全书》;孙纶辑有《定例成案合镌》三十卷;李珍辑的《定例全编》五十卷。它们大多是对《康熙会典》颁布后又出现的新定例进行汇集,反映了社会了解朝廷随时定例的迫切需求。

经过数十年的统治经验的积累,满族统治者对于传统法律文化的精神已经达到了融会贯通的境地,修订《大清律例》的条件已经成熟,所以雍正皇帝即位后,清代法制建设出现了突飞猛进的发展。

一是《大清律例》的编订。

康熙时期编定的《刑部现行则例》是条例自成一体，存在与律典不相协调的问题，为了解决这一问题，康熙二十八年曾经根据臣僚建议，为将律文则例汇为一书，任命了总裁官。康熙四十六年，有了初步成果，但是奏上后，康熙没有将之颁发。雍正即位后在此基础上启动律例的修订工作，所以很快于雍正三年九月宣布钦定律例告成。“凡三十卷。通计律文四百三十六条。律有总注，或标举大意，或逐节分疏，或释正文而兼及小注，或诠本条而旁通别义，异同条贯眉目井然。律后附例共八百二十四条。”将前明及顺治、康熙两朝及雍正即位后颁布的定例加以整理，“分为三项：曰原例，系累朝旧例，凡三百二十一条；曰增例，系康熙年间见行例，凡二百九十条；曰钦定例，系钦奉（雍正）上谕及内外臣工条奏，凡二百有四条。”①这是清代自己的律例合编。律文参考了明代的律文。例文既有直接取自明代的，也有清代自定的。从数量看，后者已经超过了前者。

一方面，清政府对六部则例进行了修订工作。从雍正皇帝的上谕看，主要是对吏部与兵部的处分则例进行修订：“今律例馆纂修律例将竣。着吏兵二部会同将铨选处分则例，并抄白条例逐一细查详议。应删者删。应留者留。务期简明确切，可以永远遵守。仍逐卷缮写，并原书进呈。朕亲加酌量，刊刻颁行。”②其目的是使文武官员的惩处奖励都有法可依。自此，建立起来了独立于刑法之外的一整套行政处分体系。

另一方面，清政府对民间出于商业目的编刻定例进行贩卖的行为严加禁止。“书肆有刻卖六部则例等书。行文五城，并各直省督抚，严行禁止。”③

雍正的法律思想有很多值得肯定之处。其中最令人称道的是他对传统的八议等特权规定提出直指要害的批评：“夫刑法之设，所以奉天罚罪，乃天下之至公至平，无容意为轻重者也。若于亲故功贤等人之有罪者，故为屈法以示优容，则是可意为低昂、而律非一定者矣，尚可谓之公平乎？”④他将

---

① 《雍正实录》卷九。

② 《雍正实录》卷三十四。

③ 《雍正实录》卷三十四。

④ 《雍正实录》卷六十七。

八议与刑不上大夫分别对待，说："古者刑不至大夫，盖以维国体而励臣节。……朕欲风励天下，使人各自爱共敦节行，尤宜自大臣始，大臣有不自爱者，朕仍设廉耻以养之，庶几动其天良，激厉鼓舞。嗣后三品以上大员身罹罪谴，即奉旨革职拏问者，法司亦不得遽加夹讯，如有不得不用者，亦必请旨。将此永著为例。"①

顺便要说的是，雍正皇帝每发重要上谕多以"永著为例""著为例"做结，它标志着律例法体系更加趋于成熟。《世宗宪皇帝上谕内阁》一百五十九卷，总共收雍正期间对于内阁做出的上谕三千四十二道。其中，既有经过皇帝亲手批准的案例，更多的是行政定例。涉及对于六部的具体指示。我们知道，前面如宋代，凡经皇帝批准的文件，均题为敕，一沾皇气就尊贵得不得了。整个法律体系排起顺序来也是称呼敕令格式，将其放置在第一位置上，造成以敕代律的局面。而雍正皇帝在需要将自己的谕旨变身为法令的时候，结语部分几乎都是"永著为例"②。虽然我们不必认为雍正具有法律至上的观念，但这种不惜纡尊降贵，将出于自身的煌煌上谕通著为例，而不是一定要将之凌驾于法律之上，还是值得肯定。③

二是乾隆时期例制更加成熟。

乾隆五年颁行《大清律例》，凡四十七卷，律文四百三十六条。这是清代对于基本法律的第三次修订，这部定名为《大清律例》的清律，总结了清统治者长期积累的统治经验，从而和明律有了很大区别。在修律的同时修例，废除了雍正时期以时间顺序分为"原例""增例""钦定例"的分类方法，悉依条例的内容和性质分类附入律后，完成了律例合体的编纂工作。清律的律文以后基本未再变动，一直延续至清末新政制定《现行刑律》为止。

《清会典》的编纂也是乾隆时期的大事。打破了康熙、雍正时期完全按照《明会典》的体例编纂会典的模式，《清会典》走上了一条标新立异之路。

---

① 《大清会典则例》卷一百二十四。

② "著为例"为六十条，仅有两条是"著为令"。

③ 汉代有"前主所是著为律后主所是著为令"之说，令的地位是居于律下的。不知道什么时候，因为君权崇拜，律居于令下了。在这个意义上说，清代雍正的做法也是拨乱反正之举。日本学者织田万说："皇帝裁可设定新例时，必有著为例之语，此为裁可之形式。"（参见《清国行政法》）他这个结论很适合雍正皇帝。别的皇帝似乎就不然，往往以"著为令"之语作为裁可的形式。

那就是将典与例分开。会典作为大经大法,经久不变。则例作为细枝末节,随时制宜。会典是本体,则例附在会典之后。通过这一编纂活动,虽然没有像预定的设想那样,修成"于朝庙典礼各定为一仪,于官司事例各定为一则"那样的会典则例,但是,却将部院则例的修订工作提到了日程。此后,在原来已有的现行《刑部则例》《吏部处分则例》《兵部处分则例》之外,陆续编订了《户部则例》《礼部则例》《工部则例》以及六部之外的则例。这一套部院则例的出现,推动了明代则例的重大发展,从此,各个国家机关办事都有了依据。

此后,清代统治者把注意力完全集中到了例的修订上。修例工作既包括刑事领域的律例,也包括部院行政的则例。当时宣布:以后条例"有陆续增修之处,仍定限三年一次编辑,附律列之后颁行直省,从此永著为例"。后来又将"从前定限三年一次编辑",改为"嗣后定以五年编辑一次",并形成所谓五年一小修,十年一大修的惯例。每一次的修订都是以前次为基础,进行增、删、改、并。不断地根据实践经验,充实内容。这既保持了法律的稳定性,又适应了社会的变化与统治者的需求。

综上所述,从《大清律例》的编订,到《清会典》的修纂,直至部院则例的编辑,乾隆时期的法制建设无一不与例制相关。

还有必要提及乾隆时期的例册。例册之名起自宋代,又称为例簿。当时礼部、刑部、大理寺皆有例册。① 元、明两代未见著录。清代前半时期也没有记录,而自乾隆时期开始有例册的记录。《乾隆实录》卷一百二十五记有一条吏部奏言,说:"雍正五年闰三月内奉上谕:凡内外大小引见人员,有所条陈,曾经发交廷议允行者,着吏部将姓名事件,记明档册。"是雍正时期已有"档册"。当时不说载入例册,似乎表明了清代的例册之称始于乾隆时期。

例册,在实录的个别段落又称为律例册②。有的案件,载入例册似乎还要经由律例馆。如刑部议覆、安徽巡抚陈大受奏称董宫用强抢卖亲伯母汤氏一案,就提及"请将此案强卖嫡亲伯母之董宫即拟斩候,并请移咨律例

① 《宋史》卷一百二十四"凶礼三"。
② 《乾隆实录》卷四十七。

馆,载入例册,永远遵行”。[①] 可见例册与律例的修订有一定联系。所以,实践中刑部是涉及最多的部门。很多“载入例册”的建言出自刑部。当然刑部之外也有吏部等衙门。一事一请者为常态,也有将若干事集中为请者。譬如,实录中有一处记载,吏部奏,例册应行增改九条。例册分由各个部门职掌。刑部的载入刑部例册。户部的载入户部例册。也有一事由几个部门分管,则分别载入各自的例册。如《道光实录》卷一百五十就有“着宗人府、刑部即各纂入例册永远遵行”。不仅实录颇多载入例册的记载。个别省例中也不乏例册的记录。如在《福建省例》中就记载有“闽省产茶各县给照征税例册”“武职食俸简明例册”,并有“刊入例册”的批示。

(四)清代后期例制的流变

嘉庆开始,清朝国运下行,动乱迭起,至晚期更是受到世界列强的侵略,其统治遭到两千年来所没有的大变局之挑战。不过,在法制的修改完善方面还是做出了成绩,主要表现在两个方面,一是修订颁行了大量的部院则例。不仅通过对于一些重要部院则例进行增修,适时补充充实了新的适应时代变化的内容。二是根据治理国家的需要,制定了一些新的则例,强化了经济和工程管理方面的立法,建立和健全了皇室及宫廷管理法规,以及有关管理少数民族地区事务方面的则例。

嘉庆之后,道光时期对于成案的关注成为新的热点,这是由于成案沦为胥吏营私舞弊的工具。由于官僚对于法律不熟,将诸多事务委诸胥吏:“堂司各官漫不经心,一切例案悉委书吏之手。遂致意为高下,互有歧误。”甚至造成所谓胥吏专政的问题。这固然是由于官僚体制的弊病,官僚习气的影响:“奸胥猾吏、以舞文弄法为长技,皆由司员等不举其职,遇事茫然,转听命于书吏。遂使冠履倒置,授之以柄。”[②]但是,更根本的原因还在于随着时间的推移,例案积累,过于繁杂。“各衙门咸有例案,勒为成书,颟若画一,不特易于遵行,兼可杜吏胥任意准驳之弊,法至善也。乃阅时既久,各衙门例案太繁,堂司各官不能尽记;吏胥因缘为奸,舞文弄法,无所不至。”[③]

---

① 《乾隆实录》卷一百四十三。

② 《嘉庆实录》卷三百六十六,载御史朱鸿奏语。

③ 《光绪实录》卷四百二十一。

例案关系问题与官僚体制问题联系密切。“其吏胥高下其手，堂司意见参差，总由于舍例言案。盖例有一定，而案多歧出也。”嘉庆皇帝为此发出指示：“将现行定例详加查核。如有例所未备而案应遵照者，即检明汇齐纂入则例。其案与例不符者，造册注明事由，将原稿即行销毁。若有例案不符而稿件仍有关查核者，着另册登记，钤印贮库，办稿时不得再行援引。”①而道光皇帝则指示“各部院衙门例案随时酌量增改”的过程中要注意消除例案的不一致。“嗣后各衙门于纂修则例时，务须悉心酌议，将两歧例案悉予删除。总不得彼此通融互可援引。致令不肖吏胥从中舞弄，庶足以昭画一。”②

例案两歧问题成为清代后期的顽疾，以致到了同治时期关于纂修则例的上谕仍然在强调：“至各衙门近来办事，往往舍例就案。遂至日久旧案纷歧，书吏得以上下其手。吏兵户刑等部此弊尤甚。即着各该衙门堂官督同司员，于今年新纂删改增修各例，详细酌定。务令字解句读，不能牵混。如例有未备者，将旧案酌中核定附入现行条例之后，其余歧出之案一概销毁，以归简易而杜流弊。”③光绪皇帝也指示：“着各部院堂官，督饬司员，各将该衙门旧例，细心䌷绎，其有语涉两歧，易滋弊混，或貌似详细，揆之情理，实多窒碍者，概行删去。”④

清代后期法制的成就还有《嘉庆会典》与《光绪会典》的编纂。由于后面有一章专门论述，此处不赘。

(五)清代例制中的事例与成案

以上论述表明，清代法制建设与明代的路数有很多不同之处。明太祖朱元璋在位三十年，反复修改明律，将成法留给后世，一字不准改动；明代后世君主也以遵循祖训为务。而清代的祖先创业，包括“清太祖嗣服之初，始定国政”与“太宗继武”，“嗣复陆续著有治罪条文，然皆因时立制，不尽垂诸久远”。(《清史稿刑法志》)两者可谓鲜明对照。顺治在制定清律时，基本全文照搬明律，居然不分尔我。康熙皇帝也不在律方面下功

---

① 《嘉庆实录》卷二百四十八。

② 《道光实录》卷二百三十三。

③ 《同治实录》卷十三。

④ 《光绪实录》卷四百二十一。

夫，制定《刑部现行则例》时，谕刑部说什么“国家设立法制，原以禁暴止奸，安全良善，故律例繁简，因时制宜”。① 谕大学士等：“自古帝王治天下之道，因革损益，期于尽善，原无数百年不敝之法。”②与朱元璋“一字不准改动”的遗嘱也相映成趣。

但对于事例的运用，清初可以说是完全继承了明代的做法。特别是顺治皇帝，其即位诏书中提到：“一品官有三母、三妻、照前朝覃恩事例俱准封赠；某地钱粮，以后仍照见行事例分别蠲免。”③平定陕西后，发布的所谓“恩诏”中提到“该省生员乡试。举人会试。俱照直隶、及各省事例、一体遵行；其顺治二年额数，准照户部丁地钱粮事例照分数一体蠲免”。④ 上述事例的用法，都是明代事例的用法。

不过，学习借鉴明制的同时，顺治皇帝也看到了沿用明代事例的弊端。他指出：“近见各衙门办事，惟因循事例，止图塞责，未尝见有真切尽心者，殊负朕委任至意。”他对此不满，要求群臣“各将本衙门一应事务详悉参酌。何事有益国家当遵行，何事无益国家当更改，并诸凡兴利除弊事宜，俱着各衙门满汉大小官员，公同商确具奏。”⑤实际上是发出了对于明代事例加以改革的指示。

康熙皇帝更进一步提醒臣下要吸取明代运用事例方面的教训：“且明末一切事例游移不定，上无道揆，下无法守，以致沦亡。此皆尔等所亲见、亦众所共知。今后凡条奏本章、尔大学士等务加详酌。”⑥

康熙时期，清代例制进入了一个推陈出新的阶段。康熙皇帝甫即位不久，就因天象有异下诏征言，其中很重要的一条内容是要求部院大臣对于“关系国家利弊、民生休戚、应兴应革事宜”，包括“见行事例有未当者”据实具奏。这一指示发出后，户部、吏部、兵部都迅速行动起来，响应谕旨，分别提出了“更定事例”的建议。这些建议应该都是以对于明代原有事例之反

① 《康熙实录》卷八十四。
② 《康熙实录》卷八十三。
③ 《顺治实录》卷九。
④ 《顺治实录》卷十五。
⑤ 《顺治实录》卷一百一十五。
⑥ 《康熙实录》卷八十三。

思为基础的。不久之后，又有李之芳上奏，“乞敕部院大臣、将该部见行事例、彻底厘定，务使永远可行”。接着，“吏部覆请，委满汉司官将见行事例厘定画一，进呈御览，钦定遵行”。康熙十二年八月，康熙谕吏部等衙门：“国家致治首在崇尚宽大、爱惜人才，俾事例简明易于遵守，处分允当不致烦苛，乃符明作惇大之治。”要求根据这一精神将各个衙门处分条例重新修订。通过上述活动，国初沿用的明代事例得到了清理，更多地加进了清代的立法宗旨与现实需要。

雍正乾隆时期，随着清代例制的成熟，部院则例陆续地制定出来。事例一方面成为编订部院则例的基础，对于部院则例的编订起了重要作用；另一方面也因部院则例的编纂而被容纳其中，失去了独立的作用，只有在捐例、社仓等方面得到广泛应用。

这里我们重点讨论的是乾隆之后事例的演变。请看表 1－1：

表 1－1　清代各朝实录中的则例、例案、事例、成案统计

序号	实录年代及卷数	则例/件	例案/件	事例/件	成案/件
1	顺治实录(144 卷)	31	0	28	1
2	康熙实录(300 卷)	23	0	30	1
3	雍正实录(159 卷)	11	0	10	0
4	乾隆实录(1500 卷)	117	22	99	49
5	嘉庆实录(374 卷)	88	48	29	30
6	道光实录(476 卷)	109	51	10	349
7	咸丰实录(356 卷)	20	30	19	121
8	同治实录(374 卷)	23	23	8	115
9	光绪实录(597 卷)	40	32	11	255
10	宣统政纪(70 卷)	12	5	3	58

通过检索历代《清实录》中则例、例案、事例与成案的消长之趋势，可以发现一些新的现象。首先，例案关系问题是清代后期朝廷中君臣上下关注的焦点。君臣之间对此讨论日渐频繁，成了一个经久不衰的话题，实录提及例案的次数增多就是有力的证明。其次，事例在实录中的数量越来越少，道光以后尤其明显。最后，成案与事例存在此消彼长相互替代的关系。乾隆时期

是个平衡点,之前,事例明显多于成案。其后,成案大大超过事例。

由此我们能够得出什么结论呢?那就是原来事例的地位已经为成案所代替。

成案,在明代是指已经办理终结的案件。清代《顺治实录》与《康熙实录》中只有一处提及成案,而《雍正实录》居然没有一处提及成案。《乾隆实录》中第一次提到成案是乾隆三年十月,“刑部议准、御史王柯奏称、刑部定拟罪名。除正律正例外。凡成案未著为定例者,嗣后概不准混行牵引。如督抚办理果有与旧例相合可援为例者,令于本内声明,由部详核奏请审定。”① 从之。这时对于成案还是限制与排斥的态度。没有料到,嘉庆特别是道光年间,成案居然得到爆发式增长。延续至清末光绪期间,势头一直不减。

嘉庆皇帝谕内阁说:“各部院衙门事件,原应遵照定例办理,其例有未备者,方准以旧案比照,诚以事端百出,从前定例或有未尽周备,而成案日积日多,其中又不无办理参差之处,于是吏胥得以意为援引,高下其手。此案牍愈纷、而隐匿朦混诸弊所由滋也。”②他把成案看作是导致吏胥专权的弊病,不无道理。道理虽然了然,终至清末却没有能够找到一个解决的方法。

---

① 《乾隆实录》卷七十九。

② 《嘉庆实录》卷一百三十。

二、督捕事例与社仓事例

将清代实录与明代实录进行对比,两者关于例的记载,分类数据统计如表2－1所示。

表2－1　明清两代各朝实录中例的分类统计

项目	定例	则例	条例	事例	著为例	附注
《明实录》	307	273	236	1689	99	明代计276年
《清实录》	2814	474	435	247	361	清代计268年

从表2－1可以看出,各种例加总之后在实录中出现的频率,清代远较明代为高。特别是定例,清代有二千八百一十四处记录,是明代三百零七处记录的九倍。“著为例”的记录三百六十一条,将近明代“著为例”九十九条的四倍,则例、条例也有增长。清代例的数量优势一目了然。说明了例在统治国家管理社会中的作用广泛,受到清统治者的重视。

事例的条目数量对比结果却与其他项目大相径庭。《明实录》中涉及事例的记述为一千六百八十九段,而《清实录》仅二百四十七段。不仅实录如此,其他文献也显示同样情况。譬如,《大明律例》含有事例的条文为三十七段,《大清律例》含有事例的条文仅一段。明《经世文编》含有事例的文章五百二十九段,清《经世文编》含有事例的文章为四十二段。如果说,明清同类史籍不同是由于存在着体例的差异,受到各书执笔者的主观因素影响,那么,我们可以用同一个文献所显示两代事例的记载差别来加以对比。譬如《江苏省通志稿》,是清末一部经多人集体编纂的地方志初稿。其自第二十卷至第三十八卷为明代大事记,计十九卷,提及事例者为五十一处;自第三十九卷至第五十二卷为清代大事记,计二十四卷,提及事例者只有三处。①

为什么这样?难道事例在清代再次陷入颓运?回答是:非也。主要原因在于,明代的事例是泛化的称谓。所谓先年事例,具体如洪武某某年事例,永乐某某年事例,洪武永乐年间事例等,不一而足。其种类之繁多,包括民政方面的事例、行政方面的事例、军政方面的事例。而清代实录记述的已经极少有这类事例,而是被命名为专门词语的事例,如逃人事例、捐纳事例、捐输事例、捐监事例、社仓事例、营田事例、筹饷事例等。清代史籍中记载的事例也主要是这种事例。

这些事例可以归并为一类,它们独具特色。为加深认识,我们选择几个比较典型的事例逐一进行分析,最后再加总结。先说督捕(逃人)事例。

(一)督捕(逃人)事例

督捕事例又称逃人事例,或者督捕逃人事例,是有关惩治逃人与窝逃行为以及强化缉捕逃人的相关立法。

"缉逃"不新鲜。明代也有缉捕逃人的法律规定。《明史·沈希仪传》甚至有"江、淮多盗,议设督捕总兵官"②的记载,可见,设专官督捕非清代独有。但是,明代缉逃的对象是强盗,除此之外主要是逃军。明代多次制定清理军伍的事例,就是以逃军作为对象,后来编订成为《军政条例》。

清代的逃人是从满族庄园中逃走的家奴。众所周知,逃人问题与剃发、圈地等是清初三大弊政之一。在清军入关前后,战乱中无数颠沛流离的汉族民众,"无衣无食、饥寒切身",有的被满洲军人俘获,失去人身自由,沦为奴隶;有的被迫以投充为名,成为满人的"家人",实际是家奴。满人入关全国统一以后,这些所谓"投充旗下人民"纷纷逃走,形成了所谓的逃人问题。清

① 《江苏省通志稿》《大事记》卷二十至五十二。

② 《明史》卷二百一十。

朝廷一直严令缉捕逃人,逃人法即由此产生。

清代的逃人法后来辑成《督捕则例》。这是一个奇怪的法律,它在形式上与刑事领域的定罪量刑规定没有什么不同;但是,却独立存在于律例之外。有时附于《大清律例》之后,却与律例的结构形式明显不同。通常,《大清律例》是一条律文在前,后面附若干例文。而督捕则例前面却没有律文。

经过专家的考证,现在我们知道,实际上《顺治律》曾经将"逃人法"入律,后来这条律文又被删除了。而究竟是什么时候删除的,却没有人知道。这是一个奇怪的现象。

1.《顺治律》中的逃人法及其渊源

逃人法曾经被写入清律最早的文本《顺治律》。《顺治律》是清代第一部刑法典。其基本特点是照抄明律集解,改变很少。惩治逃人可能是唯一一条独出心裁绝无仅有的律文。《康熙会典》将逃人立法称为"创典"。《顺治律》的指导思想是"详译明律,参以国制"。按照这一说法,逃人法无疑属于"国制"之列,称为"创典"亦当之无愧。

不过,逃人法入律的真正原因,或许是由于强化追缉逃人与《顺治律》的颁布在时间上高度重合。

《顺治律》的颁行时间,有采顺治三年说者,有采顺治四年说者。盖因顺治皇帝的御制序署为顺治三年五月,而清实录等书的记述"大清律成"是在顺治四年三月。日人岛田正郎的解释是:"三年五月是纂成律典草案,四年三月是颁行已刊定的律典。"苏亦工在《明清律典与条例》一书中也基本同意岛田正郎的判断。而这正是清廷变本加厉制定逃人立法的时间。

原来,顺治三年,清廷曾经一度对于窝逃者减轻刑罚强度,却没有料到逃人数量激增,这使得清廷的刑事政策出现了反复。顺治三年五月的上谕说:"隐匿满洲家人向来定拟重罪,朕心不忍,减为鞭笞。岂料愚民不体轸恤之心,反多隐匿之弊。在在容留,不行举首。只此数月之间逃人已几数万。斯皆该管地方官员不加严察之咎也。似此逃窜不已,玩法殊甚。其如何更定新律,严为饬行,俾愚民免罹国法,尔部详议具奏。"①这个上谕认为逃人增加是减轻刑罚的结果,实际情况恐怕没有那么简单。这且不论。值得我们注意的

① 《顺治实录》卷二十六。

是，上谕把这一政策转变与“更定新律”联系到了一起。可能正是这一指示导致了逃人法的入律。

现存的《顺治律》各个版本已经看不到逃人法的内容。关于这条律文的存在，苏亦工、郑秦及日本学者谷井俊人都做过考证。苏亦工在《明清律典与条例》一书中以“法学所收藏”的“沈跋本”为据。指出，其卷首“大清律总目”下注小字“凡四百五十九条”。但总目后之《大清律例》目录结尾处却有同体字注明“以上通计四百五十八条”，与总目所注条数不符。多出的这一条在《户律·户役》，即“隐匿满洲逃亡新旧家人”条。郑秦则据另一版本指出：“查其律目，与《大明律》等书相对照，真正新增加的一条在户律户役门下，叫‘隐匿满洲逃亡新旧家人’。”据苏亦工、郑秦考证，“隐匿满洲逃亡新旧家人”律文的内容是：“凡隐匿满洲逃亡家人者，须逃案先在兵部准理。或被旁人告首，或失主察获，或地方官察出，将隐匿之主及邻佑九家，百家长尽行捉拿，并隐主家资起解兵部，审明记薄转送刑部，勘问的确，将逃人鞭一百归还原主，隐匿犯人处斩，其家资无多者给失主家：资丰厚者，或全给，半给，请自定夺处分。将本犯家资三分之内以一份赏给首告人，大约不出百两之外。其邻佑九家，百家长各鞭一百，流徒边远。”

逃人法入律及其律文的内容还可以在实录中找到旁证。顺治九年四月，刑部尚书刘余佑条陈六事。其中之一是“流徒人犯，除隐匿逃人应解部外，其余律文原无解部字样。应改正”。[①] 这句话是什么意思呢？就是在律文中规定有“隐匿逃人应解部”的字样，除此之外的“徒流人犯”则没有解部的规定。这与上述律文中“将隐匿之主及邻佑九家，百家长尽行捉拿，并隐主家资起解兵部”的一段文字恰好印证。

苏亦工认为这一律文的产生与顺治三年五月的奉上谕议准的逃人立法有关。根据顺治实录的记载，当时讨论的结果是：“隐匿满洲逃人，不行举首，或被旁人讦告，或察获，或地方官察出，即将隐匿之人，及邻佑九家，甲长，乡约人等，提送刑部，勘问的确，将逃人鞭一百，归还原主。隐匿犯人，从重治罪。”日本学者谷井俊人对此律文的来源做了进一步追溯，他据清代档案的记载，认为摄政王多尔衮在顺治元年十月的令旨是《顺治律》逃人条的立法渊

① 《顺治实录》卷六十四。

源。多尔衮的令旨载在《明清档案》A2～24部分，主要是："道府州县卫所城内及城外个乡屯，每十家委一人为什长，百家委一人为首（百）长。如有逃亡，许邻家首告什长，什长转告百长。百长查问明白，俱呈府州县卫所。察实申报抚按，转报兵部。如一户隐匿逃亡，九户什长百长分别坐罪，将隐匿之人处死。其家财人口分作三分，以一分赏给举首之人，二分入官。如有先系隐匿之人，自来首告，并有旁人首告者，将逃亡人口当官估价，分作三分，人归本主，即于本主名下，取估价三分之一，赏给首告之人。"这一令旨不仅时间更早，而且其内容的核心，即将隐匿之人"处死"，比较前述兵部议定的对"隐匿犯人从重治罪"，与"隐匿满洲逃亡新旧家人"律中的"隐匿犯人处斩"更具一致性。

其实，更进一步追溯逃人法的立法渊源，在努尔哈赤那里已经初露端倪。天命八年正月初一，抚顺额驸西乌里额驸往迁南海沿岸户口时，悬牌告示，其书曰："我奉汗命动身前来，派遣游击官员查其躲避之人。如有投亲者，即将该村某人家中来人情形告知巡查游击。若无亲戚，可由该村千长，百长，将来本村男丁，或千，或百，或十或一等情，告知巡查游击。若系迁移时，逃往他村之人，则自行告知巡查游击。……若此次巡查之时隐匿不报，被人揭发，或被查获，则治逃人以潜逃罪，将收容人定盗人罪，二户皆作俘虏而为奴。""我奉汗命"的汗命即努尔哈赤之命令。

我们之所以将上述告示中的"汗命"作为清代逃人法的根源，是由于这一法令中将逃人作为所有权人的财产，将收容人定为盗人罪，开启了后来逃人法将窝逃定为比逃亡者更严厉处罚的源头。如前所述，清统治者曾经高度评价逃人法。将逃人法视为"创典"。"创典"一语出自《康熙会典》。原文在专门论及逃人立法时特别指出："国初、德威广被，立法详明，缉捕逃人，特为创典。"何为"创典"？法制创举之谓也。满族崛起后，在法制上"以意创行"，曾经是《满文老档》作者对于清政权开创者努尔哈赤的赞颂。按照他的记述，部族杰出首领努尔哈赤的个人意志与超人智慧，成为清初法制的创造力来源。凡是没有先例之法，"均以其意而定之"。从而引领满族超越了以习惯为调整手段的原始阶段，进入了一个新的时代。所以，这个创典者应该是清朝的创始人，而不是康熙时已经被打入另册的罪人多尔衮。"创典"的所谓创造性，就是努尔哈赤之命令中的"治逃人以潜逃罪，将收容人定盗人罪”。

2. 逃人法的弊端

如上所述,逃人是由于清初特种形势而通过各种不同渠道而成为满洲人奴隶而逃亡的人。他们为满族人所有,被看成是满族人的财产。这是其成为盗窃罪客体,也决定了对于逃人进行惩罚的限度。换言之,这些逃人在被缉获后,应该安全地交给他们原来的主人,以达到立法的目的——保护其所有人的利益。所以,无论是死刑、流刑、徒刑都不适于用在这些人身上。这样,防范逃人的法律就只有靠加重对于窝逃(藏匿逃人)犯罪的惩罚力度,以及加强督促相关机构缉拿逃人的手段。这也是该项律文被命名为“隐匿满洲逃亡新旧家人”的原因。

逃人法的入律,破坏了律典的自洽。什么是律典的自洽?就是在一部统一的法典当中,应该和谐一致,各个部分各个条文之间不能自相矛盾,更不能相互冲突。而逃人法的条文却违反了这一要求。窝逃居然重于叛逆、强盗,处以籍没之严刑,打破了罪刑轻重平衡的原则。牵连致罪的犯人受到比主犯更加严厉的处罚,与贯穿律典的基本法律原则亦相矛盾。诚如顺治十一年兵部侍郎魏管在《请停籍没窝逃之令疏》所说:“尝按律例,籍没止以处叛逆,而强盗已不预焉。独窝逃一罪例竟籍没,行之数年而未改,岂窃逃之罪遂重于强盗乎?即窝盗之律,知情分赃者,与盗同罪而止,其不知情与知情而不分赃者,仍轻重有等。乃初犯再犯之逃人罪鞭一百,而窝主则行籍没,何逃者反轻,而窝者反重乎?非法之平也。”[①]文中说,即使从历史上看,对于藏匿罪人者处罚最严厉的也只能是与所藏匿的罪人同罪。可是,当逃人被作为财产还给他的满洲主人,窝逃者却要被正法杀头,这公平吗?

另外,在那个时代,战乱与灾荒等情况随时发生,它们都有可能造成民众的流离失所,从而需要社会的救助。惩治窝逃行为,不仅限制打击了社会救助的积极提供者,而且为流氓无赖讹诈平民提供了机会。顺治十五年的上谕承认:“年来逃人犯法者未止,小民因而被牵连告害者多。近闻有奸徒,假冒逃人诈害百姓;或借名告假还家,结连奸恶. 将殷实之家,指为窝主;或原非逃

① 《请停籍没窝逃之令疏》,载《皇清奏议》卷七;又见魏管:《罢籍没定窝逃疏》,载《清经世文编》卷九十二。

人冒称吓诈,群党指称.转骗不已;或有呈告督捕.即买主冒认,指说名作真者;或有声言赴告地方官处禀拿吓诈良民者。或告假探亲,肆行指诈,及领本贸易,假伙攀害,种种诈伪甚多,深为可恶。"这样一来,哪个还敢收留流离失所的灾民?只能任其走死逃亡陷入更悲惨的境地。

顺治皇帝其实并不否认逃人法反映了清统治者民族偏狭的立场。顺治六年,他在指示兵部时说,"向来申严隐匿逃人之法,原以满洲官兵身经百战,或有因父战殁而以所俘赏其子者,或有因兄战殁而以所俘赏其弟者,或有亲身舍死战获者,今俱逃尽,满洲官兵,纷纷控奏,其言亦自有理。故先令有隐匿逃人者斩,其邻佑及十家长百家长不行举首,地方官不能觉察者俱为连坐"。①

由此也不难理解其在这个问题采取的是颟顸顽固的态度,顺治三年九月公然发布上谕:"有为薙发、衣冠、圈地、投充、逃人牵连五事具疏者、一概治罪。本不许封进。"②

人们目前尚不能准确判断,"逃人法"是在什么时候从《顺治律》中删除的。只是现存的《顺治律》中再也找不到"逃人法"的踪影了。对此清代形成的所有文献都讳莫如深。笔者认为,此事或在顺治十三年。顺治皇帝实录卷之一百二记载,顺治十三年六月,刑部议奏更定律例四事。其一就是"满洲家人,私结伙党,指称隐匿逃人,索诈民间财物者甚众"的问题。得上谕曰:"所奏四款,有裨锄奸去恶。着即遵行。永著为例。"很可能,在"著为例"的同时将相关律文删掉了。

3. 督捕逃人事例的制定

以事例作为对付逃人与惩治窝逃的手段,实录至少留下了三次这样的记录。

第一次在顺治十三年六月,实录记载"更定督捕事例三款"。一是"旗下人逃走者、各旗俱用印信投递逃档"。二是关于各督抚所属官有因逃人革职及查解到逃人的功过处分规定。三是巡按所属官有因逃人革职及查解到逃

① 《顺治实录》卷四十三。
② 《顺治实录》卷二十八。

人功过处分的规定。①

第二次在顺治十五年五月,实录首先记载了皇帝的一段话。其中提到了"督捕逃人事例"。皇帝说:"督捕逃人事例,屡令会议,量情申法,衷诸平允。年来逃人未止,小民牵连,被害者多。闻有奸徒假冒逃人,诈害百姓,将殷实之家指为窝主,挟诈不已,告到督捕,冒主认领,指诡作真。种种诈伪,重为民害。如有旗下奸宄横行,许督抚逮捕,并本主治罪。"②然后记载了根据上述指示,"九卿、詹事、科、道、会议更定逃人事例"。内容一共十条:第一条规定的是州县官及其以上的地方官查解逃人过程中的功过赏罚。第二条以下规定了对于其间种种弊端的防范,如规定"满洲家人、不许给票探亲,诈害良民"。第三条规定,在本主认领过程中,"倘后有冒认假保情弊发觉。即将认主及保人、一并从重治罪"。还有一条规定:"民人首告逃人、如系挟仇诬害者、即将原告仍照定例、责四十板。枷号一月。免流徙宁古塔。"如此等等。③

第三次在顺治十六年十月,实录又一次记录下"九卿、科、道议奏逃人事例"的内容。包括:对于逃人"经过州县"地方官的法律责任的规定;对于加强保甲制度防范逃人的规定;对于出边、或在盛京、与未到京之先几种不同情况下逃走者区别对待的规定;以及畏罪潜遁者与逃人处理不同的有关规定。④

以上事例在清初属于逃人法的范围。它反映了顺治时期逃人法由法律调整向事例调整的转变。

在内容上,上述事例或许并没有对逃人法做出实质性的改变。左都御史吴正治康熙十二年疏言:"缉逃事例,首严窝隐。一有容留,虽亲如父子,即坐以罪,使小民父子视若仇雠。伏读律有亲属容隐之条,惟叛逆者不用此律。逃人乃旗下家人之事,与叛逆轻重相悬。请自今有父子窝逃,被人举发者,逃犯治罪,免坐窝隐。若容留逾旬,父子首报者,逃犯依自首例减罪。"⑤可见直到康熙年间逃人法的内容如故。它们与传统的亲亲相隐原则之冲突仍然存

---

① 《顺治实录》卷一百二。
② 《顺治实录》卷一百十七。
③ 《顺治实录》卷一百十七。
④ 《顺治实录》卷一百二十九。
⑤ 《清史稿》卷二百五十,《吴正治列传》。

在,但是,至少不再表现为律典内部的自相矛盾。

所以,以事例的形式规定逃人法比起逃人法入律,即便内容相同,还是可以回避法律的和谐自洽,甚至可以脱离公义,而顺应阶级偏私利益。统治者可以将之说成是对付严重犯罪的权宜之计,自我辩解;批评逃人法的人士也可以放言高论,随时提出要求改革事例的规定,并且容易打动统治者。上述吴正志上言后结果就不错:"疏入,下部议,俱如所请。"

另外,事例更加灵活,可以随时立制,因时而变。在《清会典》附载的督捕则例中,我们看到,仅是惩治窝家地邻等犯罪的规定,在顺治年间就先后在顺治五年、九年、十年、十一年、十三年、十四年修订了六次:

(1)顺治五年题准,凡窝家正法,妻子家产籍没给主。

(2)九年谕,凡隐匿逃人者,止令本犯家产给主,其分家之父母兄弟等不得株连。

(3)十年题准,凡窝逃之人并家产给与逃人之主。房地入官。两邻十家长各责四十板。

(4)十一年题准,凡窝家不准断给为奴,并家属人口充发盛京。父子兄弟分家者免罪。房地仍给户部。

(5)十三年题准,十家长亦照邻右例,责四十板,流徙。

(6)十四年题准,窝犯免死,责四十板,面上刺满汉窝逃字样。家产人口一并给与八旗穷兵。①

这正是事例权宜性的体现。律文显然不能如此频繁修改。

清初的统治者并不真正懂得律例法体系,特别是其核心理念即律例关系的真谛。律例法体系的核心奥秘在于,将法律的稳定性与适应性结合起来。律典赋予法律秩序以稳定,例用以适应形势的变化。可惜清初统治者还没有明白这一点。突出的表现是以极其轻率的态度将逃人法加入《顺治律》,破坏了律典的内部和谐。

我们知道,律条后附例是《大清律例》的体例。而督捕例之前却没有律文(实际是被删掉了)。关于逃人法的律文先是置于户部之内,而以同样内容的督捕例则放在兵部之后,后来又改放在刑部之后,再后来放在整个律的

---

① 《康熙会典》卷一百七十。

后部,反映了统治者的尴尬窘境。之所以将其置于律例之外,是因为律文删除后条例无所附丽之故。《嘉庆会典》事例与《光绪会典》事例将之置于律例之外,却将之题为督捕例,原因也在于此。

综上所述,逃人法是清初弊政之一。其对于隐匿逃人者的惩治完全超过了法的限度。原来的督捕衙门属于兵部,反映了在统治者心目中这是一个军事问题。康熙三十八年,将督捕衙门改隶刑部,为督捕司,督捕例也随之属于刑部。这表明此时才由军事问题改变为法律问题。乾隆八年奏准:将旧刻条例与见行条例,删定为一百三条,定名曰《督捕则例》,"督捕则例于律例外别为一集"。关于督捕则例,有论者认为是清代为缉捕旗下属人而制定的"特别法"。也有人认为督捕则例是"清朝专门为惩罚旗下逃奴而制定的单行法规"。其实,它更是军事专制刻在清代立法史上的一道不光彩的刀疤。由于它明显地标示了事例内容缺乏合法性与正当性,所以不宜置于律中(律毕竟体现了那个时代的正当性)。它基于统治者的偏私,民族的偏私,阶级的偏私,权力的偏私。它压制真理,封堵言论。它也开启了清统治者利用事例处理那些棘手问题的探索。这些棘手问题与政治密切相关,在统治者上层也存在不同的意见,权衡利弊得失的砝码有时偏向这一边,有时会倾斜到另一端。事例在处理这类问题时,由于具有灵活性,因此是个得心应手的工具。

(二)社仓事例

社仓制度起源于南宋朱熹的创制。社仓是在农村基层设立的公共设施,是民间储粮备荒的一种形式。朱熹创立的社仓,借国家的常平仓米为本,通过借贷收息,逐年积累。每年秋天,丰收年景,地方富民或普通民家自动捐纳也是社仓米的重要来源。社仓与常平仓由官府官吏进行管理不同,建在村落,取之于民,用之于民,由民间自主管理。社仓经过南宋统治者认可,得到推广,在调剂丰歉余缺、赈济灾荒以及解决农民青黄不接时节的困难方面发挥了一定作用。元明时期,在一些地区继续起着作用。

明代的社仓制度,据记载,始于弘治年间。"弘治中,江西巡抚林俊尝请建常平及社仓。嘉靖八年乃令各抚、按设社仓。令民二三十家为一社,择家殷实而有行义者一人为社首,处事公平者一人为社正,能书算者一人为社副,每朔望会集,别户上中下,出米四斗至一斗有差,斗加耗五合,上户主其事。年饥,上户不足者量贷,稔岁还仓。中下户酌量赈给,不还仓。有司造册送抚、按，岁一察核。仓虚，罚社首出一岁之米。其法颇善，然其后无力行者”。①

清初顺治时，曾经将积储备荒之法作为前代的善政加以继承："顺治十一年，诏各府州县，俱有预备仓及义仓、社仓，积贮备荒。责成该道员稽察旧积，料理新储，每年二次造册报部。该部察积榖多寡，分别议奏，以定功罪。"②其中就提到社仓。这大概只是泛泛的号召，没有实绩。到了康熙年间，曾经题准："乡村立社仓，镇店立义仓，捐输积贮，公举本乡敦重善良之人管理，出陈入新，春月借贷，秋收偿还。"并且形成了一套奖励办法。不过，经过一段实践后，实践效果差强人意。故而到康熙晚期，不再积极推行，甚至对于地方官之积极建议予以否定。史载，康熙五十五年，张伯行条奏社仓事宜，就为其所驳，曰："前李光地为直隶巡抚时，亦曾请立社仓，朕谕：此事言之甚易，行之甚难尔。姑试行。后试行之果无成效。仓粮库帑，设官专理，尚且亏空；社仓所收榖石，交百姓收贮寺庙，亏空又何待言耶？其果否可行之处，尔等会同九卿，详议具奏。"③皇帝态度如此，详议结果可知，张伯行的建议被否掉了。

雍正即位，开始时态度依然十分暧昧。清《雍正实录》记载：云南巡抚杨名时上任后向他汇报，将认真按照谕旨中有关指示积极通行社仓建设时，雍正皇帝却回信指上述指示只是"通行之谕"，让他看情况斟酌办理。曰："尔等分阃宣猷，风土各异，要当审习俗，顺民情，因地制宜，酌其缓急，次第举行，设有牵制难行处，抑或行而无益，即据实奏覆，毋得阳奉阴违，更勿因朕谕而胶固迎合，以贻天下后世笑也。"④不仅不赞成他雷厉风行的态度，反而告诫其要注意地方特点，审习俗，顺民情，因地制宜，以免闹出笑话。

因地制宜在清代成为统治者念念不忘的一项治国方针，反映了他们对于治理这样一个大国的应有心态。如果说清初对此尚不能自觉到这一点，而到了雍正乾隆期间，这一思想越来越得到重视（见表2－2）。

① 《明史》卷七十九"食货志三"。

② 《康熙会典》卷二十九。

③ 《康熙实录》卷二百七十。

④ 《雍正实录》卷十六。

表 2－2　因地制宜在实录中出现的次数

年号	康熙	雍正	乾隆	嘉庆	道光	咸丰	同治	光绪
君臣议论中提及因地制宜的次数	1	17	90	18	40	16	20	33

在很多问题上，雍正都坚持将因地制宜作为指导思想，授权督抚，作为地方施政方针："其作何因地制宜、与斟酌立法之处。总在地方大臣。详察弊端。权衡损益。督率有司。实心经理。"①"设官分职。必须因地制宜。随时通变。"②雍正也将因地制宜运用于社仓制度建设之中。他在一道关于社仓建设的上谕中明确阐发了这一思想："社仓之设，原以备荒歉不时之需，用意良厚，然往往行之不善，致滋烦扰，官民俱受其累，朕意以为奉行之道宜缓不宜急，宜劝谕百姓，听其自为之，而不当以官法绳之也，近闻各省渐行社仓之法，贮蓄于丰年，取资于俭岁，俾民食有赖，而荒歉无忧，朕心深为嘉悦。但因地制宜，须从民便，是在有司善为倡导于前，留心稽核于后，使地方有社仓之益，而无社仓之害。此则尔督抚所当加意体察者也。"③

"因地制宜，须从民便""不当以官法绳之"，后来成为建立社仓制度的指导思想。

事例也因而成为规制社仓制度的规范形式。这在历史文献方面有确凿的证据。《清史稿》记载："乾隆四年户部议准陕西巡抚张楷奏定的社仓事例。"这一记载与《清通典》卷十四、《清文献通考》卷三十五与《清通志》卷八十八基本相同，都以"社仓事例"为名称。实际上是《清史稿》照抄了上述钦定典籍的记载。《清通典》关于社仓事例的记述最多：卷十三记载了雍正二年"是年议定社仓事例"以及雍正五年曾经"开湖南湖北捐谷事例，定山东社仓事例"。卷十四除记载张楷社仓事例外，还记载了乾隆年间"议准陕西巡抚奏定社仓事例"。《清文献通考》卷三十五记载的雍正二年"议定社仓事例"关于内容的记述最为翔实。此外，它也与《清通典》一样，记载了"议定山东社仓事例"之事。《道光皇帝实录》卷之三百有关于义仓建设"其平粜赈恤

① 《雍正实录》卷六十六。

② 《雍正实录》卷一百零四。

③ 《雍正实录》卷十九。

一切章程,仿照社仓事例,妥议立案”的记录。所有这些记录都说明了“社仓事例”这一词组的存在,说明了事例在规制社仓制度中所起的作用。

在上述这些社仓事例中,以雍正二年议定的社仓事例最为全面。根据《清文献通考》的记述,主要有以下内容:

一、令地方官开诚劝谕,不得苛派。米石暂于公所寺院收存。俟息米已多,建厫收贮。所捐之数立册登明,不拘升斗,积少成多。若有奉公乐善,捐至十石以上,给以花红;三十石以上,奖以匾额;五十石以上,递加奖励。有年久不倦捐至三四百石,给以八品顶带。

二、每社设正副社长。择立品端方家道殷实者二人,果能出纳有法,乡里推服,按年给奖。十年无过,亦题请给以八品顶带。徇私者即行革惩,侵蚀者按律治罪。

三、其收息之法:凡借本谷一石,冬间收息二斗。小歉减半,大歉全免,秖收本谷。至十年后息倍于本,秖以加一行息。其出入之斗斛,遵照部颁公平较量。

四、社长预于四月上旬申报给贷,定期支散。十月上旬申报受纳,不得抑勒多收。临放时愿借者,先报社长计口给发。交纳时社长先行示期,依限完纳。

五、其册籍之登记,每社设用印官簿二本。一社长收执,一缴州县存查。登载数目毋得互异。其存州县一本,夏则五月申缴,至秋领出;冬则十月申缴,至来春领出。不许迟延以滋弊窦。每次事毕,社长本县各将总数申报上司。

六、凡州县官止听稽查,不许干预出纳。如有抑勒、那借、强行粜卖、侵蚀等事,许社长呈告,据实题参。

再:各方风土不同,更当随宜立约,为永远可行之计。令各督抚于一省之中,先行数州县。俟一二年后,着有成效,然后广行其法于通省。①

在清代诸多社仓事例中,这是一个通行全国的规范性文件,它较好地体现了统治者的指导思想,其中突出的地方是落实了“不当以官法绳之”的方针。

---

① 《清朝文献通考》卷三十五,又见《雍正实录》卷二十六。

由国家制定颁布一个规则,而又不绳之以官法,是一个悖论。离开了国家机器的强制性,所制定的规则如何贯彻?第一条关于社仓粮食筹集办法的规定,回答了这一问题。它规定“地方官开诚劝谕,不得苛派”,而是鼓励百姓中的“奉公乐善”行为,由国家对其表彰,给予社会荣誉。我们知道,古代主张法治的法家曾经将赏罚作为治理国家的两个抓手。不以官法强之,即不以刑法强制作为动力,奖励就成了必然的选择。在建立社仓这一民间积储备荒举措中,对于这种造福乡里的善举,将社会荣誉作为奖励方式,披红、挂匾、授予顶戴是相当高明的办法。

由于是由朝廷进行荣誉表彰,利用的是国家政府的资源,故而在如何奖励的问题上都要报告皇帝批准,不能允许督抚标新立异。所以,后来各地关于改善奖励办法的建议层出不穷。主张坚持雍正二年的奖励之法者有之,如陕西巡抚张楷乾隆时期奏称:“雍正二年原议社仓条内,有绅庶人等捐谷十石以上赏给花红。三十石以上奖以扁额。五十石以上报明上司,递加奖励。年久数多至三四百石者,转请奏闻,给以八品顶带。今陕省杂粮与谷价相仿,其奖励请照原议条例遵行。”①主张变通者有之,如原任浙江巡抚卢焯奏陈社仓捐谷奖励之法,“请于前例稍为变通。士民捐谷至十石以上者,州县给花红,鼓乐导送。三十石以上,州县给扁。五十石以上,详报知府给扁。八十石以上,详报巡道给扁。一百石以上,详报布政使给扁。一百五十石以上,详请督抚二院给扁。年久乐输多至三四百石者,照例题请,给八品顶带荣身。如捐至千石以上,又系有职之员,奏闻,分别职衔大小,酌量议叙。捐输杂粮亦照谷石之数画一奖励”。② 还有的主张扩大奖励范围,如署江西巡抚包括(案此二字为其人姓名)奏称:“社仓捐谷,自应各随力量,不拘石斛升斗,积少成多。嗣后每乡设立印簿一本,听愿捐之户,不拘米谷杂粮、数目多寡,自登姓名捐数于簿,缴官存查。若一人节年报捐,先后并算,数至十石,亦准照例给以花红。递年加捐,积至三十石五十石以上者,照例递加奖励。其捐输杂粮,亦照谷一例计算。”即将奖励范围扩大到积储备荒细水长流的小农户。也有的主张细化奖励等级,如原任江苏巡抚徐士林奏称:“社仓捐输奖励之处,康

---

① 《乾隆实录》卷一百四十六。

② 《乾隆实录》卷一百四十八。

熙一十四年定例已极分明,惟八十石至二百石,差等稍觉相悬,而藩司为通省钱谷总汇不行给扁,亦似遗漏,应将绅衿捐谷一百五十石、及富民比多二十石者,令藩司给扁。至雍正二年定例,捐谷三四百石者,并无定数,今应酌定:如捐谷四百石者,给以八品顶带;凡捐小麦、粟米、大米,算作二谷;诸色杂粮,俱作谷数计算。"(案:此处之年代或有误)据实录,不是在康熙十四年,而是在康熙五十四年议准直省社仓劝输之例中。其间八十石至二百石之间确实存在"差等稍觉相悬"的情况。"捐谷八十石令本管道给匾,捐谷二百石督抚给匾""将绅衿捐谷一百五十石、及富民比多二十石者,令藩司给扁"填补了中间的空白,更加合理。

在贯彻因地制宜方针方面,雍正二年社仓之法后曾特别要求各省督抚注意,"各方风土不同,更当随宜立约,为永远可行之计"。随后,即在雍正三年十二月,户部遵旨议覆原任署江苏巡抚何天培疏奏社仓事宜五款:

一、社仓借贷散赈,宜豫造排门细册存案,凡不务农业、游手好闲之人,不许借给。

二、正副社长外,再公举一身家殷实之人,总司其事。

三、州县官不许干预出纳,如有抑勒那借,许社长据实呈告。

四、所需纸张笔墨,须劝募乐输,或官拨罚项充用,不得科敛扰累。

五、积谷既多,恐滋浥烂,应于夏秋之交,减价平粜;秋收后,照时价买补。

户部的审核意见是,"均应如所请",皇帝从之,批准了这一地方性事例。这是继全国通行的规则之后出现的一个地方性事例。据载,此时还议定了一个山东社谷事例。①

到了乾隆时期,积极推行社仓制度,更是将"因地制宜"当成了口头禅。所以,后来各省又根据本省的具体情况及试点经验,提出了各自的社仓事例。加清史稿记述的乾隆四年,户部议准陕西巡抚张楷奏定的社仓事例就比较典型。

一、社长三年更换;

二、春借时酌留一半,以防秋歉;

---

① 《清通典》卷十四。

三、限每年清还；

四、将借户谷数姓名晓示；

五、令地方官稽查交代分赔。①

其后，还有其他督抚制定的具有地方特点的事例。如浙江巡抚杨廷璋奏社仓废弛。酌筹修举各事宜：

一、劝捐先期得人。查前因灾捐输，皆殷实醇良之人。今饬地方官照议叙原册邀请首事，就中延一二人为社长。如僻县无邀议叙者，确访乡里推重之绅士耆民一二人董事。

二、社仓守掌在民，官无勒派，稽查在官，民无侵。其地方官奉行得法，立社较多者，应予记功，否即记过。俟捐有成数，随时盘查，年终出结，申报各上司查核。

三、社谷听民乐输，不限多寡。若照前题定奖劝输谷章程，十石以上，方与奖励，恐阻向善之心。应凡捐数十石以下者，于该社建好善急公等坊，汇列姓名，以示鼓舞。②

这些由督抚等提出制定的事例，一方面与通行全国的事例大同小异，原则上贯彻了不以官法绳之的思想；另一方面又根据实践经验，提出了适应地方特点的措施。

在制定的程序上，由于要因地制宜，适应各地特点，只有了解情况的地方官能够提出切合实际的建议，所以，事例一般是由地方官提出建议案。而在中央一级，则是由户部审议。皇帝在接到地方官建议后往往批示“由户部看了来说”，让其对于建议的可行性以及相关条款的妥当性进行审议工作。户部起的是把关作用。如山东巡抚国泰奏称“社仓谷石，其春借秋收，俱交地方官经理，并于岁底，令州县赴四乡盘查”，就被户部议驳：“查社仓出纳支收，例应社长典司其事，若由地方官经理盘查，难保无累于民，所奏应毋庸议。”得

① 《清史稿》卷一百二十一志九十六“食货二”。在实录中没有这一记载。查《清通志》与《清通典》，确实有与《清史稿》相同的记载，如《清通志》卷八十八记载：乾隆四年，西安巡抚张楷条奏社仓事例。《清通典》卷十三则不仅在乾隆四年“议准陕西巡抚奏定社仓事例：社长限定三年更换，以杜欺弊，并将借户谷数姓名粘贴晓示，以除捏冒”。三者大同小异。

② 《乾隆实录》卷五百七十三。

旨:部驳甚是,依议。①

应该指出,督抚提出的建议文本,与部议后通过题本的形式上奏皇帝的文本区别很大。在某地社仓事例被批准后,地方督抚下发给本地的文件也有所不同。以陈宏谋为例。据《清史稿》本传:陈宏谋外任三十余年,从甘肃巡抚任起,历江西、陕西。复调江西。又调湖北。升川陕总督,调河南巡抚。调福建。复调陕西。回调甘肃。再调湖南,又调陕西。调江苏。历行省十有二,历任二十有一。他在乾隆二十四年四月上奏清理社谷事宜五条:

一、社谷无官仓公所。多寄贮社长之家。请于每县城乡适中之地。建立社仓。每社谷、少则二百。多者亦只以五百为率。编定应借村庄。各社不得互借。

二、社长多有赔累。其殷实公正者。多不乐充。每为渔利之徒。久充侵亏。请定以一年一换选充。

三、社仓费用颇繁。前抚臣徐士林、请销息谷三升。格于部议。用实不敷。请每息谷一石。仍以七升归仓。三升支用。

四、社谷为民备贮。接济一社缓急。凡一切公事。及隆冬煮赈。不准如前动支社息。

五、社谷责州县稽查。向有入交代之例。近来不入交代。亦不报部。请嗣后令州县于正项钱粮外。另出社谷一结。本息一并申报。由藩司造册达部。②

全文不到三百字。而他制定发布的《汇颁社仓条规檄》由序言、正文、结语三部分组成。篇幅长达二十条,三千余字。

在发布方式上,鉴于地方官员调转频繁,为防止出现人存政举人去政息的问题,保持各个地方社仓制度的连续性,以在老百姓中建立稳定预期,雍正时期,陕西总督岳钟琪疏奏陕属设立社仓一事,恳请在朝廷批准时能将皇帝的上谕"恭录镌石",并且将所拟定的"社仓条约"一并"刊刻木榜,以昭程序"。由于岳钟琪当时受到雍正的重用,其请求也得到雍正的同意:"其岳钟琪所拟社仓条约,着户部抄录,交与该督抚、分发各州县、刊刻木榜,于各乡社

① 《乾隆实录》卷一千零五十一。
② 《乾隆实录》卷五百八十五。

仓竖立,以为永久程序。”①这次经由皇帝特批,自然不属于常制。不过,由于刻石比木榜更能满足人们的心理预期。故采取树立碑石的方式所在多有。现存一则《社仓碑记》就是清代晚期的遗迹。其有关社仓制度的条文十分详尽,录以备考:

一、现存社仓三色市石粮四百三十九石五斗九升二合。各乡农民每年借领籽粮定于清明半月内为期;秋收归还,定于仲秋后月内为期。按期收放,不得任意先后。至归还之时,每斗加息粮升八合,以一升五合添储仓内,以二合作为各项经费,亦不得有所增减,今每斗加息一升三合,一升归仓,三合作为各项经费。

二、丹城所属各乡,公举公正绅耆二名作为社仓正、副,公雇斗级一名、书识一名、经管什物仓夫一名。每遇春耕出借、秋收归还,绅耆督同斗级人等,公平出人收放,登记帐目不得稍有偏抑遗漏。

三、每年乡民借籽及归还之时,由绅耆先期公察厅主批准后始行开仓收放。事毕关锁,厅加贴封条,钥匙交在仓正。如不待厅主批准,不赴厅请钥加封,有一于此,均不得行。

四、所属乡民,缺乏籽粮,借用社仓,无论多寡,均须取具绅耆。及商富人等连环保结,并令书立借券,由绅耆造册汇交厅署存案,再行开仓照数盘结;秋后加息归清,仍将交存结券抽还收销。倘有拖欠及逾期不交,着落保人赔补。

五、每年收放粮石,绅耆一名,每名准口食粮七斗五升;书识一名,准口食粮六斗;斗级二名,每名准口食粮六斗;仓夫一名准口食粮一石;催差一名,准口食粮六斗均在一合余粮项下动用。如仓廒渗漏潮朽责成仓夫随时报明绅耆,禀官修理。

六、经理社仓绅耆及书识、斗级、仓夫,均以一年为限,另行举充接替。每年四月初间,绅民借籽以后,新旧绅耆在于城隍庙清算帐目,逐一交代。如有短少,随时具官追赔,不得徇情隐饰。并在庙献牲敬神以尽报赛之忱。一切经费,均在三合余粮内开销。如再有赢余,并交清新管绅耆收存。每一年所

① 《雍正实录》卷八十二。

交息粮内，除以三合留备经费外，其余并储仓内，次年搭入本粮，一并出借，以防潮变。其各乡所借之粮，总不过二百石之数，以免空虚而防接济。如遇地方旱涝等灾，准以本息一并出借，仍着秋收归还，但不得收取息粮，以示体恤。

七、社仓本息粮石专为备荒而设。如遇地方公事以及官绅因公需用，无论如何紧急，概不准动用颗粒。倘经管绅耆私自通融，先令照数赔还，再行议罚，以免紊章而杜亏短。①

这个刻石写进了不少禁条："按期收放，不得任意先后。""各项经费，亦不得有所增减。""登记帐目不得稍有偏抑遗漏。"将之公布出来，让人监督。石刻能长期存在，也令人放心。

社仓采用事例作为规制方式，其特点是，既有划一之法，又无一定成规。可以因地制宜，因时而变。地方官可以在职权范围内兴利除弊，在一定程度上起到了积极作用。各省督抚不仅能够向朝廷提出建议，解决问题；而且可以对于基层的积弊及时发现进行整改。

乾隆时期，社仓发展达到了鼎盛的程度。查清代地方志的记载，可知社仓制度之通行不无效果。各地都建置了社仓，社谷的积储数量看起来数量也不少，不过不久就由盛而衰。关于这一过程，对于其弊端日滋，道光皇帝曾经描述说："雍正乾隆年间，各直省实力奉行，小民均受其益。逮后日久弊生……仓正偷卖分肥，州县藉端那借，胥役从中侵蚀，遂致日就亏缺，仅剩空廒，继则旷废日久，并廒座亦复无存。是以近年直省偶值偏灾议缓议蠲，从未闻有议及以社义二仓之粟周赡穷黎者。"

实录中收有各朝议及社仓一事的次数，可证道光皇帝所说非虚。到了嘉庆时期朝野相关议论突然减少（不到乾隆时期的十分之一），间接反映了其走向衰落的事实（见表2-3）。

表2-3 "社仓"一词在清代各朝实录中的分布统计

顺治实录	康熙实录	雍正实录	乾隆实录	嘉庆实录	道光实录	咸丰实录	同治实录	光绪实录	宣统政纪
1	10	18	164	16	19	7	4	12	1

① 《青海回族撒拉族金石录》，马忠辑注，青海人民出版社2008年版，第54~56页。

嘉庆皇帝之诏曾谓:“至社仓,原系本地殷实之户,好义捐输,以备借给贫民之用,近来官为经理……以致殷实之户,不乐捐输,老成之首士,不愿承办,是向来良法,徒为官吏侵肥,亦应一律查禁。并着各督抚等将各省社仓仍听本地殷实富户,择其谨厚者自行办理,不必官吏经手,以杜毙窦而裕民食。”①完全否定官办社仓的正当性,等于堵死了地方政府插手社仓的大门。

社仓制度的根本问题是作为一种民间公共事务,没有民间自治组织作为依托。公私界限不清。官督民办,责任倒置。完全交民间自理,地方官放弃监管责任,将社仓管理一概诿于社正副,全不稽查,致有侵亏。而在加强地方官责任之后,将社仓入于交代,州县官因有责成,则又视同官物。不但社正副不能自由,即州县亦不能自主。社仓的优越性也就无从表现出来了。

道光十四年三月的上谕说:“至于社仓分建各乡,听民春借秋还,原以济常平之不及。其有不应借而私给,并不愿借而勒领,有司不加查察;所报正副社长,率多故名顶充,任听图差里保乡约牌头私相递交;或有仓无谷,或仓谷俱无,仅存册籍,甚至变谷为钱,并无加息收放之事。……似此种种弊端,实为仓储之害。”②这不啻为社仓制度唱的一曲挽歌。

嘉庆皇帝曾把“江苏常州府绅士公议章程,当年丰时,绅商富户每户每日各输钱文按月交典存贮行息,终汇数报县;至歉岁公同呈县提取本利,籴谷施赈”作为替代办法,认为“其用意与社仓相似,实为善举”。③ 道光时期也曾经寻求替代社仓的积谷备荒之法。江西巡抚毓岱向道光皇帝奏报:“查江西民间向有谷押之名,贫富均便。应照典铺官为给帖有谷之家,准开谷押;农民于青黄不接之时,听其将物质谷,秋后以谷取赎。”道光皇帝听闻后颇感兴趣,说:“细心妥为之,总期有益于民,贫富两便,方为至善也。”④当然,这已经不是社仓制度了。

从督捕逃人事例到社仓事例,反映了清统治者在运用事例方面的逐渐成熟。由拒绝反对的声音,到堵塞进言之路,在逃人立法过程中,清统治者表现

① 《嘉庆实录》卷五十。
② 《道光实录》卷二百五十。
③ 《嘉庆实录》卷三百三十一。
④ 《道光实录》卷三十一。

得专横而颟顸。而到了利用社仓积谷备荒时,面对实践中的失败,清统治者虽然对于能否成功不无疑虑,却支持各地因地制宜进行探索。所以,尽管社仓制度以失败告终,其经验教训仍然可以成为留给后世的精神财富。

三、形形色色的捐例

在清代各种专名事例中，捐例为多。不仅捐纳事例、捐输事例、捐监事例属于捐例，而且营田事例、社仓事例、筹饷事例也与捐例有关。归并在这里一起讨论。

捐例，是由捐献行为而派生出来的一组事例的统称。这个词似乎是清代才开始出现的，至少我们在二十四史中检索不到“捐例”一词。清代的捐例包括的内容甚广，大致为四种。一是捐纳。捐纳制度实质就是国家卖官鬻爵，个人拿钱买官。二是捐监，捐监指通过纳捐取得国家学校生员资格。原来捐监是捐纳之一种。后来捐监由捐纳分出，渐次取得独立地位。由于监生也是一种做官的资格，所以，捐监与捐官可谓异曲同工，殊途同归。三是捐输，本来是一种无条件的奉献行为，最典型的是急公好义的慷慨之举。不过，国家往往在社会荣誉外给予物质回报以资鼓励，造成了捐输的变质。四是捐赎。以捐纳钱物等行为作为赎罪的手段，是国家敛财的工具，有败坏法制之虞，但在促进经济发展方面也不是一无是处。

根据检索结果，我们对于清代各种捐例在各朝实录中的分布列出了表 3－1。

表3-1　清代各种捐例在各朝实录中的分布

	捐例	捐纳	捐纳事例	捐监	捐监事例	捐输	捐输事例	捐赎
康熙实录	1	12	2	0	0	12	0	0
雍正实录	4	23	2	3	1	9	0	0
乾隆实录	38	142	3	189	19	88	0	23
嘉庆实录	14	45	0	14	0	33	0	2
道光实录	8	92	0	38	1	146	0	2
咸丰实录	13	21	0	3	0	398	2	1
同治实录	10	43	0	1	0	370	0	1
光绪实录	14	80	0	0	0	221	0	6

从表3-1中大体可以看出捐例在清代演变的轨迹。康熙雍正时期,捐例初开,以捐纳与捐输两个包容性较宽泛的词语命名捐例。至乾隆,捐监从一般性的捐纳制度中被抽离出来,成为常制,蔚为大观。嘉庆以后,特别是道光、咸丰、同治时期,清朝的统治进入了多事之秋,“捐输”一词开始流行,成为捐例中的主要角色。捐赎事例则比较特殊,比不上其他捐例显眼,盖在于其明显违犯法律的正当性,故被隐匿在其他名目(如营田事例与粮运事例等)之下。

众所周知,捐献的本意是自愿无偿地将自己的财物贡献出来为国家与社会纾困解难,本意在于对他人提供帮助。捐例与之不同。捐例作为国家创立的一种制度,它是国家以功名利禄作为诱导的手段,把急公好义之心,仗义疏财之举,变为一种权钱交易,纳入国家政治的轨道,即国家以官爵、职位、功名、地位及其附加的特权,换取社会中一部分成员,主要是富人的资财钱物,以摆脱自己的统治危机,特别是由于战争中的军费兵饷开支与满足统治者奢靡的工程兴建等造成的财政困难。当然,其中也包括一些公益方面的事业,例如,修堤防洪、储粮备荒、赈灾救灾等。应该指出,这些事项中有很多本属于国家财政的正常开支范围。于是原本是移风易俗的善行,却有可能变成国家卖官鬻爵败坏社会风气之举。

在清代,捐例几乎可以与事例画等号。在人们的语言中,事例完全可能就是捐例的代名词。它表明,事例的相当大的一部分就是捐例。捐例之外的事例,如逃人事例、社仓事例,屈指可数。所以,对于捐例的方方面面加以讨论,对于我们认识清代事例的性质很有益处。

(一)捐纳事例

捐纳事例有广狭二义,广义的捐纳事例包括所有捐例。而狭义的捐纳事例指捐官事例,即规制卖官鬻爵的事例。

卖官鬻爵,据考始于汉代,后来几乎成为历代朝政腐败的标配,一直延续到帝制社会末期。而清朝的捐纳制度直接继承了明代的开纳事例。

从《明实录》的记载看,明代将开纳事例作为国家财政筹款的一个重要渠道,通过开纳事例筹集的"开纳事例银"在国库中成为补充财政用度不足的特种款项是在世宗与神宗时期。所谓"开纳"就是开放收纳之门,鼓励人们向政府贡献钱物而换取功名利禄以致购买官职。不仅户部、工部与兵部轮流申报开办,还有个别的省份,也在灾后申请推广开纳事例,作为赈灾的手段。

不过,明代的开纳事例主要是出卖散官,而不是实职。例如,《明世宗实录》卷三百六十六,记载"户部奉诏计处兵食事宜",其中一项措施是"酌定开纳事例",包括:纳银三百两者,授以正五品文职散官,有司馈羊酒,仍许得自建坊。建坊,树立牌坊也。二百五十两以上者授从五品散官,立扁(匾)表其闾。一百两者,授七品散官,有司礼待,仍免杂差,等等。再如,《明世宗实录》卷四百三十一记载的"定推广开纳事例",下面分别罗列了有关俊秀子弟纳银充吏,有关生员纳银入监等各种不同身份的人具体规定。充吏是担任官吏队伍中的低层人员;入监是进入国子监做国子监学生,充其量只是买一个未来做官的资格。

当然,无论怎样说,开纳事例作为卖官鬻爵行径是导致政治腐败的因素。如世宗时刑科右给事中张岳言:"夫开纳事例今之所以久行未罢者,不过以官卑禄薄无甚害耳。不知此途一开,纨裤章垂绥,荡子皆得藉祖父之余资,假他人之慷慨,朝进粟而夕拜衔,真如执券以取寄。强梁豪右者,恣其称贷以收倍称之息,其不至啖民之肉剥民之肤,则不足取盈而偿费,如之何民不饥且盗也。"①

① 《明世宗实录》卷五百四十一。

开纳事例不止,会激化社会矛盾,加深统治危机,成为最终导致了明朝覆灭的重要原因。而在崇祯皇帝吊死,南京刚刚成立的南明政府还颁发《工部新刊事例》,卖官集资大修宫殿,可谓至死不悟的典型代表。

清代的捐纳事例变本加厉,比明代严重得多。据胡思敬考,清代捐纳之频繁远胜前代:顺治六年,户部以军饷不济,请开监生、吏典、承差等捐纳。其后康熙十六年征三藩,三十年征噶尔丹,雍正二年征青海,皆开捐例。乾隆时,有豫工例、川运例。嘉庆时捐例最杂,见之奏报可考者,三年有川楚善后例,六年有工赈例,九年有衡工例,十一年有捐输例,十二年有土方例,十五年有续增土方例,十九年有豫东例。① 所举的捐例形形色色,其频繁的程度不难想见。

按照《清史稿》的说法,在清代,涉及捐官的暂行事例主要有三项,即拯荒事例、河工事例与军需事例。拯荒事例是在发生自然灾害的时候,为应付饥荒,赈济灾民而设;河工事例是为治理水患,防止黄河泛滥而修建江河堤坝;军需事例是为应付战争需要,筹饷及其他军需物资而设。譬如平定三藩,军事开支浩大,财政空虚,不堪重负。通常情况下国家收支是平衡的,而突然发生的特殊事件会打破这种平衡。在历史上,严重的自然灾害往往是农民造反的诱因,而像平定三藩那样的战争胜负更是决定于民心的向背。所以,从政治上考虑,普遍增加赋税,引起农民不满,失去民心,不是解决财政危机的正确选择。相反,采取特殊的临时应急措施,筹集钱物,渡过难关,倒不失为权宜之计。捐纳事例恰好适应这一需要。

更重要的是,捐纳事例符合统治者因时制宜的施政方针。

我们查阅清实录发现,在清代君臣议论朝政中,"因时制宜"一词被提及的次数,最多的是乾隆朝为七十次,光绪朝与同治朝分别是三十四次,道光朝为二十六次。"因时制宜"在康熙朝与雍正朝也屡被作为法制的指导方针。如康熙在编订《刑部现行则例》时曾谕刑部:"国家设立法制,原以禁暴止奸,安全良善,故律例繁简,因时制宜,总期合于古帝王钦恤民命之意。"②纂修《康熙会典》,说到自己的施政方针,也说"逮朕御极以来,恪遵成宪,率由弗

---

① (清)胡思敬:《国闻备乘》卷二。

② 《康熙实录》卷八十四。

渝。间有损益,亦皆因时制宜,期臻尽善”。[①] 雍正以继承康熙为标榜,曰:“朕今日之仁,即皇考当日之义。道无二致,同归一中。因时制宜,使得其平。此圣人所以言平天下也。”乾隆更是将“因时制宜”经常挂在嘴上,如议及某次治理江南水患的河工事例的限时问题时谓:“然不定以年限,恐日积月累,从事者多,与现在因时制宜之意转有未合。”[②]

捐纳事例被定性为暂行事例,无论是提出建议的大臣,请示时称:“请暂开捐例,”或“限三个月停止”;还是最后批准的皇帝,批准时曰:“姑准所请暂开,”曰:“一俟××,即降旨停止”,无一不明确其“暂时”的性质,从开办之始就确定了它的临时性,在时间上是短时期的,是一时之权宜。以前述三项事例而言,拯荒事例在于救济饥民,当度过青黄不接的季节,秋收来临,自然结束。河工事例在于河道的疏通与堤坝的维护,工程完成,即告结束。军需事例出自战争的需要,战争结束,也就意味着停止。至于战乱的善后,确实需要的话,则应另外发起,不在军需范围之内。

这里我们要注意的是“因时制宜”有两个相近似的意义:一是强调因时而变,即时代变化了,时势不同了,法应该适应现实,新陈代谢,弃旧图新。这是变革思想。二是强调特殊形势下的变通,如何应对眼前情势,以渡过当下的危机。暂行事例的意味是后者而不是前者。强调的是其临时性,只是渡过危机的救急之法,权宜之计,带有浓厚的实用主义与机会主义的味道。

统治者在批准捐纳事例时往往强调其乃不得已而为之。表现在制定程序上,由主管部门或者地方大员提出的建议往往遭到皇帝驳回,一驳再驳,甚至在主管部门议复之后皇帝还不予批准。康熙就是在九卿会议提出建议之后说:“捐纳事例无益,不准行。”[③]乾隆时期也有这样的例子。据实录记载,“浙江修理海塘工程。该督郝玉麟等奏请增添捐纳条款,经九卿会议准行”;但被乾隆皇帝以“捐纳一事,原为一时权宜,无益于吏治,并无益于国帑”为理由,拒绝批准,“着动正项钱粮办理”。[④] 必须承认,统治者关于找不到其他解决财政危机方法才启动捐纳这一举措是不得已的表白,有其真实的一面。

---

① 《康熙实录》卷一百一十五。
② 《乾隆实录》卷一百七十二。
③ 《康熙实录》卷一百一十四。
④ 《乾隆实录》卷之五。

当然,将之用于制定具体方案时,所谓暂行事例的命名也不排除其策略上的考虑。康熙十三年,以用兵三藩暂开事例。康熙十六年,左都御史宋德宜建言:"开例三载,知县捐至五百余人。始因缺多易得,踊跃争趋。今见非数年不克选授,徘徊观望。宜限期停止,俾输捐恐后。既有济军需,亦慎重名器。"这一建议企图利用暂行事例"限期停止"含有的"过时不候"的意思,在买方徘徊观望不急于出手时,能够收到"输捐恐后"的招徕效果。

其实,统治者的犹豫再三,不完全是一种政治姿态。其再三权衡郑重其事,还由于捐官事例即使被限定为暂时性措置,也会影响其基本制度,造成永久的伤害。统治者不能不兼顾两者的平衡:"既有济军需,亦慎重名器。"国家选拔任用官吏应该坚持德才兼备的标准。科举考试乃古代中国唯一正经的仕途。拿钱买官为士林所不齿。以官卖钱有史以来就是政治丑闻。出钱买官者进入仕途,不仅要利用手中的权力捞回本金,造成吏治败坏,而且严重妨碍其他官僚的升迁,影响这部分人对于政权的忠诚度。所以,统治者必须对于其涉及的各方利益进行平衡协调,在充分利用捐纳制度解决财政危机的同时,想方设法限制它对官僚任用制度带来的消极影响。

清代的卖官以花样翻新为重要特点。"捐纳官或非捐纳官,于本班上输资若干,俾班次较优,铨补加速,谓之花样"。"花样"是指铨选途中的优先权。平民凭空花钱买官,多少有些骇人听闻。仕途中人为加速升迁而花钱,除了同僚的嫉恨外,在老百姓中影响总是小些。清朝政府在实施捐纳事例的时候,通常将任官资格明码标价的同时,也将各种花样明码标价。花样与任官资格的捐纳几乎是同时登上历史舞台的。康熙年间筹措平定三藩的军饷,在这个捐例中,报捐者除了可以报捐任官资格之外,还可加捐"先用""遇缺即用""先先用"等名目的花样。"咸丰元年,省'遇缺''遇缺前',而增'分缺先''本班尽先'。三年,复增'分缺间''不积班'。九年,先后奏设'新班遇缺''新班尽先''分缺先前''分缺间前''本班尽先前''不论班尽遇缺选补'等班。推广捐例,又有保举捐入候补班、候补捐本班先用例。花样繁多,至斯已极。"①形形色色的"花样"翻新,只有随时变化的事例可以作为规制的工具。

① 《清史稿》卷一百一十二,选举志七。

此外还有捐复,即被罢官者通过捐纳而恢复官职,与捐"花样"异曲同工。前期尚有限制:"乾隆九年,直赈捐,部议捐复条款,京察、大计及犯私罪者,降调人员,无论是否因公,及比照六法条例,武职军政纠参及贪婪者,不准捐复。"①而到了后期则无所顾忌。"咸丰二年,王、大臣等议宽筹军饷。凡降革不准捐复人员,除实犯赃私外,余准加倍半捐复。降革一、二品文、武官,向不在捐复之列者,许捐复原官顶带,允行。但饬一、二品大员捐复原衔须请旨。嗣复推广,文职京察、大计六法,武职军政被劾,无奸赃情罪,亦许捐复原衔。终清世踵行,不复更也"。②

(二)捐监事例

捐监是通过捐资取得国子监读书的资格。国子监生除了是读书的资格外,还是应考的资格,也是做官的一种资格。所以捐监与捐官可谓殊途同归。清代的捐监原是捐纳的一种,只是到了乾隆时期,将其从暂行事例中分了出来,成了现行事例。

捐监制度明代已经有之。据明史记载,选举之法,大略有四,其一曰学校。学校有二:中央曰国学,地方曰府、州、县学。府、州、县学诸生升入国学者,谓之监生。只有监生乃可得官。升入监生的途径有四,分别称为举监、贡监、荫监、例监。"例监"即捐资入监。例监始于景泰元年,"以边事孔棘,令天下纳粟纳马者入监读书,限千人止。行四年而罢"。成化二年,南京大饥,"守臣建议,欲令官员军民子孙纳粟送监。礼部尚书姚夔反对,帝以为然,为却守臣之议"。③ 然而其后,或遇岁荒,或因边警,或大兴工作,率援往例行之。

清代较明代的不同是其常态化。按照《清史稿》的论述,"乾隆元年,罢一切捐例。廷议:捐监为士子应试之阶,请于户部收捐,备各省赈济。从之"。④ 趁着停止捐纳事例之机将捐监制度固定了下来。同样的戏码在三十多年后,还又重演了一次。乾隆三十五年,将京师及各省捐纳事例一概停止。乾隆皇帝发布上谕,声称:"从前暂开捐例,原属一时权宜,以遂海内士民急公上进之愿,究于事体非宜。……开捐一事,竟当永远停止。"然而,这不过是虚

---

① 《清史稿》卷一百一十二,选举志七。
② 《清史稿》卷一百一十二,选举志七。
③ 《明史》卷六十九,选举志一。
④ 《清史稿》卷一百一十二,选举志七。

晃一枪。掉过头来,才透露真意:"至于现行事例,如报捐贡监,并微末职衔,及封典加级等项,皆于名器无妨,原可仍听照旧捐纳。"①捐监制度从此摘掉了暂行事例的帽子,变成为现行事例。

作为现行事例,捐监事例在实施过程中细节也有不少变化。乾隆元年,是由户部统一收捐,收的是银两。说是作为各省积谷备荒之用,但是,银两存在户部,如何运作只有朝廷知晓。乾隆三年,皇帝指示:"积谷原以备赈,与其折银交部,至需用之时动帑采办,展转后期不能应时给发。曷若在各省捐纳本色,就近贮仓,为先事之备,足济小民之缓急乎?"于是将捐监之例,移于各省,改捐本色(粮谷)。将户部收捐变为各省收捐,并且将之作为常平仓的粮食储备。这就进一步赋予捐监制度以公益性,并且以看得见的方式表明了这一点。后来,围绕收捐到底是实物好还是银两好,以及各省收捐的标准等,也曾经几多变化。如乾隆十年,湖广总督鄂弥达言:"捐监事例,谷不如银。银有定数,谷无成价。易捐谷为捐银,倘遇荒歉,亦可动支采买。"认为谷物定价参差不齐,不如收银标准统一。朝廷考虑也不无道理,允行②。后来,又发生经管人员贪污的流弊,为防此弊而改为收纳监粮。因此,捐监事例因时因地而出现不同版本。典型的如乾隆三十九年户部议覆陕西巡抚毕沅条奏的《捐监事宜》,一共五条:

一、陕西省乾隆三年捐监旧例,每俊秀一名,捐谷九十五石、至二百二十五石不等,乾隆九年及二十二、(二十)四、三十等年,节经该抚声明粮价较昂,陆续奏准减数收捐,计每名仅收谷八十石零至一百九十余石不等。(下略)

二、各属廪增附生情愿报捐者,亦令按照奏定额数照例折算收捐。……

三、收捐粮色,例应谷麦兼收。陕西省捐监旧例,俱按粟谷定数,如以米麦豆三色报捐,俱照粟谷之数、减半折收。至汉中、兴安、商州等属出产稻谷,仍照粟谷之数减三收捐。……

四、收捐监粮向由布政司印发正副实收,令各廳州县临时填给该生收执。……

---

① 《乾隆实录》卷八百七十。

② 《清史稿》卷一百一十二,选举志七。

五、收捐监粮,应收仓费公费银两,及所收粮石,按数出陈易新,经臣部于甘肃省复开捐监事例案内分晰核定奏准在案,应令该抚查照甘省条例,并该省向来收纳银数遵办……①

从这个“事宜”中可以看到,收捐标准不仅各省不同,而且一省之内各个地区也不同。而且,同为粮食,还有品种之异。捐监事例尽管是现行事例,也还是有一定期限,随时宣布停止。如此等等,详尽而繁琐。大概只有事例这样随时变通的形式比较适用。

(三)捐输事例

在各种捐例中,如果以社会的利弊得失作为衡量尺度,捐输事例可能属于最为有利无害的。常见的捐输行为如日常捐资兴学、荒年施米赈灾。捐输者急公好义,乐善好施,在道德上理应受到社会的尊敬,人们的爱戴。由于其有利于社会的和谐稳定,有助于社会秩序与统治秩序的维持,也会受到国家的提倡,得到统治者的表彰。历史上不乏这样的先例。

在历史上最早的捐输行为出现于汉代。汉武帝时连年征战,财政困乏,国家千方百计搜刮民财。是时,豪富皆争匿财,唯卜式数求入财以助县官。②“初,式不愿为官,上强拜之”。③ 是其中特别值得玩味的情节。不求回报的自愿捐献在前,汉武帝以官职作为回报在后,而不是与之相反,以许诺官职为回报在前,而以捐献在后。这应该是捐输与捐纳的区别。

清代的捐输也是个人自愿向国家捐钱捐物,国家只是在事后给予相应的回报。在清代文献中,往往将捐输与捐纳两者混为一谈。《清史稿》的作者秉持异议,认为应该加以区别。指出:“其乐善好施例内,凡捐资修葺文庙、城垣、书院、义学、考棚、义仓、桥梁、道路,或捐输谷米银两,分别议叙、顶带、职衔、加级、纪录有差。馀如各省盐商、士绅,捐输钜款,酌予奖叙。皆出自急公好义,与捐纳相似,而实不同也。”④按照这一观点,两者不同在于当事人的思想层次有别。捐输包括赞助社会上各种公共事务,思想值得肯定,道德层次

---

① 《乾隆实录》卷九百七十三。

② 《汉书》卷二十四下,食货志第四下。

③ 《汉书》卷二十四下食货志第四下。

④ 《清史稿》卷一百一十二,选举志七。

较高,国家也以表彰奖励等精神鼓励为主;而捐纳者则道德层次较低,眼睛盯着的与心里想的都是国家事前承诺的功名利禄,不可同日而语。

捐输是面向社会的善举,需要得到国家的鼓励。但国家的鼓励也可能玷污这一善举的纯洁,使之不再是无偿的贡献,其流弊就是捐输的变质。富人特别是官商将财富捐献给社会,而从国家得到回报,无论是荣誉表彰还是物质回馈,背后都存在复杂的权钱交易关系。官吏则借机兴利敛财营私舞弊。乾隆皇帝对此看得透彻:“朕观各直省捐助一事,或督抚欲博化民成俗之誉,授意属员;或有司欲邀劝输宣力之名,多方迎合。竟至抑勒诛求,计家资之丰约,定捐输之多寡,甚且假公苛敛,中饱侵渔,名曰利民,而适以病民。”①定额认捐,成为半强制的“苛捐”,把好事变成了坏事(见表3－2)。

表3－2　清代各朝实录中“捐输”一词分布统计　　单位:次

各朝实录名称	顺治实录	康熙实录	雍正实录	乾隆实录	嘉庆实录	道光实录	咸丰实录	同治实录	光绪实录
“捐输”一词出现的次数	3	12	9	88	33	146	398	370	221

清代的捐输事例细分有以下几种:

第一种是奖励捐输行为的捐输事例。例如,在灾年赈济灾民,被称为乐善好施。为了防止好事变成坏事,寓防弊于鼓励之中:凡缙绅士民有于歉岁出资捐赈者,准亲赴布政司衙门具呈,不许州县查报。其本人所捐之项,并听自行经理。事竣,由督抚核实。捐数多者题请议叙,少者给与匾额。若州县官抑勒派捐,或以少报多,滥邀议叙者,从重议处。土豪胥吏于该户乐输时干涉渔利者按律查究。②

丰年则有号召富民捐输社仓备荒之制:凡缙绅士庶,捐输社谷各色杂粮,核计数目与谷石价值相同,十石以上者地方官奖以花红,三十石以上者奖以匾额,五十石以上者申报上司递加奖励。若有好善不断,年久数多捐至数百石者,该督抚奏给八品顶戴。③ 这个问题我们已经在社仓事例时讨论。

① 《乾隆实录》卷五。
② 《户部则例》同治十三年刊本,附灾捐赈。
③ 《户部则例》卷十七同治十三年刊本,《各省社仓章程》。

第二种是官员与富商对于朝廷的报效。清史稿记载:“各商报效之例,肇于雍正年,芦商捐银十万两。嗣乾隆中金川两次用兵,西域荡平,伊犁屯田,平定台匪,后藏用兵,及嘉庆初川、楚之乱,淮、浙、芦、东各商所捐,自数十万、百万以至八百万,通计不下三千万。其因他事捐输,迄于光绪、宣统间,不可胜举。”如胡思静所揭露的那样:“凡奸臣善迎合者,多藉言利以结主。知岁入有常经,不能过求于户部;民穷虑走险,不能苛责于闾阎,则报效之说以起。”①这并不是一种单方面的奉献。而是一种互动双赢之举。“盐商时邀眷顾,或召对,或赐宴,赏赉渥厚,拟于大僚;而奢侈之习,亦由此而深。”②与其说是商人为报答君主恩情而主动贡献,不如说是对于皇帝的变相贿赂手段,以此交换朝廷的额外奖赏与地位荣耀。

第三种是申谕劝捐。申谕劝捐是以发布上谕的方式劝导富人进行捐献。其奖励手段是以省府州县为单位,增加乡试中举的名额,或者地方生员的限额。这种办法被广泛使用于平定太平天国时筹饷活动中。对于各省府州县,根据其捐输的银两数额,“着再加恩将捐银较多之省酌加乡试中额。捐银较多之各州县酌加学额”。③ 由于是以地方为计奖单位,地方官在实施过程中,为了完成定额,创造政绩,博取“能吏”之名,往往不择手段。咸丰年间,刑部尚书周祖培针对户部筹饷二十余条所议之款,指出:“按户派捐,先敛怨于民。”④皇帝本人也并非不知道这种“强迫式自愿”的害处。同治三年(1864年)十二月二十一日,同治皇帝在一道上谕中无可奈何地说:“捐务之兴,原系朝廷不得已之举。必须准情酌理,多方劝谕,方可以免怨尤。若派捐勒捐,自不免人言藉藉。”⑤“勒捐”和“派捐”反映了制度本身存在的问题。在开办捐纳时政府所期待的无疑是财政外收人多多益善,具体办理捐纳事务的官员为了完成任务,也为了借此向上司表明自己的成绩,自然是想方设法增加捐纳收人的数额。而在报捐者来说,连续的开捐已经使他们趋于疲惫,难免互相观望,裹足不前。在这种情况下,虽然皇帝也称“必须准情酌理,多方劝

① (清)胡思敬:《国闻备乘》卷二“报效”。

② 《清史稿》卷一百二十三“食货志四”。

③ 《咸丰实录》卷八十三。

④ 《清史稿》卷三百九十“周祖培传”。

⑤ 《同治实录》卷一百二十五。

谕”,但那些号称“爱民如子”的地方官们为了完成任务,往往采取强迫命令的方法来聚敛报捐银两。

(四)捐赎事例

明史刑法志载:洪武“三十年,命部院议定赎罪事例,凡内外官吏,犯笞杖者记过,徒流迁徙者俸赎之,三犯罪之如律。自是律与例互有异同。及颁行《大明律》,御制序:‘杂犯死罪、徒流、迁徙等刑,悉视今定赎罪条例科断。’于是例遂辅律而行。”赎罪事例也好,赎罪条例也好,都是清代捐赎的渊源。

清代的捐赎事例往往打着其他名目。其中,营田事例最为典型。

清代雍正时期,在滦、蓟、天津、文安等八州县,设立营田,兴修水利,围堰造田,为了解决种植水稻的技术难题,令江浙二省督抚,召募老农,每省各送三十人,每月酌给工食,令其指导耕种。等本地之民学会耕种方法后再回本籍;所需农具水车等项,亦令江浙二省各送匠人五名,将式样及造作之法教导本地匠人,一例给发工食。如耕种之小民力不能办,官给正项钱粮,代为经理。[①] 为了规制营田事业,制定了营田事例。雍正四年十二月,户部遵旨议覆大学士朱轼条奏营田事例四款。

一、自营己田者,照田亩多寡,给与九品以上、五品以下顶带,以示优旌。

二、效力营田者,应酌量工程难易、顷亩多寡,分别录用。

三、罣误降调革职之员效力营田者,准开复。

四、流徒以上人犯效力营田者,准减等。俱应如所请。从之。[②]

在有关营田事例的历史文献中,从正面肯定记载的居多。国家设立专门的营田官员,“分遣各地,会同地方官,首先举行,为民倡率。”政府规划设计兴修水利:“其浚流圩岸以及潴水节水引水戽水之法,仿照成规,各因地亩形势,节次兴修。”并且提供奖励发展农业生产:“有力之家率先奉行者,计圩田多寡,分别奖赏。其出赀代人营田者,民则分别奖赏,官则分别议叙。”对于水利工程中人民损失给予合理赔偿,“至民间田舍有害水道者,计亩均摊,通融拨抵,视本田亩数加十之二三,其河淀淤地已经成熟升科,而必须开辟者,将

---

① 《大清会典则例》卷三十五。

② 《雍正实录》卷五十一。

附近官田,照数拨补”。[1] 这些规定以及水利、营田方面取得的成绩都值得肯定。后来部分水利工程荒废,营田没有持续,其原因复杂,需要分析,但在历史上还是属于积极的措置。[2]

不过,营田事例其实还有另一面。在《清朝通典》的记述中就揭示了这另一面,而将之径直称为营田赎罪事例,“(雍正)五年正月定营田赎罪事例:凡不论旗民,罪拟斩绞、非常赦不原者,原任三四品官,营田四十顷;五六品官,营田三十顷;七品以下、进士举人,营田十五顷;贡监生员,营田十顷;平人营田八顷,准免罪。其军流罪犯各减十分之六;徒罪以下各减十分之八:俱准免罪。仍记档案,倘有再犯徒罪以上者,前后通论,从重治罪。”《清朝通典》还记述道:“(雍正)九年四月增定营田赎罪事例。户部奏准:照营田原例,四品官以下死罪各酌加十顷;平人酌加四顷,俱准免罪。军流罪犯原例各减十分之六。今定减十分之四。徒罪以下原例各减十分之八。今定减十分之六。再有所犯军流以下之罪,情重法轻者按所定之数再加十分之六。准其免罪。”[3]

这个记述告诉我们,营田与赎罪是这个事例的两面。从前一方面看,是修举水利发展生产的一项措施,利国利民,应该肯定。从后一方面看,则是为罪犯提供了一次赎免其刑罚的一次机会。其对象包括了几乎所有的犯罪,只有常赦所不原的犯罪除外,对象也给予所有人,不仅有享受特权的旗人,还有钦恤的对象。处刑范围则从死罪绞斩到军流徒罪。如果仅从原来的记载看,所谓“诖误降调革职之员”仅是其中一项;而这里则分别列举从高到三四品到七品以下的各个品级的官员。

清代捐赎制度不始于营田事例,而是源远流长。据《清史稿刑法志》记述:“其捐赎一项,顺治十八年,有官员犯流徒籍没认工赎罪例;康熙二十九年,有死罪现监人犯输米边口赎罪例;三十年,有军流人犯捐赎例;三十四年,有通仓运米捐赎例;三十九年,有永定河工捐赎例;六十年,有河工捐赎例。然皆事竣停止。其历朝沿用者,惟雍正十二年户部会同刑部奏准预筹运粮事

---

① 《大清会典则例》卷一百三十四。

② 详细研究参见李成燕:《清代雍正时期京畿的水利营田》,中央民族大学出版社 2011 年版。

③ 《清朝通典》卷八十九。

例,不论旗、民,罪应斩、绞,非常赦所不原者,三品以上官照西安驼捐例捐运粮银一万二千两,四品官照营田例捐运粮银五千两,五、六品官照营田例捐银四千两,七品以下、进士、举人二千五百两,贡、监生二千两,平人一千二百两,军、流各减十分之四,徒以下各减十分之六,俱准免罪。……嗣后官员赎罪者,俱照运粮事例核夺。刑部别设赎罪处,专司其事。此又律赎、例赎而外,别自为制者矣。"

这里对于捐输之例说了不少,提到事例的地方以"运粮事例"为典型代表。运粮事例又称为粮运事例,或者称为预筹粮运事例。案:明代已有运米输边赎罪之例。清代此例倒也不是创新。不过,明清不同在于清代完全是以捐银数量作为赎罪标准,而且数额巨大。史籍记载:"(雍正)十二年八月定预筹粮运捐赎事例:凡不论旗民,罪拟斩绞,非常赦不原者,三品以上官捐银一万二千两,四品官捐银五千两,五六品官捐银四千两,七品以下、进士、举人捐银二千五百两,贡监生员捐银二千两,平人捐银一千二百两,俱准其免罪。其军流罪犯各减十分之四……俱准其免罪;徒罪以下各减十分之六捐银俱准其免罪。"另外还规定:"凡罪人并妻子发遣奉天宁古塔船厂打牲,乌拉伯都纳齐齐哈尔黑龙江墨尔根三姓地方,除十恶强盗光棍等犯不准免外,其余发遣罪犯,一二品官捐银六千两,三四品官捐银四千八百两,五六品官捐银三千六百两,七品以下、进士、举人捐银二千四百两,贡监生员捐银一千二百两,平人捐银六百两,准其本身及妻子家属回籍。"①《清朝文献通考》卷二百九也几乎一字不差记述了上述的"预筹粮运捐赎事例"。

至乾隆二十三(1758年)年,斩绞捐赎之例被停止。当时,御史叶启丰上奏,建议废除斩绞捐赎之例,遭到刑部反对。对此,乾隆皇帝承认,"该御史所言未尝不是,朕不能附该部之强词夺理也。着将斩绞缓决各犯纳赎之例永行停止"。②

以捐银而赎罪,与法的精神罚在必行的原则显然不一致。响应国家号召为发展生产,促进交通,稳定边防,固然有积极的一面。但是,朝廷这种激励机制,会造成贫富异罚,有罪不罚,刑以钱免,对于法制的干扰破坏则是消极

① 《清朝通典》卷八十九。

② 《乾隆实录》卷五百五十九。

的。这应该是捐赎之法使用事例并且不直呼其名的原因。

(五)筹饷事例

咸丰同治时期,先后爆发了太平天国与捻军起义。清朝统治一度岌岌可危。为了应付战争动乱的局势,自咸丰元年开始,为了挽救摇摇欲坠的统治,清政府开办了清末规模最大的"筹饷事例"。咸丰二年制定了筹饷事例:"……是年特开筹饷事例;明年,续颁宽筹军饷章程。九年,复推广捐例。时军兴饷绌,捐例繁多无复限制,仕途芜杂日益甚。同治元年,御史裘德俊请令商贾不得纳正印实官,以虚衔杂职为限。下部议行。寻部臣言捐生观望,有碍饷需,诏仍旧制。……时内则京捐局,外则甘捐、皖捐、黔捐,设局遍各行省。侵蚀、勒派、私行减折,诸弊并作。"①

据《增修筹饷事例条款》卷首户部奏,该条款是集咸丰元年十一月《酌拟章程》五十八条,咸丰二年四月《续拟章程》二十九条,咸丰三年三月复拟《章程》十四条。同治五年九月厘定为《筹饷事例》九十一条,常例十六条。② 从目录中我们可以看出其报捐种类,集各种捐例之大全:

有文职报捐:分缺先用、分缺间用班次、文职报捐各项本班尽先、文职报捐不积班选用班次、文职分发分缺先用等项人员捐免适用。

进士举人报捐知县、职员报捐、教职人员分别报捐、劳绩保举教职人员报捐、九品以下分发银数分别报捐、五贡捐内阁中书、报捐监掣同知、八旗汉军报捐各项小京官、内务府人报捐、荫生报捐、世职报捐、武职改捐文职、銮仪卫人员报捐。

各种捐免:捐免赴部引见、捐免赴部投供、拔贡优贡捐免朝考、教习捐免期满、捐免查询居官、捐免回避、捐免赴部验看、捐归候补班、捐免五缺。

捐赎:军台人员赎罪、新疆人员赎罪、新疆人员捐免戍限。

甚至各种闲杂职役人员单列的项目:役满吏报捐,门卫千总报捐,赔项人报捐,有服人报捐。

筹款事例附了一个以钱买官的价目表。一个价目表是关于满汉在京文职各官即中央政府的京官。如果想捐做郎中(各部司长)一职:由贡监生捐

---

① 《清史稿》卷一百一十二,选举志七。

② 《增修筹响事例条款》,台北,华文书局,《中华文史丛书》第六辑,影印清同治五年刊本。

银 9912 两,由捐职郎中捐银 4779 两,由现任员外郎(副司长)、内阁侍读 894 两,以上是基本价格。如果想立即选用,另外再加捐:候补候选者捐银 1152 两具准以双月选用;其已捐双月选用并本职应补应选人员捐银 576 两,准归本班先用;加银 576 两准改单月即用;再加银 576 两不论双单月即用;由满洲现任员外郎内阁侍读捐银 2016 两候补候选者捐银 2304 两准以满洲郎中用。

以下是员外郎(各部副司长)的价码:由贡监生捐银 5760 两,由捐职郎中捐银 4059 两,由现任主事、都察院都事、经历、大理寺左右寺丞、钦天监监副、京府通判捐银 1566 两。

想立即选用的话:候补候选者捐银 2430 两,由现任知州捐银 1134 两,候补候选者捐银 1422 两,准以双月选用;其已捐双月选用并本职应补应选人员捐银 486 两,准归本班先用;加银 477 两准改单月即用;再加银 477 两不论双单月即用;由满洲现任主事、都察院都事、经历、大理寺左右寺丞、太常寺寺丞、钦天监监副捐银 2538 两候补候选者捐银 3402 两……准以满洲员外郎用。以下是主事、都察院都事等的价码。文多不录。

另一个价目表是满汉在外文职各官,即地方文职官员。其中道员:由贡监生捐银 11,808 两,由捐职道员捐银 9099 两,由现任知府捐银 1800 两候补候选者捐银 2520 两,由现任郎中捐银 3168 两候补候选者捐银 4896,具准以双月选用;其已捐双月选用并本职应补应选人员捐银 864 两,准归本班先用;加银 844 两准改单月即用;再加银 864 两不论双单月即用。

其中知府:由贡监生捐银 9576 两,由捐职知府捐银 7416 两,由现任郎中捐银 1656 两候补候选者捐银 2664 两,由现任员外郎、内阁侍读捐银 2376 两候补候选者捐银 3816 两,由现任直隶州知州捐银 2619 两候补候选者,由现任治中、同知捐银 3240 两候补候选者捐银 4662 两,准以双月选用;其已捐双月选用并本职应补应选人员捐银 792 两,准归本班先用;加银 792 两准改单月即用;再加银 792 两不论双单月即用。以下还有直隶州知州等的价码,文多不录。

地方官比京官价格略高是其油水肥厚。这个价目表显示了筹饷事例的实质:钱能通神。什么资格,拿多少银两,就能做什么官。还能帮助你克服竞争对手的阻力,消除各种预设的限制条件与相关程序。将之变成一种设立的靠钱打通的门槛。

这个条款后面是“增修现行常例”,从目录中可以约略窥其内容之一斑。其中,列有捐加级记录、捐复降革留任,包括降级留任、降职留任、革职留任,准其复还原职。捐复降革离任、降革加五捐复、捐复原衔、捐入补班、捐复原资、捐免坐补、捐免试俸、捐免实授、捐免保举、捐免考试、捐离任、捐职衔、捐封典、捐分发。这些属于现行常例,而与暂行事例有别。

为了贯彻执行这一筹饷事例,各省各地都分别制定了相应文件。我们从《福建省例》之“捐输例”中所载的《筹款条款》可以看出其相应内容。

一、官绅商民愿归入筹饷事例报捐者,应令遵用刊发呈式,开明籍贯、年貌、履历、三代,按照新例开载银数,指捐何项官职,或加捐分缺、先用本班尽先、及分发等项,逐一叙明。如只愿得职衔,或请封典,或捐贡生,悉照现行常例开载银数,准予指项报捐。(下略)

二、各捐生凡有出资助饷在数万两以上者,即详请专折奏恳圣恩,破格优叙,以昭激劝。

三、各捐生投呈,应照历次捐输成案,按三八日期,由本司经、都、照三首领官会同设立号簿一本,分期轮流收缴,不许稽迟。如有包揽以及阻挠情弊,许该生拦舆呈递,以凭查究。

四、现任及现署地方之候补试用人员有经手钱粮之责者如愿报捐,应令出具并无挪移仓库印结,随呈并送。如先经卸事交代业已清楚,毋庸加结,以省案牍。

五、历届捐输各案内,凡外省在闽贸易、游幕之绅士、商民及随任子弟均准报捐。此次亦应照办,俾登进有阶,群思鼓舞。

六、举贡生监曾经就职考职并捐有职衔、及各项议叙候选人员,均于具呈时粘照投缴。其由俊秀报捐者,照捐监之例收捐后,行查各原籍取结。有取同乡官印结者,亦准粘呈收捐,以免稽迟。

七、此次收捐之银,系储备军饷之需,必须足平、足色。应由倾销银号倾熔足色镜面库纹,方准上库兑收。仍于每锭上錾明筹饷字样,左錾年分、右錾该倾销铺号,以昭慎重。(下略)

筹饷事例将本部分叙述的各种捐例以及花样翻新的形形色色手段都用上了。清廷为了打赢这场生死攸关的战争,广泛动员社会资源达到了无所不用其极的地步。结果众所周知，它打赢了。事例作为权宜之计，于危机之时，为挽救其覆亡做出了贡献。事例之作用于此发挥的可谓淋漓尽致。

综上所述，我们终于可以回答下列问题：为什么在清代这些事例被分别冠之以某某事例之名？以及皇帝在定例时会明确指示，要求臣下议定某某事例，如督捕事例、逃人事例等。或者在部院题本中就将其中的规范性文件命名为某某事例，如捐纳事例、捐监事例等，并且得到皇帝"依议"。我们可以发现这些事例共有的秘密，那就是这些事例内容都含有"不法"的因素。

譬如，逃人法曾经被规定在《顺治律》之中。从"隐匿满洲逃亡新旧家人"这一律目中就反映了其维护满洲人的偏私性质。而藏匿逃人罪的处罚重于逃人本身，违背了罪分主从的原则。如果藏匿者与逃人之间存在亲缘关系，又与亲亲得相首匿原则背离。这一处罚规定被很多朝臣批评，其中反对最激烈的意见居然来自主持其事的督捕大臣。这一切表明了它缺乏法应有的正当性，以致在统治集团内部也难以达成共识，失去了在《顺治律》中继续存在的理由，不得不以督捕逃人事例替代之。

再如，各种捐例，无论是其出于何种理由，包括解决财政困难、救济灾民、储粮备荒等，披上什么华丽外衣，诸如捐输者急公好义、主动报效、自愿捐献等，都无法否认其对于既定的法制之干扰破坏。捐监事例与学校生员选拔制度背离导致科举考试制度破坏；捐纳制度违背了选贤任能的精神对于官吏任用制度形成干扰；捐赎事例破坏赏功罚过的原则，隐含着正当刑罚制度的颠覆。卖官鬻爵、权钱交易，从来都属于"不法"的行径。这也是为什么它们在形成过程之中，统治者要以"不得已"的姿态出现，宣布其是暂时的措施，承诺会在短时间内结束。它被冠之以各种名目的事例，原因也在这里。

只有社仓事例从积谷备荒看起来是一件好事。但是，连统治者也认识到了，它应该是百姓自主自愿的事情，应该由各个地方百姓自由选择自行定约，而不能"以法强之"。由国家出面，以法律强制手段，逼迫人民去干，好事会办成坏事。各地情况不同，必须因地制宜。所以，由地方官员结合各地特点，分别制定办法，要比国家自上而下地以法命令强迫妥当。社仓之以事例这种形式规制就不难理解了。

总之，从形式上看，通过"因事立制"的方式，经过了"奏准""题准""议准"的程序，形形色色的事例似乎具有了法的性质；但是，其中内容含有的

“不法”因素,又使其难以为法。法体现的是统治者意志,捐纳事例却成了统治者“不得已”的选择;法应该具有稳定的效力,筹饷事例却被宣布为临时之举;法应该具有强制力,社仓事例却宣布不得以法强之;法是正义的体现,督捕事例却违反公义的原则,暴露出偏私的本质。所以,不但在体现着法的一般性的律中没有其位置,就是在一般定例中也不好安顿,只能以事例名之,这就是上述特殊事例的由来。

四、部院则例中的事例

部院则例是清代中央六部和其他机构行政活动的规则。部院则例中存在一些“事例”,与上述含有“不法”的事例不同,也与后面有待论述的会典事例不同,需要我们专门进行讨论。

(一)清代部院则例的修订

清代法制较前代一个重要发展,就是运用则例规定中央各部、院、寺、监及其下属机构活动的规则。这些则例规定了其组织、职权、工作程序与细则,从而实现了国家行政运转的规范化和制度化。王钟翰指出:“有清一代,凡十三朝,历二百六十有七载,不可谓不久者矣;然细推其所以维系之故,除刑律外,厥为则例。”①庞大的官僚机构运转有序是体制稳定的保证。

在历史上,则例早已出现。但是,清代之前的则例还缺乏系统性,它们以调整某一专门的事务为内容,而不以规制某一机构的活动为目的。以明代为例,它所制定和颁行的则例包括了赋役、盐法、商税、捐纳、赎罪、宗藩、军士优给和给赏、考核、钱法、钞法、漕运、救荒等各

① 王钟翰:《王钟翰清史论文集》(第三册),中华书局2004年版,第1701页。

个方面,基本上都是朝廷财政收入、支给方面有关钱物的标准、数额、等级的规定,鲜有以部院冠名者。部院则例的大量出现并且全面覆盖行政过程可以说是清代的新现象。

清代部院则例的形成过程,可以分为乾隆之前、乾隆时期与乾隆之后三个时期。

乾隆之前,包括康熙时期与雍正时期,是部院则例的发端期。

在清代,部院则例走上历史舞台是康熙年间之事。康熙十九年,《刑部现行则例》的制定颁布预示了则例担纲重任的前途。不过,这个以如何定罪量刑为内容的则例虽然冠以刑部之名,实际类似明代的《问刑条例》,严格地说还构不成部院则例的一种。

除此之外,康熙年间还颁布了六部则例、六部考成见行则例。从名称上可以看出来它们是六部一体的结构。实际上这里的《六部则例》,指的是六部处分则例,康熙十二年九月的上谕说:"向来各部衙门俱定有处分条例,已经颁行,"但过于繁密,"着部院各衙门,将见行处分条例,重加订正,斟酌情法,删繁从简,应去应留,逐一分别详议具奏"。[①] 这一上谕可以佐证上述则例的性质。其实,六部一体的结构并不是部院则例的典型形态。

雍正三年七月,在指示编订《大清律例》的同时,雍正皇帝发布上谕:"今律例馆纂修律例将竣,着吏兵二部,会同将诠选处分则例,并抄白条例,逐一细查详议,应删者删,应留者留,务期简明确切,可以永远遵守。"[②]从这道上谕我们发现,除了《吏部处分则例》之外,还存在《吏部铨选则例》《兵部处分则例》。它们的制定时间究竟是康熙年间还是雍正年间,说法不一。不过,即使是制定于康熙时期,也在雍正时期进行了修订。在此时期还颁布了《中枢政考》,作为兵部则例的蓝本[③]。这样看,吏部与兵部都算是有了自己的则例。

乾隆时期是部院则例的繁荣昌盛时期。乾隆三年六月,御史陈豫朋奏请,修吏、户二部则例。下大学士鄂尔泰等议行。[④] 乾隆三年八月,吏部议

---

① 《康熙实录》卷四十三。
② 《雍正实录》卷三十四。
③ 《雍正实录》卷三十。
④ 《乾隆实录》卷七十二。

覆陈豫朋奏称："吏户两部档案繁多。请开馆纂辑成书。其礼工两部事宜亦请增辑。查吏部则例，原系归并律例馆修辑。所有新增条例，仍请附律例馆汇集成书。礼部现开礼书馆，一切更定条例即在礼书馆一体编辑。均毋庸开馆。惟户、工两部、事务纷繁，节年增改甚多。应令自行开馆纂辑。"①从之。乾隆五年四月，乾隆上谕有"朕览兵部纂修则例"云云。乾隆七年正月谕大学士等："六部纂修则例次第进呈，朕皆逐一详览。其中或有更正，或有删除。俱照新定之书遵行。"②乾隆七年三月，兵部则例告成。

《乾隆会典》开修后，乾隆十三年五月，大学士等奏"纂修会典义例"，其中说到："至吏、兵二部各有则例。礼部现纂《通礼》。刑部旧有律例皆可随时修改。其余各衙门未有则例者，即交纂修，分门编辑。每修成会典一卷，即副以则例一卷。先发该衙门校勘，实无遗漏错误，然后进呈。"企图将编纂会典与编订则例两步并做一步走，毕其功于一役。可惜没有实现。不过，通过会典则例的编纂，至少形成了六部及其他衙门各有则例的观念。对于以后部院则例修订工作起到了促进作用。

事实上，会典则例不能替代部院则例的功能。所以，乾隆时期不仅出现了各自部院独立编订的则例，而且数量很多，包括了吏部、礼部、户部、兵部、工部，以及各个府、院、寺、监，内容几乎覆盖了朝廷行政与宫廷事务的各个方面。

在部院则例中，似乎只有户部则例有编纂"凡例"。不过，在其他部院则例的卷首虽然没有"凡例"，也都有他们在开编与编结时的奏折，从中可以发现修订程序与编排的方式。第一步是将本部积累的档案文件，包括历年所奉的圣旨即最高指示，经皇帝批准的题本奏折，还有本部制定的各种章程，加以整理。第二步是在此基础上进行分类比较鉴别，按照各司的职能，将工作中需要经常遵循的规则挑选出来。第三步是重新排序。原来按照年代形成的文件，被按照事务分工与工作程序的排序方式所代替。第四步是进行词语规范与文字润色，定稿。第五步是相关部院写出题本，对于形成的则例稿本的编辑过程与原则方式上奏皇帝，请示批准。皇帝会审阅进呈的

---

① 《乾隆实录》卷七十五。

② 《乾隆实录》卷一百五十九。

则例稿本,通常情况下,会批示"依议"。个别也有指示改正错误的情况。从批准程序不难发现,部院则例与律例、会典不能相提并论。后者往往要将以皇帝名义颁发的"御制序"冠于卷首。则例没有"御制序",比较律例、会典显然处于较低的立法层次。

乾隆之后,嘉庆、道光等各朝,部院则例不断增修。一是平日随时充实内容。根据臣工的上奏,皇帝在做出某一决定或者批准某一建议时指示"载入则例"或者"载入例册"。情况不同,批示各异。如"着刑部另行定议具奏,载入则例遵行",或者"着该部详议章程,载入则例,永远遵行",或者"该部即载入则例,永远遵行",如此等等的记录,在实录中俯拾皆是。二是集中增修。由于有原来颁布的则例作为基础,所以其修订的方式比较简单。首先要请示皇帝批准正式开始进入增修的程序。开始后的工作首先是将现行则例颁布后形成的档案文件加以整理,挑选出来需要增补到则例中的文件,同时,对于旧例与新例比较鉴别,消除矛盾,以保持法律内容的和谐一致。卷帙较繁的则例常常历时多年才能完成。完成后,对于做出增补删改的理由上奏,通过请示程序,得到皇帝的批准。

清代的部院则例,其内容是各部处理其管理事务遵循的规则以及工作细则;其形式是结构完整和谐有序的成法;其性质是根据需要不定期地进行修改,而其基础则是积累起来的事例,更确切地说是"常行事例"。

乾隆皇帝指出:"各部为直省案件总汇,其常行事例,多有因地因时斟酌损益者,不得不纂为则例,俾内外知所适从。然甫届成书,辄有增改。故每阅数年,或十余年,又复重辑一次,并不能为一成不易之计。"①乾隆这里提到常行事例的概念,对于我们理解部院则例中事例的性质十分关键。

事例原本是因地因时斟酌损益的产物。所以说"其常行事例多有因地因时斟酌损益者",符合实际。可是,如此一来也会导致部院举措失准无所适从的弊端,而部院则例之编订就是为了解决这一问题。即所谓"不得不纂为则例。俾内外知所适从"。这是因为"各部为直省案件总汇",全国各地的行政汇总到,通过各部达到统一。所以,部院则例的编纂是要提供朝廷内外普遍适用的行为准则。编纂完成的则例不能"一成不易"。所以要定

① 《乾隆实录》卷九百六十三。

期不定期的修改增删,以体现因时制宜的立法原则。难题是,因地制宜的立法原则如何体现呢?笔者的推论是,通过部院则例中的事例加以体现。

则例提供的是各地进行行政管理的准则,为达到全国治理的集中统一之目的,不允许因地而异。这就是说,常行事例要变成则例的一部分,就必须消除其因地制宜的那部分规定。然而,某地方因为情况特殊而得到特许的规定也有必要在则例中加以提示,以使该地方有所遵循。于是,在普遍性规定中的则例特别附载了涉及某地的事例。就是说部院则例中的事例可以说是保持了因地制宜因素的事例。进入则例之后,它和则例的其他部分多少存在不同之处,故而仍然保存着事例之名称。

重言之,常行事例是编订则例的基础。通过部院则例的编订,因地而异因时而变的常行事例上升为"常法"。这种场合,它就成为了则例的一部分,不再保留事例之名。譬如社仓事例就是如此,其内容经过编订程序,成为户部则例中的一卷,不再保留社仓事例之名。还有的常行事例,如捐监事例,由于因地而异,虽然其内容被收入礼部则例,却保留了事例的名称。

不过,部院则例是一个庞大的集合,其制定原则、参与人员无时不在变化,情况十分复杂,不能一概而论。所以,上述推论只是一般性的解释,没有普遍的适用性,还有其他各种因素起作用。所以,对于各部则例中的事例还要分别加以考察。

(二)户部则例中的事例

《户部则例》的主要内容是有关户部收支钱料及办事规则的规定。现存最早文本是乾隆四十六年武英殿刊本。一百二十六卷,乾隆四十一年修订。其故宫珍本丛刊本近年由海南出版社出版。户部则例的编订,契机是乾隆二十六年贵州巡抚周人骥的条奏,指出"部中未纂例案繁多,请编集成书,刊刻通行,以便遵守"。当时,《乾隆会典》则例已经编纂完成,但是尚没有颁布。事实上,已经编纂的会典则例无法囊括各个部院的办事细则。经户部与吏部等合议,经过乾隆皇帝批准,于乾隆二十六年五月开修。由于例案繁多,编纂历时很久,花费了十几年的时间,至四十一年二月户部则例告竣颁发。

由于户部则例的内容广泛涉及国家户籍财政税务及全国各个方面各个地方的经费支出,需要适应形势经常改动,所以从乾隆四十一年至咸丰元年的七十多年里，先后纂辑了十三次。现存的户部则例很多，保存在国内外各家图书馆。除了乾隆四十一年编订的四十六年刊本外，还有乾隆五十六年，嘉庆七年、十七年，道光二年、十一年，咸丰元年，同治四年、十三年刊本。此外，还有嘉庆十一年、二十二年以及道光十八年的《户部续纂则例》。

笔者手边的户部则例是同治十三年刊本。一百二十八卷，十六门。包括了户口、田赋、库藏、仓庾、漕运、钱法、盐法、茶法、参课、关税、税则、廪禄、兵饷、蠲恤、杂支等，每门所含卷数不等。每卷包括若干项目与条目。它们大多排列有序，构成一个有机的整体。

其名目题为事例的不多，包含在以下六卷中。

卷之三十一，盐法四（下）：稽查盐船事例、稽查商盐事例、稽查场灶事例、巡缉私盐事例；

卷之八十二，兵饷四：直隶粮饷事例、热河粮饷事例、山东粮饷事例、河南粮饷事例、江苏粮饷事例、安徽粮饷事例、浙江粮饷事例、福建粮饷事例、山西粮饷事例、陕西粮饷事例、甘肃粮饷事例、湖北粮饷事例、湖南粮饷事例、四川粮饷事例、两广粮饷事例、云南粮饷事例、贵州粮饷事例、新疆粮饷事例、伊犁粮饷事例、苗土弁兵事例；

卷之八十四，蠲恤二：恩蠲灾蠲事例、查勘灾赈事例（土商捐赈附）、稽查灾民事例、抚恤冲淹事例（失火延烧附）、督捕蝗蝻事例；

卷之八十六，蠲恤四：修建衙署事例、修理兵房事例；

卷之八十九，蠲恤七：八旗孤寡恤例、免追孤寡事例、驻防孤寡恤例、绿营孤寡恤例、绿营鸡荫恤例；

卷之九十，蠲恤八：普济堂事例、育婴堂事例、圈禁所章程、栖流所事例、收养孤贫事例、矜恤罪犯事例、抚恤番夷事例。

可以看出，这些事例所在实际为盐法、兵饷、蠲恤三个门类。盐法中的事例规制的是有关盐政稽查方面的事务；兵饷中的事例规制的是各个省具有地方特点的粮饷筹集事务；绝大部分的事例在蠲恤门。蠲恤的意义是由怜悯同情而免除相对人的义务。其所规制的是对于各种特困人员，包括灾民、贫困残疾人口及其他特殊困难的群体实行仁政的种种措施。

归纳起来看，户部则例中的事例可以分为三种形式。

第一种是因地立制的事例，以各省名称分别命名的粮饷事例最为典型。

不赘。

第二种是“通行条款 + 因地立制”的事例。譬如《抚恤冲淹事例》,内容是国家在灾民遭遇水患房屋被淹坍塌时按照什么标准进行补偿。第一条是通行条款,规定“地方猝被水灾,该管官确查冲坍房屋,淹毙人畜,分别抚恤,用过银两统入田地灾案内报销”。从第二条开始则根据各地不同情况规定了修费银的不同补偿标准。“奉天省水冲旗民房屋修费银,全冲者每间三两,尚有木料者每间二两,尚有上盖者每间八钱。凡验给坍房修费以二人合给一间银两。”而“直隶省水冲民房修费银,全冲者瓦房每间一两六钱,土草房每间八钱,尚有木料者瓦房每间一两,土草房每间五钱。稍有坍塌者瓦房每间六钱,土草房每间三钱。如瓦草房全应移建者每间加地基银五钱。凡验给坍房修费每户仍不得过三间之数”。以下依次列出了对于江苏、安徽、浙江、江西、福建、山东、山西、河南、湖北、湖南、陕西、甘肃、四川、广东、广西、云南、贵州等省水冲民房修费银按照房屋类别损坏程度分别的规定。这些规定是在这些省份某地发生水患时当时经过条奏、覆准确定的补偿标准。[①] 可以这样推测,在编纂户部则例时,此项内容被编订为“常法”,但是各地情况不同,无法统一补偿标准。在保持各地不同标准的情况下,有必要保留“事例”的名目。

普济堂事例、育婴堂事例、圈禁所章程、栖流所事例、收养孤贫事例等也是如此。譬如普济堂事例,第一条是通行条款,规定了“凡通都大邑,官设普济堂,收养老疾无告之人,所需经费以入官田产罚赎社谷等项充用。有官绅士民好义捐建者,其经费并听自行经理”。后面各条则依次规定了各地的经费标准与不同来源:“京师广宁门外普济堂,德胜门外功德林,岁各恩赏经费银一千两(崇文门税课项下动给。每岁支存由顺天府核销)。”“江西省城普济堂,经费岁支存公银九百八十七两有奇,统入耗羡章程内报部核销。”“福建省城普济堂孤贫每名日支盐菜银八厘,日支口粮米八合,每合折银八毫。”如此等等。有的省份还对于各个州城府县给出了相应的具体规定。它们大概都是该地建立普济堂之时向朝廷汇报请示经过合议批准形成的条款,在户部编订则例时汇集到了一起,故仍然以事例名之。

---

① 参见《光绪会典事例》卷二百七十,户部,蠲恤,救灾。

《抚恤番夷事例》除了通行条款:“沿海省分遇有遭风番船,该地方官加意抚恤。动支存公银两赏给衣粮,修理舟楫,查明原载货物,照原装载,报明该上司咨送归国。”以下还对于不同地方不同抚恤对象不同标准与办法分别进行规定:“奉天省抚恤番船难民,每名日给口粮银五分,停泊回棹。”“山东省抚恤朝鲜国难民,停泊之日,每名日给口粮银五分,赴京回国,每名给盘费银五两……伴送官役按所护番民多少。沠拨各给盘费自五十两至一百零为率。”“浙江省抚恤番舶难民,初到之日安插馆舍,无馆舍者租给房屋。随犒酒食一次。安插后每日折犒二次。”又规定“每四名合给一桌,五名仍给一桌,六名以上合给两桌,每桌报销银八钱。安插后每日折犒二次(每次按名折给犒银一钱)。如遇令节加犒酒食(每桌报销银八钱)。”如此等等。

第三种是“因时立制(其实质是因地制宜)+通行条款”的事例。

恩蠲灾蠲事例就是如此。其前半部分摘录了雍正十三年十一月、乾隆三十六年、乾隆五十五年、嘉庆十六年、嘉庆十九年的相关上谕。这些上谕都是在灾荒发生之际,或者皇帝巡幸之时,实行法外之仁,部分蠲免人民税赋义务的最高指示。而后半部分则是皇帝巡行及灾荒发生时进行减免税赋的通行条款。摘引几条,以见其余:

一、恭遇蠲免钱粮,以奉旨为始,其奉旨以后文到以前已输在官者,准流抵次年应完正赋。若官吏朦混隐匿,照侵盗钱粮律治罪。

二、恭遇特恩蠲免正赋之年,应征耗羡缓至开征之年,按数并纳(灾蠲耗羡详另条)。

三、地方积欠钱粮,恭奉恩旨指蠲自某年至某年者,其扣蠲截数仍以已入奏销之数为准。若未入奏销者,不得统作积欠蠲免。

四、直省成灾五分以上州县中之成熟乡庄,应征钱粮准其一体缓至次年秋成后征收。

五、凡灾蠲地丁正赋之年,其随征耗羡银两,按照被灾分数一律验蠲。

六、民田内应征漕粮及漕项银米。被灾之年,或应分年带征,或与地丁正耗钱粮一律蠲免。该督抚确核具题请旨定夺。

以下文多不录。不难看出,这些通行条款规定的是落实上述蠲免税赋最高指示的实施细则,灾荒也好,巡幸也好,都与地方因素联系,所以实质是因地制宜的因素起作用。

应该指出,所有出现在部院则例中的事例都是出于一定目的进行了编辑的。一方面,通过编辑,赋予各个规定以普遍性品格。像恩蠲灾蠲事例前半部分那样,由于是摘引上谕,不能不标明年份。这在则例中是极其罕见的。作为具有广泛的普遍效力的则例,一般都不再标明各个具体规范形成的时间。像《抚恤冲淹事例》涉及各省的不同规定,由于是水患发生时实际采取的措施,也都是有具体时间与地域的,在编订进入则例过程中,不再标明时间,实际是以此赋予该规定普遍效力。另一方面,通过编辑将规制内容加以系统化,如关于蝗灾发生时动员民众参与消灭蝗虫的斗争。在乾隆四十六年武英殿本《户部则例》中,从目录中就可以看出来,督捕蝗蝻、邻封协捕、捕蝗公费、捕蝗禁令、捕蝗损禾给价分别是五个独立的文件①。而在户部则例同治十三年本中,它们被编辑为统一的《督捕蝗蝻事例》,系统地规定了蝗灾发生后应该采取的各种防控措施与补偿规则。其中,一是发现苗头,要从源头治理。责成各督抚对于"滨临湖河低崖之处,须防蝻子化生",包括每年于二三月早为防范,实力搜查,一有蝻种萌动,即多拨兵役人夫,及时扑捕;或掘地取种或于水涸草枯之时纵火焚烧。对于不能及时扑除以致蝗虫长翅飞腾的责任人,"一经发觉,重治其罪"。二是地方遇有蝗蝻,一面通报上司,一面要迅速发文通知邻封州县,星驰协捕。而有蝗乡村邻近州县收到文书后必须协助,一致行动,"若邻封官推诿迁延严参议处"。三是各地督捕蝗蝻过程中发生践伤田禾情况时,官府查明所损确数,核给价值,据实报销。四是官吏下乡督率民众灭蝗,不得滋扰民众,"如违例滋扰,跟役需索,藉端科派者,该管督抚严查从重治罪"。需用民夫,也"不得委之胥役地保科派扰累"。五是为鼓励民众的灭蝗积极性,采取"换易收买蝗蝻"措施及捕蝗兵役人夫酌给饭食,俱准动支公项,核实报销。最后还分别对于直隶、江苏、安徽等地招募灭蝗人工钱米及"换易收买蝗蝻"的报销标准做了规定。从文件整体可以看出,其规定更加明确,条文更为简洁,文字更加规范。更重要的特点是逻辑性更强,使得整个文件更具系统性。

---

① 参见故宫博物院编:《故宫珍本丛刊》卷一百一十,《户部则例》乾隆四十六年武英殿本,海南出版社2001年版,蠲恤,赈济,捕蝗附。

(三)礼部则例中的事例

礼部则例初编完成于乾隆三十五年,后来又多次修订,现在保存下来的乾隆四十九年、五十九年,嘉庆十一年、二十一年,道光二十一年刻本,都是分别修订的结果。

我们知道,礼部最重要的职责是朝廷礼仪,同时还主管学校与科举。所属有仪制、祠祭、主客、精膳四司。礼部则例的编订体例,按照礼部四司分为四个部分。礼部则例中的事例都在第一部分"仪制清吏司"中。它们是:旗学事例(卷五十二)、学政事例(卷五十四)、考试事例(卷五十五)、教官事例(卷五十六)、生员事例(卷五十七)、贡生事例(卷五十八)、捐纳贡监事例、举贡生监事故及出继事例(卷五十九)与童试事例(卷六十)[①]。一望便知,这些都属于学校与科举的范围。

礼部则例中的事例,最引人注目的是卷五十九的捐纳贡监事例。我们在上一章里说过,乾隆时期将捐监事例由暂行事例变为现行事例(常行事例)。显然,捐纳贡监事例是适应这一情况而制定出来的。捐纳贡监事例共十五条。其内容是对于通过捐纳途径取得贡监资格的人员进行管理的规定。

如前文所述,清实录虽然刊载了不少捐监方面的事例,但大多是经各地督抚奏请而对于捐监条件诸如收的是本色(粮谷)还是折色(银两),缴纳地点是在本地还是运到户部,以及具体标准等方面的规定。尚没有见到礼部系统制定有关生员管理方面的题奏。所以,有充分理由推断,上述事例的条文不是礼部一次既定的程序一次性完成的。其各条内容都是摘录历年的上谕与奏准题准的事例拼凑而成。只是在形式上去掉了形成这些条文的年份,也不再区别其是出自上谕还是臣工的条奏。而可能因为这个原因,这个名曰《捐纳贡监事例》的文件,还不够全面完整,在结构方面也存在缺憾,顺序有些杂乱。

譬如,第一条"捐纳贡监,各省地方官四季汇造四柱清册。内有丁忧病故等事,即于册内注明报部。其乡试年应试之贡监,遇有事故俱逐案单咨达

① 故宫博物院编:《故宫珍本丛刊》,《礼部则例》道光二十四年本,海南出版社2001年版,以下引文均见此书。

部,以凭查核(不应试各生仍按季册报)。"与第二条"捐纳贡监由地方官举报优劣,申督抚学臣,优者奖赏,劣生怙终者黜革,改过者免,仍注册。其造册报部如生员例(谨按乾隆二十六年议准:捐纳贡监有窝窃唆讼贪玩不法情事,将不行查出申报之州县议处,无庸更将教官查参)"是关于中央主管部门与地方职权划分及其联系。而内容类似的条文"贡监缘事,督抚批革后,即行审究。俱开具所犯全案,季终汇册报部。其革后审系应开复者,仍单咨报部定议"则排列在第十条。第三条却是"捐纳贡监生给有执照,俱准南北乡试。由武生报捐者准入玄闱,乡试不准更入武闱。"这是相当特殊的问题。关于什么人具有报捐资格什么人没有报捐资格的一般性规定:"在部具呈请捐贡监者,户部验明年貌,实系亲身赴部始准报捐。其有年在六十岁以上、十六岁以下及有疾之人,并随任子弟,不能亲身赴部者,准其父兄伯叔子侄或至亲代为取结报捐,仍于印结内声明。捐后行令地方官册报户部。至丁忧人等俟服满后,亲身赴部方准报捐。""贡监由生员报捐者,分别廪、增、附生,户部咨查礼部,果系相符及欠考未及三次者,准其由廪、增、附生报捐给照。本省地方官详明学政,于学册内除名,如报捐年岁考前未获库收部照,仍令岁考。有由附生考取前列顶补廪缺,愿将所捐贡生注销,查明实系考前报捐、尚未得照者,准其注销。其由廪增捐纳贡监有情愿注销贡监仍还廪增者,概行不准。"却分别排在其后,即第六条、第七条。第五条"湖广之苗猺、广东之黎峒、广西之土官土目子弟、云南威远之彝人、四川茂州之羌民等,如有情愿捐纳贡监者,一体准其报捐"。涉及的是少数民族报捐资格,却插在第六、七条之前。

可能由于其内容不够全面而结构也欠合理等缘故,这个篇幅多达十五条的文件,还没有完全成熟,才仍然以事例的名义被收在礼部则例之中。

通过以上的引文,读者已经大体了解到这个事例的内容。此外,这个事例还规定了关于捐监生员处分的规定:"生员举报劣行,及缘事未结,未据该学政咨明改悔结案开复者,不准由生员报捐贡监。""捐纳贡监豪横不法,及有亏行止者斥革。过轻者分别戒饬。一应遵守条约均如生员事例。"(第八、九条)以及在何种条件下捐复取消处分的规定:"贡监缘事斥革,如事犯情有可原,及罪在杖一百以内,革后能改过自新者,地方官咨明礼部,准以原名捐复。其余有亏行止及有余罪者,俱不准。或更名复捐,斥革治罪。""贡监生员或因事关伦纪,或弊在科场,或贿赂有据,或唆讼诬良,或豪霸横行,或酿成命案者,俱不准其捐复。"(第十一、十二条)这些与礼部职掌相关的管理方面的规定,作为"常法",与各地临时奏请因地制宜的捐监事例,相互结合,成为规制捐监活动的规则。

礼部则例中的其他事例,旗学事例、学政事例、考试事例、教官事例、生员事例等,可能冠名为事例的原由与捐纳贡监事例未必相同。由于资料缺乏,无从推定,就不一一列举分析了。

应该指出,在明清时期,负责学校管理的机构还有国子监。所以,规制学校科举事务的部院则例除了礼部则例,还有《国子监则例》。关于其编订情况省略。其现存文本有乾隆三十七年、嘉庆二年以及道光四年刊本。

《国子监则例》中也有事例存在。不过,《国子监则例》的编辑体例不同于礼部则例。《国子监则例》四十五卷,每卷含条目数不等,每个条目首列现行事例一条或者数条。它们应该是当下行之有效的条款。其后是"例案",按照时间顺序汇集自顺治、康熙以来的上谕与奏准等事项,其中不乏涉及某人的具体案件。在部院则例中,这种编辑体例似乎不多。

(四)理藩院则例中的事例

在清代的部院则例中,《理藩院则例》集清一代民族立法之大成,是治理蒙古、新疆与西藏这些地区以及规制与该地区少数民族关系的部院则例。《理藩院则例》于嘉庆十六年修订,嘉庆二十二年颁行。

根据理藩院则例卷首理藩院的原奏,乾隆时期曾经制定有理藩院则例二百九十条。这个被称为旧例的文件,"其中除远年成例,及军政会盟等款外,现行之例不过百余条。虽于乾隆五十四年奏修一次,其时仅添数条,并未开馆将阖院应遵照之稿案全行纂辑,是以办理事件多系援引稿案"。嘉庆十六年四月开始的这次修订,是"将旧例二百九条逐一校阅,内有二十条系远年例案,近事不能援引,拟删。其除一百八十九条内修改一百七十八条。修并二条外。并将阖院自顺治年以来应遵照之稿案,译妥汉文逐件复核,增纂五百二十六条,通共七百十三条"。上述文字有误。盖一百七十八条应为一百八十七条。这样加上增纂的五百二十六条,正是七百一十三条。从二百余条到七百余条,可见其扩展之快。

道光三年修订颁布了理藩院续纂则例。卷首奏折说:续纂的内容主要是“嘉庆十六年以后钦奉谕旨，及各大臣陆续条奏，并臣院酌改章程”，另外也考虑到：“近来蒙古案件较前实属增繁，而现在奉行事宜更多，今昔情形不同之处往往无例可遵，多系援引稿案。”续纂则例“将自嘉庆十六年以后各案应行纂入者增修纂入，应行删改者酌加删改”，结果是“共得例一千四百五十四条”。可见条文增加之快，篇幅更加膨胀。不过，从另一方面看，也反映了清朝治理边疆地区的更加深入。

现存《理藩院则例》还有道光二十三年，光绪十二年、十七年、三十四年刊本。我们手边的《理藩院则例》系光绪三十四年排印本。分为“通例”“旗分”“品秩”“职守”等六十三门。其中有三个以事例作为名称的文件，即扈从事例、喇嘛事例与俄罗斯事例，它们在各门之中显得特别另类。

1. 扈从事例

扈从事例围绕木兰围场的狩猎活动为中心。狩猎活动实际上是一次政治会盟活动。扈从事例通过对于参与活动的各族上层人员在扈从狩猎活动时应遵循的礼仪与禁令，规制狩猎活动遵循的规则，彰显皇帝的尊严地位，密切其与参与者的关系。分上中下三部分，以下是其部分条目。①

扈从事例（上）包括锡林郭勒等三盟喀尔喀四部落等处停止扈从、哲哩木等三盟扈从、卓索图阖盟进宴事宜、蒙古部落进宴、土默特喀喇沁扎萨克等进膳、盛京围班来觐王公额驸台吉等筵宴赏赉各典礼、盛京庙宇喇嘛赏赉、临幸隆福永福二寺事宜、五台山喇嘛事宜等条目。

扈从事例（中）包括预奏内外扎萨克请安进贡赏赉事宜、题奏木兰围班迎送恩赐朝贡各典礼、驻跸热河各典礼、万树园筵宴、恳请随围分别准驳、木兰内各项差事人等数目、御前干清门行走内外扎萨克人员跟役定额、喀尔喀四部落演围动用驼马、调用大凌河牧群马匹、随围领催应领马匹等条目。

扈从事例（下）包括行围典制、逸出围墙牲牧兽禁止滥射、禁止蒙古属下人等滥捕牲兽、围场条禁、张三营筵宴赏赉、缎匹银两布疋分别赏赉数目、停止进哨声减半赏银、围毕跪安、北路所属人员回游牧时酌量换给驼马、黑龙江善狩官兵支领口粮马匹、贻误围班、随围呼图克图暨喇嘛等各典礼、哲

① 《理藩院则例》卷二十至卷二十二，载故宫博物院编：《故宫珍本丛刊》，海南出版社2000年版。

布尊丹巴呼图克图至热河朝觐各典礼等条目。

从上述条目的名称中可以看出,有些就是当时主管部院大臣及其他相关人员的奏本与题本,或者事例(事宜):如《"预奏"内外扎萨克请安进贡赏赉"事宜"》《"题奏"木兰围班迎送恩赐朝贡各典礼》,以及《临幸隆福永福二寺"事宜"》《五台山喇嘛"事宜"》等。另外,各条顺序杂乱无章,缺乏内在逻辑关系,说明它与具有整体结构的则例存在形式上的差距。

2. 喇嘛事例

喇嘛事例的内容更加繁多,其条文数目就多达五卷。它规定了喇嘛宗教事务中的各个方面。喇嘛事例分为五门,内容主要有喇嘛的职衔、名号、册命制度;定额、升用、品级制度;钱粮、衣服、度牒等制度。其中特别突出的是喇嘛朝贡活动的仪制,喇嘛日常生活活动应遵守的禁令,以及活佛转世制度。后者之重要是由于在一定程度上它意味着清朝确立了对于西藏地区的行政管辖权。

其实,喇嘛事例繁多,所规定的事项极其繁多。从以下列举的部分条目,可见一斑①。

喇嘛事例(卷一)包括:京城及各处职任喇嘛定额、包衣喇嘛定额、甘肃所属各庙喇嘛职衔定制、京城及各处各寺庙喇嘛定额、五台山所属罗睺寺等九庙设立虚衔达喇嘛、呼图克图职衔名号定制、呼图克图等印信敕命定制、专设喇嘛印务处、喇嘛印务处月支公费银两、喇嘛印务处设立帮办呼图克图、会宗寺设立印房并添设德木奇一缺、呼图克图等裁撤呼毕勒罕字样、达赖喇嘛等圆寂转世后印信册敕分别办理、迎接哲布尊丹巴呼图克图之呼毕勒罕、呼图克图等圆寂转世后前辈恩赏对象不得擅用。

喇嘛事例(卷二)包括元旦分别递佛哈达、呼图克图喇嘛等在庙瞻仰、内外扎撒克各等处呼图克图来京朝觐、前后藏各间二年一次遣使入贡、哲布尊丹巴呼图克图来京朝瞻典礼、入念洞礼经日期、呼图克图等入座、外来呼图克图等宴毕请安、达赖喇嘛等朝贡赏赉、前后藏达赖喇嘛班禅额尔德尼等差来使堪布呈递丹书克贡物、达赖喇嘛来使附进西藏公等例贡、护送西藏堪

① 《理藩院则例》卷五十六至卷六十,载故宫博物院编:《故宫珍本丛刊》,海南出版社2000年版。

布、西藏来使应用骡头数目、西藏来使骡价数目、骡价银两按站发给、前藏年班增给骡头、古竹巴喇嘛代进前藏贡物回藏办给骡价路引、西藏来使不得滥行应付。(以下略)

此外还有喇嘛事例卷三(略)、喇嘛事例卷四(略)与喇嘛事例卷五(略)。仅从引用的条目也可以看出其各条之间缺乏有机联系,顺序排列杂乱,在形式上没有达到条理结构清晰的程度。只要比较以下相邻的卷六十一与卷六十二所载的"西藏通制(上下)"之结构严谨与编排有序,就更一目了然了。

3. 俄罗斯事例

在理藩院则例最后收录了《俄罗斯事例》。我们知道,在西方列强到来之前,清朝与周边地区组成的是一种朝贡体系,俄罗斯属于例外。虽然俄罗斯也属于中国的近邻国家,但却绝非甘居藩国地位的属邦。在与俄罗斯交往的过程中,清朝最先学到了如何处理国家间的对等关系。建立与保持通商关系,互不侵扰的边境秩序,人民之间的和平相处。当然,也还有如何抵御侵略行径等外交手段。俄罗斯事例所辑就是这样的一些记录。其条目如下①:

俄罗斯交接通商各条例、恰克图部员回赏俄罗斯礼物准其核销、奖惩卡伦官员兵丁、俄罗斯偷窃马匹奏明请旨、恰克图卡伦十年巡查一次、内地与俄罗斯交界、内地人民与俄罗斯分界居住、俄罗斯交界黑龙江所属卡伦官兵分班更换、俄罗斯私越边界拿获治罪、俄罗斯等准其在恰克图贸易、查验贸易执照。

纵观部院则例中的事例,在数量上并不是很多。以上部院则例之外,笔者尚没有再发现。

查《清实录》关于"纂入则例"的记述,往往同时有"通行内外""着各直省永远遵行""嗣后有似此者,即照此办理"的字样。它显示了纂入则例的两个基本条件:空间的普遍效力,即全国各地至少是中原地区"直省"通行;时间的普遍效力,"嗣后"一切同类事件照此办理。这就是则例的常法性质。保留事例之名往往是因地制宜方针指导下形成的因地而异的规定。

---

① 《理藩院则例》卷六十三,载故宫博物院编:《故宫珍本丛刊》,海南出版社2000年版。

《户部则例》与《礼部则例》都存在这样的情况。《户部则例》中比较典型的是《抚恤冲淹事例》,内容是国家在洪水泛滥时对于房屋被淹灾民补偿标准。由于支出归户部筹划核销,应该成为户部则例的内容。但是,从前形成的事例都是不同地方受灾补偿的事例。要从中提炼出一个适用全国各地的通则很难。于是仍然以事例之名将已经形成的各地不同标准集中在一起。其他如普济堂事例、育婴堂事例、圈禁所章程、栖流所事例、收养孤贫事例以及《抚恤番夷事例》,也属于类似情况。还有《恩蠲灾蠲事例》,这是皇帝巡行及灾荒发生时皇帝下令对于相关局部地区减免税赋,这也是户部今后要应付的事务之一,将过去皇帝下达的处置办法写进则例,再出现类似事情就有法可依了。但是,由于皇帝处理这些问题,不仅有因地而异,而且因时而变,所以,也就只能一一列举,作为今后处理的参考。

《礼部则例》中比较典型的是《捐纳贡监事例》,其内容是对于通过捐纳途径取得贡监资格的人员进行管理的规定。上文中笔者曾分析指出,这个名曰《捐纳贡监事例》的文件,还不够全面完整,在结构方面也存在缺憾,顺序有些杂乱。可能由于其内容不够全面而结构也欠合理等缘故,还没有完全成熟,才仍然以事例的名义被收在礼部则例之中。这里就不再重复了。

在部院则例进行重修或者续纂的时候也会遇到同样问题。《理藩院则例》于嘉庆二十二年颁行。分为“通例”“旗分”“品秩”“职守”等六十三门,共七百一十三条。道光三年理藩院续纂则例,增加到了一千四百五十四条。可见条文增加之快。它们的来源是三部分:一是嘉庆十六年以后的谕旨,二是皇帝批准的各大臣条奏,三是理藩院在此期间改定的章程。有些通则可以直接放进既往的门类中。但是,有的还达不到通则的水平。如扈从事例、喇嘛事例与俄罗斯事例,就只有将历年形成的事例集中起来,仍然以事例为名,在原有门类以外另立名头。

除了形式方面没有达到则例应有的完备程度外,从性质上看,这三部则例的事例也各有特点。户部则例中的事例,主要涉及的是救灾、济困、捕蝗等公益慈善事业;礼部则例中的事例,主要涉及的是文化教育、科举考试等方面;而理藩院则例中的扈从事例、喇嘛事例、俄罗斯事例则主要涉及蒙藏地区及外国。如果说它们有什么共同特点,那就是它们体现的是朝廷对于孤寡贫弱者实行仁政,在文教领域标榜礼仪教化,以及对于番邦外国给以礼遇宽容。综括起来,就是属于法外施恩、法外施教、法外施仁。与包含“不法”因素不完全一样,属于“法外”范畴。

五、五朝会典与会典事例

清代有五部会典，总称为五朝会典。第一部《清会典》始修于康熙二十三年，二十九年三月告成，下称《康熙会典》。第二部《清会典》始修于雍正五年，十一年五月告成，下称《雍正会典》。第三部《清会典》始修于乾隆十二年，二十一年六月告成，三十一年十二月刊印，下称《乾隆会典》。第四部《清会典》始修于嘉庆六年，二十三年告成，下称《嘉庆会典》。第五部《清会典》始修于光绪十二年，二十五年告成，下称《光绪会典》。

清代的五部会典的编纂体例各不相同。单就事例的地位而言，《康熙会典》与《雍正会典》的编纂体例与《明会典》相似，事例被收录于会典之中。《乾隆会典》的体例是典与例分编，事例被逐出会典之外，而附于会典之后的“则例”之中。《嘉庆会典》与《光绪会典》也采取典例分开的体例，即分为会典与会典事例，其中会典事例卷帙浩繁，蔚为大观。

这里，我们先叙述五朝会典的制定经过、体例结构与事例在其中的地位，再对会典与会典事例的性质做一分析。

（一）《康熙会典》与《雍正会典》

《康熙会典》颁布之前，清统治者一度以《明会典》

作为行事的依据。查阅《顺治实录》载有将“会典”作为行事的依据凡三十余处,涉及礼、兵、户、工各部事以及宗室外藩等事务,其会典均指《明会典》。

譬如《顺治实录》:“礼部会同宗人府内院议奏,纂修玉牒,应照会典开载,论世次,各派所出子孙递书于各派之下,以帝系为统,其余各照次序胪列。”其根源就在《明会典》。[①]

再如“礼部奏言,会典开载:亲王福金已故,侧福金之子已袭封亲王者,其侧福金准封福金,今和硕郑亲王之侧福金,系世子生母,和硕巽亲王之侧福金系和硕亲王常阿岱生母,和硕承泽亲王之侧福金,系庄亲王生母,已将姓名送部,察与例相符,应给与封册……”从之。[②] 其中提及的根据文字“亲王福晋”云云,或者会令人感到此非《明会典》。实则不然。完全相似的记载就在《大明会典》卷之五十五,王国礼(一)“封爵”,其中有“嘉靖四十三年题准”条,曰:“亲王之妾、其子已袭封亲王、而嫡妃不存者、准封继妃”。可见,福晋云云不过是实录在记载所引用的段落时进行了满汉对译而已。

一般而言,在改朝换代之后,还屡屡称引胜国之法而为议政的根据,显然不是开国应有气象。清朝廷中的汉臣这样做,是由于新的王朝没有这方面的规定,不得已出此下策。也因为这个缘故,顺治时期就出现了编纂清朝会典的建议,如顺治十五年十月丁酉有福建道监察御史余司仁奏言:“请敕六曹,凡自皇上亲政以来,上特旨及诸臣条议各事宜,奉皇上亲赐裁定诸大政,永著为令者,敕九卿科道酌议至当,彙付史官,纂修《清会典》,颁布成书,永为遵守,不许轻议纷更,以垂画一之法。”[③]到了康熙时期,大臣建议编纂会典者更加多起来。如康熙六年六月,弘文院侍读熊赐履遵旨条奏,就指出“政事纷更,而法制未定”“此时事之最急者也”“伏乞皇上敕下议政王贝勒大臣九卿科道,将国家制度,详慎会议,凡沿革损益,参以古制,酌以时宜,勒成会典,颁示天下”。[④] 还有人公然指出沿用《明会典》之不妥,如兵科给

---

① 《顺治实录》卷九十四。同样的文字见《大明会典》卷一“宗人府”:二十四年题准:而各派所出之子孙、则递书于各派之下。仍余下方、以俟续书。其图以帝系为统。

② 《顺治实录》卷一百四,顺治十三年十月至十一月。

③ 《顺治实录》卷一百二十一。

④ 《康熙实录》卷二十二。

事中金汉鼎奏言:“会典一书,上自朝中之规条,下及庶司之职掌,经纬具备,纤钜毕陈。然以新宪而沿旧号,非所以一王章定民志也。今宜斟酌重订,名曰《清会典》。仍请御制序文。刊刻成书。颁布天下。”

康熙勤政后,擒鳌拜,定三藩,随着政权的稳定,接受了群臣的建议,于康熙二十三年下旨编纂《清会典》。至康熙二十九年《康熙会典》告成。御制序文曰:“明初撰诸司职掌。其后因之,勒成会典。虽累代制作,不能尽同。要皆举弘纲,详细目,变通因革,亦各协其宜也。……大中之轨立,则易而可循。画一之法行,则简而可守。制治保邦之道,惟成宪是稽。不綦重欤!”①还没有忘记将自己的制作与《明会典》联系起来。

《康熙会典》在结构上仿效了《万历会典》,对照目录,就可以发现其相似度之高。不仅如此,在内容上对于《明会典》内容凡属于继续可用于指导行政活动者皆继承了下来。这是由于其注重会典的实效。康熙皇帝关于编纂会典的上谕要求会典的编纂“务使文质适中,事理咸备,行诸今而无弊,传诸后而可征。”编纂者在所制定的“凡例”中也明确:“会典所载,皆经久可行之事,其有良法美政,奉旨特行者,咸备书之,其事属权宜,不垂令甲者,则略而不录。”②其实,看看后来乾隆皇帝说的话,已经一语道破了事实的真相:“修会典时,不过增损明季之旧章。”③《四库全书》编纂者为了掩盖此真相,收录《正德会典》却将《万历会典》置之于外,④用心良苦,实际完全是多余之举。

《康熙会典》的结构与《明会典》相似,内容则体现了满族统治的特点。如吏部任官有满汉之别;兵部增八旗之制,宗人府、理藩院更为其新制。刑律方面,由于所收《大清律例》是以明律例为蓝本,剿袭最多,但也加进了清统治者自己的不少东西。其他五部以当时“各衙门开造文册为凭”,并且采辑“本朝颁行诸书如品级考、赋役全书、学政全书、中枢政考、大清律、及六

---

① 《康熙实录》卷一百三十五。

② 《康熙会典》卷首,凡例。

③ 《乾隆实录》卷三百一十六,乾隆十三年六月上。

④ 鞠明库:《四库全书》缘何不收万历《大明会典》(河南图书馆学刊2003年第3期)指出:清代纂修《四库全书》时对明明藏于内府的《万历会典》不予收录,并在《四库全书总目》里谎称“未见其本,莫知存佚”,是因为《万历会典》所载清人祖先的史事触及了清统治者的隐痛。对于《四库全书》故意不收《万历会典》的揭示完全正确,但是却没有找到其真正的原因。

科录疏、六部现行则例所载政事有相关者""以备参考",按年刊载自清初至康熙二十五年以上谕、奏准、议准等方式形成的事例,这部分内容完全反映了清统治者的意志。

关于会典所载的事例类别,《康熙会典》延续了《明会典》的定义而更加明确。曰:"由上所颁降者,则书曰诏,曰敕,曰谕,曰旨,曰令。由部院各衙门具题者,则书曰题准;由科道督抚条陈经部院议覆者,则书曰覆准;由议政王贝勒大臣及九卿詹事科道会议者,则书曰议定,曰议准。或有叙事者,则直书之。若历来奉行,无所考据者,则指事分款书之。"[①]"令"在这里被归属于皇帝下达的指示之一种。我们说过,在《明会典凡例》中,叙述了事例的各种类别之后,有一句曰"或总书为令"。明确了令是事例的另一种表达方式。这表明,《明会典》在处理事例与令的关系方面,还不能彻底摆脱传统的纠缠。律令法体系中"令"的退场是两个法体系转换的关键问题。在《明会典》颁行之后,仍然存在"著为令"与"著为例"并行,将"事例""或总书曰令"的现象,表明了令没有退出历史舞台,只是淡化了身影而已。到了《康熙会典》,令与诏、敕、谕、旨并列,被规定为只是皇帝自上而下的意思表示之一种,这是令向其本义的回归。而由于在会典中,皇帝的意思表达大多以"上谕"的形式出现,很少用到"令"。这就为其全面退出法制舞台扫除了障碍。

另外会典凡例关于"题准""覆准""议准"的定义,比较《明会典》也更加明晰。

雍正即位,考虑到《康熙会典》仅收录了清开国至康熙二十五年的事例,自康熙二十六年以后的三十多年的事例需要整理编辑,所以,《雍正会典》的编纂在雍正即位不久就开始运作。它的体例沿袭了《康熙会典》。其凡例也照抄《康熙会典》的凡例,作为遵照续修的指针。不同之处,一是鉴于督捕衙门由设在兵部改隶刑部,将督捕例由兵部移刑部。二是事例的编辑体例。由于雍正初年就对《大清律例》进行了修订,《雍正会典》采取了"备载旧颁律例之文于前,而以奏准增删之处著于后",及将"历年事例轻重罪名,各附本条之后"的体例。还在律文、附律定例与历年事例之间增加了

① 《康熙会典》卷首,凡例。

一项“雍正三年律例馆奏准增定附律例文”。按:《雍正会典》全书有雍正三年律例馆奏准三百二十八条,除了雍正三年律例馆奏准增定附律例文外,还有二百一十三条为雍正三年律例馆奏准的其他事项,包括诸如删改过时的附律例文及注文等。于是,《雍正会典》的每个律目之下,就有了如下的排列顺序:

(1)律文

(2)附律定例(其中包括雍正三年律例馆奏准删除的例文)

(3)雍正三年律例馆奏准增定附律例文

(4)历年事例(包括雍正三年之外或者之后的事例)

如户律的〔钱债〕部分“违禁取利”条,先载律文:“凡私放钱债,及典当财物,每月取利,并不得过三分”云云,接着是附律定例,共六条。其中,第三条“军职将印当钱”,由于“今卫所官管理钱粮刑名,每日钤印,无质当之理”,经“律例馆奏准”将“例文删”去。第六条,关于私债越诉条中原文“越赴巡抚巡按”相提并论,经雍正三年律例馆奏准,将巡按二字删掉。然后是雍正三年律例馆奏准增定附律例文一条:有关“外省驻防旗人,与土棍串党朋奸,举放私债盘勒重利”的规定。其后是“历年事例”,按照时间顺序载录了顺治五年的定例,康熙八年的题准,康熙十二年的题准,康熙四十七年的议准,雍正五年的上谕等。

“历年事例”这一词组,虽然最早出现在《康熙会典》,但仅有一处,说明是极其偶然地用到这个概念。大面积地使用这个概念是在《雍正会典》,其影响深远。后来的《嘉庆会典事例》与《光绪会典事例》的刑部,都在律文、附律条例之后,设置“历年事例”,辑录清初以来经过刑部题准的例案。它们以历时性的记录,为我们提供了清代刑法演变的丰富文献,值得重视。

(二)《乾隆会典》的推陈出新

如前所述,《康熙会典》与《雍正会典》都是继承了《明会典》的编纂体例。只有到了乾隆皇帝主持编纂的《乾隆会典》,才别出心裁,另辟蹊径,摆脱了《明会典》的范式,会典旧貌换了新颜。

《乾隆会典》的别出心裁之处主要是在体例上将典与例分开。前文已经说过,无论是明代的两部会典,还是康熙、雍正会典,事例都是会典重要的组成部分,承担的任务是反映制度的因时制宜,与时俱变。例在典中,典例无辨。乾隆皇帝认为,典与例是两种性质不同的规范。会典是国家的大经大法,不可随意改变。而事例是旁枝末节,可以随时损益变通。两者在编纂之时就应该分开。他在御制序中解释说:"向者发凡排纂,率用原议旧仪,连篇并载,是典与例无辨也。夫例可通,典不可变。今将缘典而傅例,后或摭例以殽典,其可乎? 于是区会典则例各为之部而辅以行。"①可见,典例分开是建立在"例可通典不可变"的观念之上的。

编纂体例的这一变化,严重影响会典的性质。此前,会典既通过对于祖宗创制的追忆,反映了国家基本制度,又通过事例的记述,反映了制度的变迁。《康熙会典》将会典之作追溯至"明初撰诸司职掌",说:"其后因之勒成会典,虽累代制作不能尽同,要皆举弘纲,详细目,变通因革亦各协其宜也。"如前所述,会典在很大程度上几乎可以说是为整编事例而出现的。而在乾隆看来,会典却成为经久不变的"大经大法"。虽然说会典"其间有因者,即不能无损与益",但更强调的是"要之悉损益以善厥因,则方策所丽,乃一成不易之书,非阅世递辑之书也"。他在批准续修会典的上谕中,曾经回顾说:向来诸臣每有以重修为请者。"朕以国家定制,岂容数更;踵事增文,自有部册,故概未准行。"后来之所以不得不重修,则是为了"用蕆成书,垂示法守"②。要通过会典的编纂"使制度沿革本末了然,条贯井井""足备一代之典章,垂之册府"。③

我们在论述清代法制建设的路数时曾经将明清对比,明太祖朱元璋在位三十年,反复修改明律,将成法留给后世,一字不准改动;而清代的祖先创业,"皆因时立制,不尽垂诸久远"。顺治在制定清律时,基本全文照搬明律,康熙皇帝谕大学士等:"自古帝王治天下之道,因革损益,期于尽善,原无数百年不敝之法。"④与朱元璋"一字不准改动"的遗嘱相映成趣。现在我们看到,随着时间的推移,清统治者的思想也在变化。乾隆想制定一个完备的会典留给后世的想法已经呼之欲出,可与朱元璋一比高下了。

应该指出,这并不完全是乾隆的个人想法,也包含了参与编修的大学士

① 《乾隆会典》卷首,御制序。
② 《乾隆实录》卷二百八十二。
③ 《乾隆会典则例》卷首,上谕二。
④ 《康熙实录》卷八十三。

们的观点。《乾隆会典》“凡例”首条规定的“会典以典章会要为义,所载必经久常行之制”,其实出自张廷玉之建议。他在关于编修体例的上奏中提出:“会典所载必经久常行之制……国家大经大法,守之官司,布之朝野,百年以来,几经考订,我皇上履中蹈和,修明益备,应请总括纲领,载入会典。其中或间有疑似阙略,尚须斟酌者则请旨取裁,折中至当,以垂万世章程。”①清朝君臣在这个问题上认识是一致的。

由此确定了“以典为纲,以则为目”的精神,会典凡例据此规定了典例分开的办法:“兹编于国家大经大法,官司所守,朝野所遵,皆总括纲领,勒为完书。其诸司事例,随时损益,凡颁之纶綍,议自群寮,旧制新裁,与夫微文末义,缕析条分,并详则例。”②为体现这一点,《乾隆会典》还专门增撰了“律纲”。它把清律的内容进行了高度的概括,曰:“凡明刑敕法,其文有二:曰律,曰例。律以定罪,例以辅律。凡三十篇……其目三百四十有六,例各随之,以平庶狱,以儆官邪,以靖奸顽,以昭风劝。乃列十恶之条,定八议之典,别公私之罪,量轻重之情,分首从之法,立加减之科,颁行天下,永为遵守。”以下分别论列了十恶,八议及区分公罪与私罪等定罪量刑的原则。以此代替康熙与《雍正会典》中的律例部分内容。这个“律纲”作为刑事方面的“大经大法”,可以说是中国古代刑事立法思想精髓的高度概括。

典例分开的结果是事例被置于会典之外,律例也连带被置于会典之外。乾隆皇帝为了不造成剿袭旧典的印象,不但在体例上把事例排除在会典之外,而且还将包括大清律在内的所有清朝已有的成文典籍(包括六部中的《吏部品级考》《户部赋役全书》《漕运新书》《关税则例》《礼部礼书》《学政全书》《科场条例》《兵部中枢政考》《军卫道里表》《刑部律例全书》等书)统统都排除会典之外。如果《康熙会典》与《雍正会典》是清朝无所不包的法律大全,那么,《乾隆会典》由于没有将《大清律例》包括其中,性质已经大不相同,同时也导致了会典结构的失衡,其中礼与刑比例失衡情况最为显著。其会典部分,礼部三十八卷,占全书的38%,刑部则只有二卷,占全书的

① 《乾隆会典》卷首,《大学士等奏纂修会典义例》。

② 《乾隆会典》卷首,凡例。

2%。其则例部分,礼部为四十二卷,占了23%,而刑部也是二卷,只占全书的1%。如果用以证明中国法典并不都是以刑为主,那么,这部法典可以说是最典型的了。从另一方面看,它倒是可以作为礼法并举的典型。在《乾隆会典》中,礼部三十八卷,篇幅超过了其他五部的总和(吏部五卷,户部十二卷,兵部九卷,刑部二卷,工部八卷。五部合计三十六卷)。在会典则例部分,礼部的篇幅相对减少,但也接近其他五部的一半。

当时认为,典例分开应该不是什么困难的事情。后来的实践表明,问题并不那么简单。典例分开的工作虽然大体完成,则例的编写工作却困难重重。原来的想法是"裒集旧典所载,并取到各衙门册籍,通行校订……于朝庙典礼各定为一仪,于官司事例各定为一则,化参差之迹,成画一之规"。[①]就是要通过比较,在不尽相同的诸多事例中,选择出来一个事例,或者在综合参考各个不同事例的基础上,制定一个唯一正确的规则,为人们提供一个唯一的可以严格遵循的行为准则。然而,这谈何容易!

比较省事的做法是将现行事例采用为标准。由于现行事例大半由当今皇帝所定,自然在当今皇帝眼中属于正确正当,用作"划一之规"没有什么不好。麻烦的是,还要采用现行事例之外的事例作为"划一之规"。这就需要比较,就其优劣,写出理由,拿给皇帝看,说不定会惹皇帝不高兴。这是难处之事。以致会典与则例的编纂出现了一拖再拖的情况:"纂修会典开馆已届七年,而所纂之书尚不及半。"于是,乾隆十八年十二月又发上谕:"每次进呈诸帙,多经朕亲加改定。是时既迟延,书复草率。该馆总裁官所司何事耶?着交部察议具奏。定限一年告竣,如届限不完,必将伊等严加议处。"[②]在其后将近一年左右的时间里,乾隆一直盯着会典编纂的进呈速度。我们根据《清会典馆奏议》,列了一张乾隆十九年一年内进呈的会典与则例统计表。[③] 可以看出,其步骤是多么紧凑。在这一年左右的时间里,乾隆皇帝一直盯着此事不放(见表5-1)。

---

① 《乾隆会典》卷首,《大学士等奏纂修会典义例》。

② 《乾隆实录》卷四百五一十二。

③ 《清会典馆奏议》,乾隆年间抄本,不分卷。其中的页码指的是全国图书馆文献缩微复制中心编印的《清会典馆奏议》的页码。

表 5－1　乾隆十九年进呈的会典与则例统计

时间	进呈内容	《清会典馆奏议》页码
十九年正月初九	礼部仪制司临雍　会典一卷　则例一卷	243
十九年正月二十一日	礼部仪制司经宴　会典一卷　则例一卷	245
十九年正月二十八日	礼部仪制司尊封　会典一卷　则例一卷	247
十九年二月初五	礼部仪制司册封　会典一卷	249
十九年二月二十九日	礼部仪制司耕耤会典一卷　则例一卷	251
十九年三月初四	礼部仪制司亲蚕会典一卷　则例一卷	253
十九年三月　日	礼部仪制司授时乡饮　典则四卷	255
十九年三月二十八日	礼部仪制司贡举　会典一卷　则例一卷	257
十九年四月初四	礼部仪制司颁诏　会典一卷　则例一卷	259
十九年四月初十	礼部仪制司进书　会典一卷　则例一卷、 进表会典一卷　则例一卷	261
十九年闰四月初三	礼部仪制司军礼　会典一卷　则例一卷	263
十九年闰四月十二日	礼部仪制司巡幸　会典一卷　则例一卷	267
十九年闰四月十六日	礼部祠祭司护日　会典一卷　则例一卷 方技　会典一卷	269
十九年五月初四	礼部主客司　朝贡会典一卷　则例二卷	271
十九年十月十四日	礼部学校　会典一卷　则例三卷	273
十九年十月十七日	礼部仪制司　会典二卷　则例二卷 精膳司　会典二卷　则例二卷	275
十九年十月二十日	礼部仪制司　会典二卷　则例二卷 主客司　会典二卷　则例二卷	277
十九年十一月初一	兵部叙官　会典一卷 武选司　会典四卷　则例四卷	279
十九年十一月初四	工部叙官　会典一卷 都水司　会典二卷　则例七卷	285
十九年十一月初七	工部都水司　会典三卷　则例四卷 虞衡司　会典一卷　则例一卷	287
十九年十二月初二	工部营缮司　会典六卷　则例六卷	291
十九年十二月初六	工部虞衡司　会典三卷　则例三卷 都水司　会典一卷　则例一卷 屯田司　会典二卷　则例二卷	295

续表

时间	进呈内容	《清会典馆奏议》页码
十九年十二月初九	刑部　会典十二卷	297
十九年十二月十四日	都察院　会典一卷　　则例二卷 六科　会典一卷　　则例一卷	301

在会典完成后,《进会典表》中说:"我皇上几余观览,洞瞩源流,特谕纂修,亲为指授。既定全书之体式,并示旧本之舛讹。凡有指归,悉经宸断;间多更正,咸禀睿裁。"充分肯定了皇帝付出的精力,应该说不完全是阿谀拍马之词。确实,乾隆皇帝不仅督导编纂工作的进度,并且在则例的定稿过程中起了决定性作用。

尽管如此,《乾隆会典》也只是在大的框架上实现了典例分开的设想,并没有完全实现原来对于"则例"要"于朝庙典礼各定为一仪,于官司事例各定为一则"的要求。我们看现在的《乾隆会典》后附则例,几乎所有的篇章仍然是将不同时期形成的事例,保持着上谕与奏准题准议定等形成方式,按照时间顺序编排。当然,也可以说实现了这一目标。因为,现行事例按照时间顺序排在最后,也可以将之理解为这就是最合适的"画一之规"。

看来,乾隆皇帝对于参与其间的官僚们的工作也不很满意,以致会典告成,论功行赏之际,乾隆还要表达其对于编纂工作的不满,说"纂修会典已逾数载,复经展限两次,迟缓已甚,且每次所进书内,屡有序次舛错,行文纰缪之处,必经朕逐条指示,亲加改正,始克成书,总裁官自无可议叙,即纂修各员给与议叙之处,亦属有忝。"①对于总裁官与纂修人员的工作全盘否定,真是一点面子也没给。

其实,"于官司事例各定为一则"并没有多少必要。乾隆就说过"踵事增文,自有部册"。后来部院则例使得部册进一步健全,各部院没有必要去卷帙浩繁的"会典则例"中寻找依据。会典事例后来成为文献资料汇编实在是理所当然势所必致的趋向。

乾隆晚年,有人还提出再次续修会典的建议,可能是基于前次的体验不

① 《乾隆实录》卷五百一十四。

佳尚未忘怀,所以乾隆皇帝拒绝了这一建议,他只是指示各部:"前次会典告成后,所有更改则例,仍着各该堂官,陆续另册详晰编辑,以俟将来汇入会典。"①实际情况是,会典则例没有实现的目标,最后通过分别编订的部院则例得以实现了。部院则例取得了独立地位,且便于察看引用,已经没有必要再载入会典之另册"则例"之中。

(三)《嘉庆会典》与《光绪会典》

嘉庆皇帝没有去完成乃父留下的将则例汇入会典的嘱托。在《乾隆会典》编成之后,各部都在制定与会典则例不同的则例,如《户部则例》就是乾隆二十六年编订的。② 据卷首的户部奏折反映,该则例是一百二十六卷,而《乾隆会典》则例总共才一百八十卷。其实,各部则例在乾隆期间已经编订并且有的经过了多次续修。可见则例此时已经在会典之外独立存在,已经没有必要再汇入会典的编纂工程。

《嘉庆会典》自嘉庆六年开始编纂,以大学士王杰、庆桂、刘墉、董诰为会典馆总裁官。在编纂体例上,它选择的是中间路线。一方面继承了《乾隆会典》典例分开的原则,另一方面又将会典后面附的则例之名加以更改名为事例。加之,在会典与会典事例之外还将"图式""别为一书",附于会典之末。这样,整个会典就由会典正文、会典事例、会典图示三大部分组成。

按照《乾隆会典》凡例,在典例分开的方针下,则例是要"于朝庙典礼各定为一仪,于官司事例各定为一则,化参差之迹,成画一之规"。而到了嘉庆时期编纂《嘉庆会典》之时,虽然仍然说是按照《乾隆会典》的体例,但是,那只是就典例分开这一做法而言。关于会典则例的编纂方针已经发生了变化:"凡朝庙典礼官司事例,皆据现在所行直书于典,其沿革损益详著于例,导流溯源,亦犹述而不作之义也。"③会典事例不再提供一个必须遵行的准则,而是对于制度的沿革损益进行导流溯源的记述了。

关于会典与事例的关系,《嘉庆会典》"凡例"说:"会典一书,如周六官,唐六典,以官举职,以职举政,而凡圣明作述之大经,朝野率由之定则,即备见

---

① 《乾隆实录》卷一千二百四十八。

② 《户部则例》卷首,户部奏折。参见故宫博物院编:《故宫珍本丛刊》,海南出版社 2000 年版。

③ 《嘉庆会典事例》卷首,大学士九卿王杰等奏折。

于设官分职之间。会典事例一书,如唐宋会要,以官司所守,条分件系,析为门目,按年编载,俾一事一例,原始要终,用资考覆。”会典是大经定则,即经久不变的大经大法,基本上继承了《乾隆会典》;事例是细目,是按年编载“用资考覆”的资料,这样的规定显然使得事例的编纂工作变得简单易行。

根据会典凡例所言,会典事例由于采取了“宁详无略”的方针,所以在篇目上不能不调整结构:“此次事例为卷九百二十实为繁赜,若循旧例分列诸司,门类过多,难于寻阅”,为便于查阅“是以各就一衙门之事例皆分列数门,每门之下析为子目,每目之下仍按年编次,其门目皆标明每卷之首,俾一览了然。”

不过,将《大清律例》放在会典事例的刑部部分,将之等同于刑部的则例,而与其他五部的则例等量齐观,显然低估了律例的社会功能,对于律的定位不能说是正确的。在笔者看来,如果《乾隆会典》是出于“避免重复”的考虑而将律例排除会典之外,尚情有可原,那么,嘉庆为纠正这一偏颇而将律例收入会典的事例部分,却是错上加错。至少,律文不应该置于会典事例之中。

《嘉庆会典》的编纂工作,从《雍正会典》与《乾隆会典》之旷日持久吸取了教训,认为“倘不勒限赶办,势必重蹈覆辙”,特别在会典编纂凡例中提出加强进度考核的措施。次年,身居副总裁的纪昀还就此专门上奏提出建议,认为分年办理不如分类办理:“会典门目繁多,每一事自为始末,宜各清各款分类而修。从前例限,各衙门按年查齐案牍,以致久不成书。嗣后应令各纂修官按照会典目录,分任门类。”又建议:“在馆办理不如在各衙门办理”“会典系各衙门库贮案牍。在衙门就近办理最为简捷,该提调必使各衙门抄录送馆,然后传纂修官赴馆编次,多分层折。应请立定章程,不问其人之来去,但计其书之有无,交书多者为勤,交书少者为惰”。会典总裁会议时接受了纪昀的意见。尽管如此着眼于提高效率,《嘉庆会典》仍然拖了十几年才完成。

在这中间,嘉庆皇帝还为质量问题而不止一次责备编纂诸臣的漫不经心。他在嘉庆十年二月上谕中训斥:“……从前屡有错误,节经降旨通谕,饬令一体敬谨详阅,免蹈愆尤。今进呈会典事例,于抬头字样复有讹写,可见诸事漫不经心,实非寻常错误可比……嗣后该总裁等、务须各思愧奋,于进呈书籍，倍当小心详阅……不可欲速夸多，致涉草率。”①“欲速夸多，致涉草率”，是一个值得注意的现象。动辄成百上千卷的煌煌巨著，参与者认为与自己“无关痛痒”，发生“草率敷衍”的问题是一点也不奇怪的。

最后说《光绪会典》的编纂。其准备工作早在同治期间就开始了。同治十二年经大学士瑞麟等议准会典馆事宜，奉旨先令各该衙门检查案件，分限编次。这是资料的准备。到了光绪九年继续这一工作。在此基础上，光绪十二年八月确定正式开馆汇编，俾臻完备：“着将嘉庆十八年以后增定一切典礼，及修改各衙门则例，编辑成书。颁行中外。所有开馆事宜着大学士九卿酌定章程，妥议具奏。”②

这时候正值太平天国引起的社会大动乱结束，朝野上下期望的中兴目标似乎在望。向西方学习的洋务运动正在经济与军事层面展开。对于那些主持洋务的大臣们，编纂会典显然属于不急之务。不过，此时作为政治清明的装点倒也不妨循例办理。所以，《光绪会典》的编纂体例完全继承了《嘉庆会典》。凡例之首即阐明其“一遵上届体裁”的宗旨：“我朝会典，经康熙、雍正、乾隆、嘉庆时四次奉敕纂辑。乾隆十二年圣谕以典例无辨，始命区会典则例各为之部而辅以行。《嘉庆会典》因之于会典之外，别编事例，并附图说，各自为卷，互资考证。此次奉旨续修，除图说新增凡例外，典例仍以典为经，例为纬，一遵上届体裁。”所谓上届体裁，即“会典大要以官统事，以事隶官，如周六官唐六典，提纲挈领，治具毕张。至事例则各门各目，因革损益，皆系按年排比”。这是个省事的办法。

李鸿章在《光绪会典》的开馆事宜八条，也完全照抄了王杰在《嘉庆会典》开馆之际提出的开馆事宜八条。八条纲目一字不改。仅是在内容上加进了一些变化。

譬如王杰等奏折中的“例案宜分办”一条，原文从“此次增修会典，皆系现行事例。查核案牍，最为紧要”。说到“应请敕下在京大小各衙门，分饬所司，将乾隆二十三年以后一切案件，逐细清查。凡于典例有关者，尽数检出，呈送该堂官详加查核。”洋洋洒洒几百字。李鸿章只是以“伏查同治十二年

---

① 《嘉庆实录》卷一百四十。

② 《光绪实录》卷二百三十一。

经大学士瑞麟等议准会典馆事宜,请令在京大小各衙门遴派学识淹通留心掌故者数员,先将嘉庆十八年以后一切案件,逐细检查毋或遗漏,其事繁各衙门予限三年,事简各衙门予限二年,迄今已逾限期”一段替代了“将乾隆二十三年以后一切案件,逐细清查。”其他原文则照录。

对于“功课宜勤核”一条,原文的内容是“按雍正二年续修会典阅九年而蒇事,乾隆十二年续修时阅十八年而蒇事,此次为期更久,编辑愈繁,倘不勒限赶办,势必旷日持久,难于蒇事。应请饬令总裁官,遵照历届成案督率纂修官,每日进馆,辰入申出,既集益于观摩,兼易稽其勤惰,固不得急遽凌躐,致启草率之端;更不可闲断因循,徒蹈虚縻之弊”。也只是加进了“嘉庆六年续修时阅十二年而蒇事”一句。

如何加强考核以解决修纂时间过长,是《光绪会典》与其他会典遇到的同样问题。光绪时期的办法是正面表彰替代批评。续修会典全书过半,就给予提调总纂总校等官礼部右侍郎唐景崇、理藩院左侍郎清锐等“优叙”,以资鼓励。① 续修会典事例全书告成,又予出力人员满提调官内阁学士那桐刑部员外郎贵秀等、汉提调官仓场侍郎刘恩溥、翰林院侍讲学士刘永亨等再次奖叙。②

显然,光绪皇帝并不了解会典修纂者对于会典编纂工作是多么不以为意。他没有可能读到何刚德的《春明梦录》下面的记述:“时会典适开馆,余充协修之职,盖吏部一门,须由吏部司员起草也。余分得稽勋司三卷,原本尚多罅漏,随意修饰,数日即交卷。同时部中无好手笔,意馆中总纂必有一番斟酌也。谁知依样葫芦,而全书成矣。余且得升阶保案焉。盖向来修纂官书,不过聚翰苑高才,分任纂修协修之役,精粗纯驳,各视其人之自由。总其成者,半皆耆年高位,以不亲细事为习惯,略观大意,信手批阅,即付剞劂。风行海内,人人遂奉为圭臬,以讹传讹,流毒无穷。迨识者指其错谬,已无从补救矣。”③你看,实际担任纂修任务者应付了事,上层责任人尸位素餐,上下推诿而造成错讹百出,后世人还“奉为圭臬”。何刚德由于参与编纂任务列名于

---

① 《光绪实录》卷四百一十六。

② 《光绪实录》卷四百五十七。

③ (清)何刚德:《春明梦录》卷上。

会典编纂人员名单并被奖叙任官知府,他说的话可信度应该很强。

《光绪会典》的独特之处是适应时代,新增了总理各国事务衙门(《嘉庆会典》与《光绪会典》都已经增加了军机处)。

(四)会典的特点与会典事例的性质

以上我们分别论列了五朝会典的编纂过程,从中可以看出清代会典的演变趋势,有三个特点:

第一,由简趋繁的速率惊人。

五朝会典的后两部比起前三部,会典篇幅急剧膨胀,文字大量增加,是其突出特点。《康熙会典》一百六十二卷;《雍正会典》二百五十卷;《乾隆会典》本文一百卷,《则例》一百八十卷,计二百八十卷;而《嘉庆会典》本文八十卷,后附事例九百二十卷,合计一千卷;《光绪会典》本文增至一百卷,后附会典增加到一千二百二十卷,合计一千三百二十卷。从第一部到最后一部,篇幅扩大了八倍。千卷之多,是一个多么庞大的堆积。

之所以如此,就是因为前文提及的会典以例案并重为宗旨。这里的例指定例,案指成案。成案与定例并重是清代后期影响法制的一个重要问题。

第二,礼法并举的特征突出。

五朝会典都基本保持了礼法并举的特征。这一特点以《康熙会典》与《乾隆会典》最为明显。如表 5 - 2 所示,《康熙会典》中礼部约占三分之一,《乾隆会典》中礼部占百分之三十九。编纂《乾隆会典》的君臣将会典作为“大经大法”。在帝国时代的规范系统和道德礼法的一体化结构中,“大经大法”的内容主要是礼制。所以,礼部占比高确实体现了会典的这一特质。会典馆正总裁大学士臣托津说:“从未有勒官礼为一经,萃典谟于全袠,垂世大法,示民有常,如今日者也。”①

表 5 - 2　清代五部会典中礼部所占篇幅比例变动统计

时期	会典总计/卷	礼部小计/卷	百分比/%	则例事例总目	礼部小计/卷	百分比/%
康熙	112	40	35	—	—	—
雍正	250	43	17	—	—	—

① 《清会典》卷首。

续表

时期	会典总计/卷	礼部小计/卷	百分比/%	则例事例总目	礼部小计/卷	百分比/%
乾隆	100	39	39	180	47	26
嘉庆	80	17	21	920	194	21
光绪	100	17	17	1220	252	20

当然,这也导致了六部比例的失衡,其中以《乾隆会典》最为典型。与礼部三十九卷相对的是刑部只有区区两卷。显然,这与两个部门分别在六部中的地位很不相称。

第三,会典与事例分合不定。

我们知道,《康熙会典》与《雍正会典》都是按照《明会典》的体例,将事例作为会典的一部分。针对于此,《乾隆会典》加以革新,采取典例分开的办法,会典中没有了事例的位置。事例汇编为"会典则例"附在会典后面。此后的《嘉庆会典》仍然延续了典例分开的方针,会典主体之后,附有会典事例,其中完全就是按照形成时间排列的上谕与臣工条奏皇帝批准的事例。《光绪会典》继之,事例与会典终于一分为二。

在刑事领域,历年事例比较特殊一些。《雍正会典》确定了在将"历年事例轻重罪名,各附本条之后"的体例,在会典内的"刑部"按照律文、附律条例、历年事例的顺序排列。《乾隆会典》及其后附的"则例"不载律例,自然也没有历年事例的位置。《嘉庆会典》与《光绪会典》沿袭了《乾隆会典》的编纂体例,后附会典事例。与前两者不同的是,在所附会典事例中载入了大清律例,并且按照律文、条例与历年事例的顺序,将事例附于律例之后。也有的事例与条例内容重复,由于其特点是按照年份顺序排列,不仅可以使我们了解条例形成的时间,刑例变化的轨迹,还可以理解附律条例形成的具体缘由。

综上所述,会典没有一个稳定不变的结构与模式。如果粗略分析,则以《乾隆会典》为分界,此前是典例无辨,例在典中;其后是典例分开,例在典外。

这就决定了判断会典性质之困难。很多论者在判断会典的性质是什么的时候似乎都忽视了这一点。笔者认为,在会典体例变化不定的情况下,与其笼统地问会典的性质是什么,不如分别问清代会典的性质是什么,明代的会典性质又是什么。而就《清会典》而言,这也是个难以回答的问题,因为清代五朝会典各自不同的编纂体例,决定了它们各自不同的性质。

将会典作为法典对待,可能是法律史学家的共同立场,但也是法律史学家与其他界别学者不同的立场。即使勉强站在这个立场上,也必须指出,"会典为行政法典说"可能适用于《乾隆会典》,而不适用于《康熙会典》与《雍正会典》。"会典为综合法典说"可能适用于《康熙会典》《雍正会典》,而不适用于《乾隆会典》。典例合体的《康熙会典》与《雍正会典》,并不全是大经大法。只有典例分开的《乾隆会典》,不把后附则例包括在内,才可能是大经大法。也只有单独地看《嘉庆会典》与《光绪会典》,才是大经大法。如果将会典与事例看作一体,其性质又不同。所以,笔者认为,笼统地讨论会典的性质不会得出一个大家认同的结论。

如果对于会典的性质做一个全称判断,我宁可说它既不是行政法典,也不是综合法典。法律史学家可能基于自己的专业,做出它是某某法典的判断。然而这也许仅是一种职业带来的偏狭。与其说它是一部法典,不如将之定性为是一部"礼法"之典。如上所述,就各部会典内容而言,礼法并举的特征始终突出。

不过,我更倾向于会典是"行政典籍",简称"政典",或者"政书"。这里的"政",不是指的政治,而是行政。会典属于行政典籍(注意不是行政法典)。明清会典的前身《诸司职掌》就是一部行政典籍。明清会典以行政六部为结构的骨架,以这些行政部门的职能规定以及运作规则为主要内容。"凡职方官制,郡县营戍,屯堡觐飨,贡赋钱币诸大政,于六曹庶司之掌,无所不录"。[①] 其编纂体例是"以官统事,以事隶官"[②],或者曰"因官分职,因职分事,因事分门,因门分条"。[③] 史学界有一种意见,是将之作为典制史籍看待。典制者,典章制度也。典制史的前提是将会典与会典事例合为一个整体看。由于会典以国家行政制度为内容,而后附的会典事例按照年代编排事例的顺序,是史书的体例。所以它确实是兼具政典与史籍双重性质的综合性典籍。

---

① 《乾隆会典》卷首,序。

② 《光绪会典》卷首,凡例。

③ 《乾隆会典》卷首,凡例。

这里顺便说明一下令典与会典的异同。“令以存事制”，律令法体系中的令典，其内容是事制，而以法律性质为类别。也就是说，令典从头到尾都是按照所规制的事务性质分类的法律规范。所以，如果说中国古代存在行政法典，那应该是令典。令典之以事分门，典型代表是唐朝。按《唐六典》所载，“凡《令》二十有七：一曰官品，二曰三师三公台省职员，三曰寺监职员，四曰卫府职员，五曰东宫王府职员，六曰州县镇戍岳渎关津职员，七曰内外命妇职员，八曰祠，九曰户，十曰选举，十一曰考课，十二曰宫卫，十三曰军防，十四曰衣服，十五曰仪制，十六曰卤簿，十七曰公式，十八曰田，十九曰赋役，二十曰仓库，二十一曰厩牧，二十二曰关市，二十三曰医疾，二十四曰狱官，二十五曰营缮，二十六曰丧葬，二十七曰杂令”。① 宋代的《庆元条法事类》也是以事分门。分为职制、选举、文书、榷禁、财用、库务、赋役、农桑、道释、公吏、刑狱、当赎、服制、蛮夷、畜产、杂门等十六门。它们都可以说是当之无愧的行政法典。而以《唐六典》为源头的明清会典，却是“以官统事，以事隶官”“因官分职，因职分事，因事分门，因门分条。”就其内容也是以官制为先，以职事为目，虽然不无法律的内容，也包含大量的法律规范；但有相当一部分规定并不以法律规范的形式出现。所以，从令典到会典，由事制、事类到事例，存在一个逐次变化的过程，经此演化过程，行政法典才演变成了政典（也可称为政书，或者可以称为行政事典）②。

至于会典事例，则应该区分为会典内外的事例。会典内的事例，包括《康熙会典》与《雍正会典》中的事例。《康熙会典》编纂参照了明代的做法，《雍正会典》的编纂基本遵照《康熙会典》的路子。事例存在于会典之中。它们是由各部汇总的现行事例，所以在当时具有法律效力。到了《乾隆会典》，实行典例分开，事例从会典中分了出来，集中编成则例。《嘉庆会典》与《光绪会典》将会典则例改称会典事例，收集的范围不仅是事例，还包括了一些成案。卷帙浩繁，洋洋大观，构成了展示清代法制演变轨迹的历史文献大全，也使事例与常法（会典）具有了更加明确的界分。相对于稳定的大经大法，附

① 《唐六典》卷十三“刑部”。

② 在这方面《万历会典》虽然以六部等行政机关为目，但其“凡例”却“从事分类，从类分年”，是会典中的异数。

于会典之后的事例被看作是细枝末节,可以随时修改。不过,事例的概念也宽泛到了无所不包的程度。从《光绪会典》卷首的李鸿章奏章来看,“此次增修会典皆系现行常例,查核案牍最为紧要”。会典事例似乎都是当时具有法律效力的。但是不要忘记,《嘉庆会典事例》也好,《光绪会典事例》也好,沿袭了《乾隆会典则例》,都是从建国之始就按照时间顺序排比下来,并且是前后相续的。《乾隆会典》所载止于乾隆二十三年(惟理藩院所载止于二十七年)。《嘉庆会典事例》是接着《乾隆会典》往下编。《嘉庆会典》载至嘉庆十七年(其十八年以后也续有更定者),《光绪会典事例》接着《嘉庆会典事例》往下编。[①] 接续新编的部分固然属于现行事例,而所承的前朝事例是否尚具法律效力则非所计也。将失去了法律效力的前朝事例与现行有效的事例不加区别地编排在一起,必然影响会典事例整体的法律效力。

① 《嘉庆会典》卷首与《光绪会典》卷首的御制序文都题为“续纂大清会典序”,也体现了这一做法。

结　语

本书由三个层次构成：第一个层次是明清时期法律体系中的事例。第二个层次是明清法制中的例制。第三个层次是明清律例法体系，以及它在中国古代法律史中的地位。现在该是我们对这三个层次所研究的问题给以总结的时候了。

（一）综论明清事例的特色

事例，在明清时期属于例的一个种类。例除了事例还有条例、则例。条例出现最早。明代的问刑条例是正式立法，与律文一起相辅相成，后来还合编到了一起。则例也是明代就有的法律形式，用于专项事务管理则例，清代则将编订部院则例作为中央行政机关管理国家社会事务的准则与细则。通过三者的比较，可以更清楚地看出事例的特色。笔者用三个比喻形容它：

第一，事例是探路石。一件事情的正当与否，可以用是否符合法律规定来说明，也可以用是否合乎道理来证明，还可以用是否符合先前的成功做法来判定。将过去取得成功的事情拿来参考，帮助人们理解理论，证明某一观点的正确，至少会增加人们的信心。这是事例的基本功能，所以，它是一个探路石。事例在其形成之初，往往以一种行政措置的面目出现。表现为皇帝的上谕,大臣的建言,它或许只是一种行政处分或者行政命令,譬如给某人以奖赏,提升某人的职位,完全属于特事特办,不仅没有被著为例或著为令,相反,在发布命令处分的同时就明确声明"下不为例"。但是,更多的是因事立制、因地制宜的行政措施,如某水利工程的修理,或者某次自然灾害的救济,到后来如果又有同样情况发生,就可以效仿,被当作先例加以援用,这样做也会节省行政成本。

第二,事例是蓄水池。事例有先年事例、暂行事例、见行事例等名目。先年事例指的是此前形成的所有事例。暂行事例只是临时性的应变措施。而见行事例就是在当时具有法律效力的事例。但是,先年事例如被援引,经过批准,也可以成为见行事例。而见行事例的效力也会随时失去,在一段时间后被修订删改或废止失效。更有意思的是一些事例虽然被废止失效,过一段时间通过一定程序,其法律效力还会得到恢复。正因如此,事例在立法上有着蓄水池的功能。这不仅是因为编辑条例与则例时,很多条款来自先年事例,而且还因为即使当下没有被吸收进条例与则例,今后仍然存在机会。清代部院则例中的事例是如此,会典事例也是如此。如前所述,《乾隆会典》开始实行典例分开。《嘉庆会典》与《光绪会典》将会典则例改称会典事例,附于会典之后。其卷帙浩繁,洋洋大观,构成了展示清代法制演变轨迹的文献大全;同时又为后人提供了包罗万象的政务参考。统治者可以随时从中汲取现成的素材。

第三,事例是避雷器。由于事例具有其他法律形式缺乏的灵活性,属于权宜之计,权变之法,可以适应社会的变化,应付突发的事端,满足来自各方面的需要,方便统治者达到其目的。有强烈的实用主义与机会主义色彩,容易受到暂时的利益驱动,而忘记根本,违背原则,丧失理性,不计后果。事例的种类形形色色,其中不乏极端下作的举措,在当时就受到严厉的批判。万历时期刑部主事管志道就沉痛地指出:"窃观今之时势,多以末流事例为纲纪,而不究法之所从来。以牵合世情为中庸,而不虞弊之所底止。及今不拯,后必难图。"①他所批判的"末流事例"包括了很多方面,鬻爵卖官的"开

① 《明神宗实录》卷七十三。

纳事例”是其典型代表。所谓“开纳”就是鼓励人们向政府贡献钱物而换取功名利禄以致购买官职。清代的各种捐例也是如此。法体现的是统治者意志,捐纳事例却被统治者强调为“不得已”的选择;法应该具有稳定的效力,筹饷事例却被宣布为临时之举。其实,加之以事例之名,标榜为暂行之举,目的在于避开人们的批评与非议。

事例具有双重性格。其中不无将眼前利益与长远利益结合考虑的因素,适应当时当地的情况,满足各方当事人的愿望,具有可操作性,以至能够在实践中取得成功,是事例形成的关键。事例不是常经大法,而是权宜变通;它不是从原则出发,却有着对传统的尊重;它具有现实性的品格,又含有实用主义与机会主义的考虑。它不大在乎“法的一般性品格”,也不追求“放之四海而皆准,通行百世而无弊”。由于事例是因地制宜,或者因时制宜的产物,所以时过境迁,其是否还适合当下情况就是一个需要不断重新界定的问题。

事例在法体系中处于边缘的地位。古代中国的国家,其社会职能是管理公共事务,治理山川百姓,维护社会秩序。官僚行政处于中心位置。从中央的吏户礼兵刑工六部,到州县衙门的钱粮刑名两房,所掌管的事务大部分是行政事务,也有一部分是司法事务。并不存在严格意义的立法机关,所谓立法不外是法典编纂而已。此外就是皇帝以主权者身份发布的上谕,与其批准的臣工们的题奏了。这样形成的法体系,与行政之间不存在一条明确的界限。事例处于的边缘地位,恰恰也是两者的中间地带,起着过渡转化的中介作用。所以,它在律例法体系形成过程中的作用,不仅不因其边缘地位而减轻,反而更加重要。

(二)明清律例关系理论的演变

从指导思想上看,明代比较注意法要因时制宜,故以例为因时而变的权宜之计,而对于法应因地制宜则关注的不多。清代统治者在这方面比明代更进了一步。特别是疆域的扩大,地域的差别与特点愈加突出,法的地方性越来越引人注目,因时制宜与因地制宜的思想在统治者之间也普遍受到重视。从明清实录所反映的情况能够看得很明显(见表6-1)。

表6-1 清代各朝实录与明实录中“因时制宜”与“因地制宜”之比较

顺序	实录名称	提及“因时制宜”的次数	提及“因地制宜”的次数
1	明代各朝《实录》合计	21	1
2	清代各朝《实录》合计	204	242
3	顺治实录	2	0
4	康熙实录	5	1
5	雍正实录	9	17
6	乾隆实录	70	90
7	嘉庆实录	7	18
8	道光实录	26	40
9	咸丰实录	9	16
10	同治实录	34	20
11	光绪实录	34	33
12	宣统政纪	8	7

统治者对于律例关系的认识也逐渐深化。我们曾经指出,在明代中期律例关系有所转变,表现为例由被看作是用过即废的“权宜之计”,被认为是经过编订程序能够转化为“百世可守”的辅律之法。而到了清代,《乾隆会典》之“律纲”开篇就说“凡明刑敕法,其文有二:曰律曰例。律以定罪,例以辅律”。在《嘉庆会典》中进一步明确了例的功能:“凡定例:有服制之异,有良贱之异,有边腹之异。”

这把“律是宏纲,例是细目”“律是一般,例是特殊”表述得更加清楚了。中国疆域空前广阔。各地的情况不同,各族的习俗有异,适用法律不能不考虑这些情况。清统治者不仅“因时制宜”与“因地制宜”,而且注重“因俗立制”。

李绂①为《定例全编》一书写的序全面论述了典律例三者的关系:“顾律系于会典,而例生于律,本末源流相为首尾。自列圣相传,递有损益,例日益

① 李绂是康熙四十八年的进士,康熙五十九年擢内阁学士,寻迁左副都御史。雍正年间,授广西巡抚,旋授直隶总督。后曾因得罪被贬。乾隆即位,赐侍郎衔,管户部三库,寻授户部侍郎。乾隆六年,补光禄寺卿,迁内阁学士。

由会典日以更张。于是律既单行,例仍别辑。读会典者以为某事当如是,而不知例之已改;是得本而遗末也。览新例者谓某事当如是,而不见会典,莫识事所由起,是溯流而忘源也。且律例特会典之一端,专为处分谳决之用,而会典所载兵农礼乐齐治均平之大经大法,部院寺监之职守咸在,非律例所得而及也。"在这里,他不仅分析了律与例的关系,还比较了典例关系与律例关系的不同。后来的《大清律集解附例》"凡例"云:"律后附例所以推广律意而尽其类,亦变通律文而适于宜者也。故律一定而不可易,例则世轻世重,随时酌中之道焉。"①文柱在《大清律例刑案汇纂集成》序中指出:"夫律者垂一定之法,例者准无定之情。原情而不依于律,无以尽情中之理;执法而不参诸例,无以通法外之变也。"②吴廷深在为《大清律例增修统纂集成》所作序中说:"律尚简而例独尚繁,非简不足以统宗,非繁不足以征引。其条分缕析,秩序井然,乃能极万物之情伪,一皆有所附丽,而不容毫厘之差,盖若是其至纤至悉也。"③皆是在此基础上进行的发挥。

例是经验的产物,来自实践。这个实践可能是法官审判的实践,也可能是一般官员行政活动的实践。这些司法与执法的成果,作为成功的记录,实践的经验,通过某种途径进入立法程序,丰富法律的内容。事例的广泛应用有积极意义。

在中国古代律例法体系形成的过程中,法律是经由两条并行的路线发展成长的。一是设计生成的理性主义路线,主要体现在律典的制定要符合天理与先王之道。二是实践形成的经验主义路线,即司法实践中形成的成案与行政活动中形成的成例,通过法律编纂途径进入法律体系。律例法体系就是这样发展完善的。在律例法体系的建构与发展过程中,严格地说,只有司法与行政,而不存在真正的立法,有的只是法律的编纂活动。然而,与律令法体系下律令等法典编纂完全集中于中央及皇帝手中不同,律例法体系下中央部院与科道官员与地方督抚均可以通过各自的建言途径或者具体案件的处理过程,对于法律的增长做出自己的贡献。就理性与经验的关系而言,如果说律

---

① (清)常鼎、朱轼等纂修:《大清律集解附例》书首,"凡例"。

② (清)文柱:《大清律例刑案汇纂集成》,"序"。

③ (清)吴廷琛撰:《大清律例增修统纂集成》卷首,"序"。

典体现了理性精神，那么例则体现了实践经验，通过“因时制宜，因事定例”的创例活动，在实践中进行探索、检验、积累、吸纳、充实，适应社会的发展变化，推动法律制度的不断发展。

（三）两个法体系转换的意义

律令法体系为律例法体系所取代是古代法制的一个重要发展。

我们这里讲的发展区别于一般的所谓“演变”：演变是事物运动的客观过程，而发展包含了人对此过程的主观判断：发展对于人来说是事物通过演变而增加了其对于人的价值。古代法制的社会价值，即其在社会系统运行中的功能，包括国家管理、秩序维护、矛盾协调、社会进步诸多方面。古代法制的历史演变是一个前进上升的运动，向着更加趋于科学、合理的方向演进。由律令法体系嬗变为律例法体系，虽然在法制史上不是根本性的质变，没有彻底改变古代法制的本质，但却也是在法律体系结构形式上顺应社会经济变化，有助于古代法制功能的改善，而这种改善是系统结构优化的结果，从而为古代法制开辟了新的局面。

律例法体系取代律令法体系的转换过程，一方面是要素替代，另一方面是结构优化。律令法体系以律、令、格、式为构成要素，律例法体系以律、典、例、案为构成要素。这是要素的替代。律、令、格、式的结构是律令并行，令、格、式各有分工。律、典、例、案是主辅结构，主次分明。这是结构的优化。

律例法体系适应了明清时期社会现实的需要，比较妥善地解决了古代法制长期积累下来的一些矛盾问题。

（1）法律的繁简之争及其协调

我们都知道，古代法律有制度上的繁简之变与思想上的繁简之争。繁简之变，一是由简趋繁的自发过程，以汉代最为典型：由刘邦的约法三章，到萧何的九章律，再到汉武帝，律令凡三百五十九章，大辟四百九条，千八百八十二事，死罪决事比万三千四百七十二事。条文与字数与日俱增。二是由繁转简的转变，是人为的有意整合，发生于魏晋时期，晋律以简约著称于史。计二十篇，六百二十条，二万七千六百五十七言（字）。比起汉末“诸断罪所当由用者”合七百七十三万二千二百余言要减省得多。其繁简之比也不言而喻。

法律究竟繁好还是简好，在历史上不乏争论。繁简之争以盐铁会议的表现最为激烈。在史书中史学家的立场往往是站在反对繁法的立场一边,所以史家都将“文书盈于几阁,典者不能遍睹”作为批评汉法的口实。唐代之后,繁简之争并没有止息。对于唐律是否繁简适中,在唐代就出现过不同的意见。其中,也包括了繁简孰是孰非的价值判断。譬如赵冬曦就反对隋唐律典的删繁就简,认为:“立法者,贵乎下人尽知,则天下不敢犯耳,何必饰其文义,简其科条哉!夫科条省则下人难知。下人难知,则暗陷机阱矣,安得无犯法之人哉;法吏得便,则比附而用之矣,安得无弄法之臣哉。”①

其实,繁与简的利弊得失不是绝对的。中国古代社会社会经济固然不够发达,但是人们之间的伦理关系却被规定得相当复杂,法律也就无从简单。至于人民文化程度不高,与其说是法律条文应该简省的理由,倒不如说是法律条文应该繁复的理由。如赵冬曦所说,简其科条必然深其文义,深其文义则下人难知。以简为美,一味地删繁就简,反而给执法守法带来一定问题。

更进一步说,繁简之优劣和适中的标准也不是一成不变的。我们知道,中国属于成文法国家。中国的汉字有自身的特点。在竹简木牍的时代,法律之繁杂曾经给法律的传播与司法的适用造成特殊困难。汉武帝时律、“文书盈于几阁,典者不能遍睹”,其实是因为当时书写法律和案例的资材是竹简与木牍,无论是放置保存还是查找翻阅都相当不方便。随着历史的发展,文字载体的资材越来越改进,纸张已普遍使用,出版技术越来越提高,印刷术已初步成型,这就创造了解决问题的物质条件。韩愈、柳宗元、白居易的个人文集已不下数十万字。而整个国家的基本法典非要删繁就简,限制在几百条、几万字(《唐律疏议》包括法条和解释才七万字),岂非削足适履、作茧自缚!

律例法体系结束了法律繁简的争论,以律简例繁结合的方式,实现了法律形态的重构。经过整合而形成的以律为主体,以条例、则例、事例为辅助的一套包罗万象的规则体系,实现了对于社会生活与行政事务的全覆盖。律与例两者繁简不同,而各尽其长:“律尚简而例独尚繁,非简不足以统宗,非繁不足以征引。其条分缕析,秩然井然,乃能极万物之情伪,一皆有所附丽,而不

---

① 《唐会要》卷三十九。赵冬曦所说隋律“立夫一言而废其数百条”,有下列材料可为佐证:永徽六年七月,上谓侍臣曰:“律通比附,条例太多。”左仆射志宁等对:“旧律……科条极众,数至三千。隋日再定,惟留五百。以事类相似者,比附科断。今日所停,即是参取隋律修易。条章既少,极成省便。”见《旧唐书》卷五十《刑法志》。

容毫厘之差,盖若是其至纤至悉也。”①

(2)情法两难的冲突与协调

俗话说的“王法无情”,形象地反映了古代情与法之间的紧张关系。晋代的刘颂意识到法与情的上述矛盾:“无情则法徒克,有情则挠法”,站在法制的立场上主张“守文定罪”:“夫善用法者,忍违情不厌听之断,轻重虽不允人心,经于凡览,若不可行,法乃得直。”②已经意识到了法与情的不能两全。

在宋代,开始有了解决情法矛盾的努力。宋代统治者开始要求协调情与法间的不一致。避免情重法轻,情轻法重;力求做到情法允当。其办法是规定,“大理寺每受天下奏到刑名疑虑、情理可悯、情重法轻、法重情轻公案”“次第申省取旨”,名曰“奏案”。经皇帝批准加刑或者减刑,并“著为例”,即成为一个判例。宋人还提出“法意”这一概念,通过对于法律条文的内涵外包乃至其背后隐含的意义解释,拉近它与情的距离,使法律规定迁就人情,达到情法两尽的结果。不过这也可能导致“以意代法”的问题。

在律例法体系下面,这一问题得到了解决。其前提是承认律有局限。《明史刑法志》评述明代法制的弊端,认为例之繁密在于“妄意律举大纲,不足以尽情伪之变,于是因律起例,因例生例,例愈纷而弊愈无穷。”实际上,“律不足以尽情伪之变”并不是错误认识(所谓“妄意”),而是一个正确的命题。且不说案情之形形色色,光怪陆离,极为复杂;案件当事人的心理状态感情动机参差不齐,无奇不有,匪夷所思;即以语言文字的局限性而论,律之条文有限,制定并颁布后,不能轻易修改;即使修改律文,也没有办法赶上其变化的速度。既然世间万象,人情百态,其变幻曲折非律文所能包含囊括,也就不可能对每一个案件,都能在律中找到恰好适合的条文,并且完全做到情法之平、情法允协。在承认律有局限的前提条件下,探索解决的办法:“律不能尽者可求之于例”,明清时期就是沿着这条道路解决了古代法律体系的整体协调问题。“律有一定,例则随时损益。有于律本重者,例或权其情节,量为宽减;有于律本轻者,例特重其科。皆体会律意,参酌变通。”③两者交相为

---

① (清)吴廷琛撰:《大清律例增修统纂集成》,书前“序”。

② 《晋书》卷三十《刑法志》。

③ 《光绪会典》卷五十四。

用:“夫律者垂一定之法,例者准无定之情。原情而不依于律,无以尽情中之理;执法而不参诸例,无以通法外之变也。”[1]情与法的冲突由此而得以平衡。

(3)中央集权与地方分治的矛盾的缓解

从世界范围看,法治的主张产生在古希腊地域狭小的城邦国家。在中国,主张法治的法家学派也是产生在战国时期的三晋之地,是几个面积不大,民众不多,族群单一的国家。因此,法家学派将依法治国看得很简单,认为法就是国之权衡。《管子》书有“尺寸也,绳墨也,规矩也,衡石也,斗斛也,角量也,谓之法”。[2] 度量轻重离不开权衡,治理国家离不开法律。依法治国就是用度量衡计较长短,权衡轻重。这个隐喻倒是暗合了法的一般性原则。但是,法家依法治国的思想能够适应秦国的需要,使之削平六国而统一天下,却不适合一统天下后建立的秦朝统治,不久就导致了暴秦的二世而亡。进入帝制时代之后的中国,疆域辽阔,人口众多,族群结构复杂,各地自然环境与人文条件不一,经济发展不平衡。地方分治可能更加适应国情民俗。中央集权与地方分治的矛盾是一个永恒的主题,所以,也就不难理解为什么分封制与郡县制之争论在中国历史上会几起几落,没有定论了。

明清之际的大思想家王夫之曾经感叹法的问题不容易说得清楚:“甚矣法之难言也!”他指出,由于自然条件,社会环境,人文风俗之多样性,导致此地之善法换一个地方就会变成恶法,因此不可以“一切之法齐天下”。他主张中央集权下的地方分治:“要而论之,天下之大,田赋之多,人民之众,固不可以一切之法治之也。有王者起,酌腹里边方、山泽肥瘠、民人众寡、风俗淳顽,因其故俗之便,使民自陈之,邑之贤士大夫酌之,良有司裁之,公卿决之,天子制之,可以行之数百年而不敝。”[3]王夫之的这一主张反映了时代的要求。

明清时期帝国疆域的进一步扩大,经济发展的不平衡使得地方特点与族群差异更加突出,决定了“一切之法”陷入困窘之中。法律总是一般性规定,事情则无不具有其特殊性,特别是在一个凡事讲求合情合理,重视实质正义

---

① (清)文柱:《大清律例刑案汇纂集成》,“序”。

② 《管子》七法第六。

③ (清)王夫之:《读通鉴论》卷十六。

的社会中,因地而异构成了泱泱大国的制度特色。具体问题具体分析,特殊情况特殊对待。这就使得事例有了广阔的用武之地,能够大行其道。边疆与腹地,平原与山区,水乡与岛屿,东西南北中各有不同。部例代表了通行之法,省例体现了地方特点,会典事例反映了与时变化。由此,法的一般性原则对于法的特殊性之迁就,使中央集权与地方分治之紧张得到缓解。

当然,律例法体系仍然无法应对近代的外来挑战。我们前已指出,所谓法因时而变的思想,含有两个不同的意蕴。一个是为法律随时代而变革提供理论,另一个是以权宜之计应付眼前危机。明清统治者试图解决"常"与"变"的矛盾冲突。例如,乾隆皇帝在会典编纂过程中创造了典例分开的模式。按照他的设想,会典是大经大法,是不变的根本,是治国的宏纲;作为细则的则例,可以权宜变通,随时修改,以应对变化的形势。这种以不变应万变,无疑是以权宜之计应付眼前危机,而非为法律随时代而变革提供理论依据。它不能彻底解决法律与时代脱节的问题。明清社会面临着激烈的社会变革。明清之际,就有人提出那是一个"天崩地解"的时期;而到了晚清,更出现了"三千年未有之变局"。如果说对于明清之际的经济社会变革,律例法体系尚可应对自如;当晚清面临来自西方工业化国家挑战时,律例法体系所构造的法律秩序已经不能再以权宜变通为应对之策。在清末改革中,康有为曾经批评洋务派的一系列改革是"变事而非变法":"今天下之言变者,曰铁路,曰矿务,曰学堂,曰商务,非不然也。然若是者,变事而已,非变法也。"①必须承认,律例法体系的因时应变实际没有超出"变事"的局限。所以它无法适应清末的形势,应对改革的要求,挽救清朝覆亡的命运。

(四)明清事例研究对法律史学的启示

透过明清事例研究,探讨古代法制演变的过程与规律,纠正一代王朝在其建立时就定型了的错误印象,以及将古代法制看作是政治演化的附庸,打破"串糖葫芦"式的叙事模式,是全面地、正确地、科学地认识中国古代法制的关键所在。

由于我们的法律史教科书,一般都是把帝制时代按照朝代分割成一个又一个单元,给初学者会留下一代有一代的法制,而其基本面貌已经在开国之

---

① 康有为:《敬谢天恩并统筹全局折》,载《康有为政论集》第277页。

初就确定了的印象。其实,每一个朝代法制的变化,前后有什么不同,才是法律史研究的重点。譬如汉武帝前后的法制就发生了很大变化,东汉时期与西汉时期的法制更有所不同;在唐代与宋代,开元前后的唐代法制,神宗前后的宋代法制,都不一样。更不必说南宋与北宋的法制了。如果将汉代、唐代、宋代等朝的法制看作是静止不变的,只是将历史上的改朝换代当作是法制历史变迁的关节点,将开国时期的建章立制看作是一代法制的典型代表,完全不顾及其中的变化,那一定会忽视某些东西。明清法制的历史也证明了这一点。不要说以《顺治律》“序”所谓“详译明律参以国制”为清朝立法指导思想是大错特错,就是将朱元璋“一字不可改易”的《大明律》为明代法制的代表而不顾及后来的演变也存在认识误区。明清两代事例的兴衰、明清两代例制的变迁、明清两代法律体系的演化,都说明了这一点。近年新出版的断代法史研究著作无不证明,前代法律体系为后代所继承,以至延续几代的事情并不罕见。而一个朝代的法制出现变化,往往是在一代王朝政权巩固或者出现危机的中期。

关于古代法制的演化趋势,存在不同的认识。有的学者认为先秦、秦汉为形成期,魏晋南北朝为发展期,隋唐为成熟或定型期,宋元明清为延续期。还有的认为历史上,法制与政治的演化趋势是一个同步过程,他们把所谓“封建社会”的兴起、鼎盛、衰落三阶段说套用在中国古代法制研究上,认为,唐代是古代法制发展的顶峰,宋元明清是古代法制的僵化期或衰退期。近几年来,宋元明清法制研究有了长足进步,各种主题的通代研究成果累累,证明了唐律并非古代法制的顶峰,更不能以一部唐律作为古代法制的代表。研究表明,经过了“唐宋变革”,宋元明清时期的发展,古代法制更加成熟。古代法制不仅有变化,而且存在一个推陈出新不断发展的过程。事实上,宋元至明清时代是古代法制走向成熟进一步完善的时期。单就法制而言,清代乾嘉时期,一个内容礼法兼备、形式严密完整、结构分合有致的,包括了大清律例(刑事制裁规范)、部院则例(行政规则和行政处分的总汇)、大清会典(国家行政组织及其活动规范)在内的社会规范体系最终形成。这是中华法律文明的最后结晶,体现了古代法制的辉煌成就,比较在中国历史上影响深远的唐律,更有资格在人类文明和世界历史上代表中国古代法制。

人们可能会产生疑问,认为它和明清时期的政治专制不相匹配。其实,这也正是历史给我们留下的启示:极端专制的君主为了实现个人对社会的统治,不但不排斥而且需要建立极其完备的法律体系,也完全可以凭借历史长期发展的积累以及社会统治经验,实现这一目标。另外,它也证明,法制和法治不同。在专制条件下,相对完备的法律体系不能保证整个国家完全按照法律设定的秩序和规定的方向轨道运转。

突破以朝代为叙事单元的叙事模式,将法律体系的转换为主要线索,可能更有助于我们更深刻地理解法律史的演化逻辑。有没有可能将古代法制分为:(1)建构阶段:律令法体系从产生到成型;(2)过渡阶段:两个法体系的转换;(3)重构阶段:律例法体系的形成与完备三大阶段,作为打破以朝代为序的"串糖葫芦"叙事模式的尝试?这是我们留给后人的一个期待。

明清事例研究是利用数字资源与检索工具进行法律史研究的一次实践。笔者深切地体会到了现代数字技术的方便,深信它会使我们的研究进入一个新的境界。例如,通过检索某些关键词在各个时期出现的频度而可以用数据的形式对于不易觉察的缓慢的历史变化进行描述,这是过去无法实现的。明清会典事例是明清法制研究资料的渊薮,但由于卷帙浩繁,特别是《嘉庆会典事例》与《光绪会典事例》,上千卷的规模,使人们望而生畏,或者望而生厌,得不到充分运用,在数字化之后,情况有了根本改变。如果本项目研究能够在这方面引起人们探索的兴趣,那将是笔者所盼望的意外收获。